Wolfgang Sofsky

Zeiten des Schreckens
Amok, Terror, Krieg

S. Fischer

2. Auflage März 2002
© S. Fischer Verlag GmbH, Frankfurt am Main 2002
Alle Rechte vorbehalten
Satz: Pinkuin Satz und Datentechnik, Berlin
Druck und Bindung: Clausen & Bosse, Leck
Printed in Germany
ISBN 3-10-072707-X

Inhalt

IV. Nachwirkungen

I. Jenseits der Grenze

1. Über das Töten

Als sich die Wasser verlaufen hatten, verließen die Überlebenden das Schiff. Wir wissen nicht, was sie auf dem trockenen Land sahen: Tierkadaver vielleicht, Trümmerholz, aufgedunsene Menschenkörper. Da erbaute Noah aus herumliegenden Gesteinsbrocken einen Altar, wählte von den geretteten Tieren einige aus und verbrannte sie. Und Jahwe genoß den lieblichen Geruch des Brandopfers und dachte bei sich: »Ich will hinfort nicht mehr die Welt verfluchen um der Menschen willen. Denn das Trachten des Menschen ist böse von seiner Jugend an. Nicht noch einmal will ich alles Lebendige schlagen, wie ich es gerade getan habe.« Zu Noah aber sprach er: »Seid fruchtbar, mehret euch und füllet die Erde. Furcht und Schrecken vor euch sei über alle Tiere auf Erden und über alle Vögel unter dem Himmel, über alles, was auf dem Erdboden kriecht, und über alle Fische im Meer. In eure Gewalt seien sie gegeben. Alles, was sich regt und lebt, das sei eure Nahrung; wie das grüne Kraut habe ich es euch alles gegeben. Allein, esset das Fleisch nicht, das noch lebt in seinem Blut. Auch will ich eures Leibes Blut rächen und will es an allen Tieren rächen, und will des Menschen Leben rächen an einem jeglichen Menschen als dem, der sein Bruder ist. Wer Menschenblut vergießt, des Blut soll auch durch Menschen vergossen werden.«

Mit einem unverhofften Akt des Gewaltverzichts beginnt das neue Zeitalter. Nicht mit dem Mutwillen des spielenden Gottes hatte Jahwe die Welt im Chaos ersäuft, sondern aus Wut über die mißratene Schöpfung. Mord und Totschlag hatten sich unter Adams Nachfahren verbreitet. Über Generationen hatten sie seinen Schöpferstolz beleidigt und seinen Zorn entfacht.

Nun aber, gesättigt durch den Wohlgeruch des Brandopfers, beschließt Jahwe, das Böse fortan gnädig zu dulden. Zu ändern ist die Menschennatur ohnehin nicht. Sie verdiente, tagtäglich mit einer Sintflut bestraft zu werden. Aber Jahwe setzt den Fluch der Vertilgung aus und stellt den Bogen des Krieges beiseite. Der Gattung garantiert er das ewige Leben, die Unsterblichkeit.

Die göttliche Gnade wird erkauft durch einen erneuten Akt der Gewalt. Am Beginn der neuen Zeit wird das Feuer der Vernichtung entzündet. Das Brandopfer ist ein Akt frommer Vergeudung. Es entreißt die reinen, eßbaren Tiere der Welt der Nützlichkeit; von einem Opfermahl der Menschen ist nirgends die Rede. Das Blutvergießen ist eine heilige Handlung, eine Ehrengabe für den Herrn des Lebens. Nach dem Holokaust jedoch beginnt für die Tiere eine Zeit endlosen Schreckens. Wehrlos sind sie der Intelligenz und Gewalt des Menschen ausgeliefert. Endgültig ist der Frieden unter den Kreaturen dahin. Wie es ihm beliebt, darf der Mensch die Tiere töten, ohne Reue, ohne Gewissensbisse. Von seiner Moral sind sie von vornherein ausgenommen. Ausgestattet mit dem göttlichen Freibrief zur Schlachtung, erlernt er am Töten der Tiere die Gewalt ohne Schuldgefühl. Sie dienen ihm als Opfer und Jagdbeute, als Zugtier und Spielzeug. Ihr Fleisch ist seine Speise. Sein Appetit ist grenzenlos. Ein großer Vertilger fremden Lebens ist der Mensch. Denn er will sich vermehren, will sich vervielfachen, will die ganze Welt sich untertan machen. So steht die Menschheit auf einem Leichenberg von Tieren. Ihre Unsterblichkeit ist erkauft mit dem Massentod der Tiere. Einzig das Blut ist dem Menschen versagt. Vom Fleisch darf er sich nähren, vom Blut soll er die Hände lassen. Es ist Gottes Eigentum. Beim Opfer wird es über den Altar gegossen, dem Gotte zum Geruch der Beschwichtigung.

Kultur und Gesellschaft beruhen auf der Erlaubnis zum Töten. Der Tod der Tiere ist das Leben der Menschen. Nahrung ist die Bedingung des Lebens, und das Fleisch ist die wirksamste Waffe gegen den Tod. Doch ist Jahwes Versprechen geknüpft an das Tabu des Blutes. Was er den Tieren antut, ist dem Menschen gegenüber seinesgleichen strikt verboten. Vom Fleisch eines anderen Menschen darf er keinesfalls essen. Er muß seine Kräfte allein aus dem Leib der Tiere schöpfen. Auch töten darf er den anderen nicht. Das Speise- und Mordtabu ist das erste Gesetz, das Gott den Menschen auferlegt. Aber nicht aus Fürsorge und plötzlicher Wohlgesonnenheit untersagt er die Gewalt. Menschenblut ist unantastbar, weil es Gottes Eigentum ist, weil allein ihm das Recht zum Blutvergießen zukommt. Daher ist der Mörder Gottes Erzrivale. Er maßt sich an, was Gott allein zusteht: die Entscheidung über Leben und Tod. Er allein ist der Schöpfer und Zerstörer. Dieses Monopol ist durch die ärgste Strafe geschützt: die Todesstrafe. Wer eines anderen Blut vergießt, dessen Blut soll selbst vergossen werden; wer fremdes Leben auslöscht, hat sein eigenes verwirkt. Von seiner Schuld kann er sich nicht freikaufen. Ausgleichsgaben zwischen den Sippen zählen nicht mehr. Die Schuld wird einzig gesühnt durch den Henker. Er vollstreckt das heilige Gesetz. Damit sich niemand an Gottes Stelle zu setzen wagt, ist das Tötungsrecht der weltlichen Obrigkeit übertragen. Sie bedroht von nun an jeden Untertanen mit dem Tode.

Auch nach der Sintflut, diesem kosmischen Strafgericht, blieb die Gewalt mithin in der Welt. Schlachten und Opfern, Morden und Strafen, Jagd und Krieg, dies sind die elementaren Formen des Tötens. Über die Menschen machte sich Jahwe keine Illusionen. Sie sind, was sie waren. Ein jeder vermag zum Widersacher zu werden. Und deshalb muß jeder vom Mord abgehalten werden. Darin liegt der Grund des Gesetzes. Damit er den anderen schont, muß der Mensch um sein eigenes Leben fürchten. So gründet die Kultur auf der Despotie der Todesangst.

Der noachitische Bund bezeichnet den Übergang von der Vorzeit zur Geschichte der Kultur. Doch nicht von Werten und Ideen, von Gottesglauben oder Nächstenliebe spricht dieser Mythos. Er redet lediglich von den Begierden und Gefährdungen des Körpers: vom Essen, vom Töten. Es sind die elementaren Tatsachen des Überlebens, welche dem Recht Geltung verschaffen. Dennoch hat die Todesstrafe kaum jemanden vom

Töten abgehalten. Ihr Abschreckungswert war stets gering. Das Gesetz ist kein Bollwerk wider die Gelüste der Gewalt. Daraufhin verlor Jahwe rasch das Interesse und zog sich in die Allwissenheit zurück. Aufsicht und Strafregime überließ er den irdischen Herren. Vergeblich warten die Menschen seither auf weitere Zeichen seiner Anwesenheit. Die Lasten ihrer Existenz haben sie allein zu tragen, die Gewalt, das Gesetz, die Angst, das Bewußtsein des Todes.

Lediglich dem Gattungswesen wurde die Unvergänglichkeit versprochen, nicht dem Individuum. Der Menschheit wurde das Überleben garantiert, nicht dem Menschen. Nach der Vertreibung aus dem Paradies ist ihm das Bewußtsein des Todes aufgebürdet. Sein Leben ist überschattet von dieser Gewißheit. Soweit wir wissen, ist der Mensch das einzige Lebewesen, dem nicht nur die akute Todespanik, sondern auch das Bewußtsein seiner Sterblichkeit auferlegt ist. Aber obwohl alle von ihrem Ende wissen, will keiner daran glauben. In der Bewahrung dieser Illusion liegt eine Triebkraft der kulturellen Arbeit. Nicht umsonst beginnt die Kultur mit der Erfindung von Totenriten, von Bräuchen der Bestattung. Sie regeln die Überfahrt der Toten in die zeitlose Welt der Ahnen. Damit sie nicht zurückkehren, müssen die Toten besänftigt und gesättigt werden. Ein für allemal sollen sie die Lebenswelt verlassen. So werden sie gewaschen und geschmückt, man gibt ihnen Waffen und Geschmeide bei, sie werden getränkt und genährt – im Opferschmaus der Lebenden. Bevor sie der Welt auf immer den Rücken kehren, tötet man zu ihrem Genuß die Tiere. In Strömen fließt das Blut rings um die Bahre der Toten. Das Fleisch ist für die Lebenden bestimmt, das Blut für die Toten. Indem sie die Tiere opfern, machen die Überlebenden den Tod zum Werk ihres Willens. Im Schlachten und gemeinsamen Essen meinen sie den Tod überwunden zu haben. Das Bankett bringt sozialen Frieden und feiert den Triumph des Lebens.

Kultur soll das Überleben sichern. Nur insoweit erlangt sie Bestand und Berechtigung, als sie das Ende hinausschiebt. Die Garantie des Lebens ist ihre Grundaufgabe. Denn hierauf gründen Produktion und Genuß aller übrigen Güter. Schriftgelehrte mögen die Menschen davon zu überzeugen suchen, daß die Welt wohl eingerichtet oder zumindest auf dem Heilsweg zum Besseren sei. Doch die Probe auf den Wert der Kultur ist zuletzt das Überleben.

Worauf beruht das Bewußtsein des Todes? Der Tod ist kein Ereignis des Lebens. Er ist kein Zielpunkt und auch kein versöhnlicher Schlußakkord des Lebens, sondern dessen radikales Gegenteil. Den eigenen Tod kann man weder erleben noch erfahren. Man kann nicht nichts erfahren. Aus der Innenperspektive ist es unmöglich, sich vorzustellen, wie es wäre, nicht da zu sein. Das ist ebenso unmöglich wie die Vorstellung, wie es denn wäre, ohne Bewußtsein zu sein. Niemand kann seinen Tod erwarten, man kann nur erwarten, daß man sterben wird. Und jeder hofft, bis in den Tod hinein ein Lebender zu sein. Nur aus der Außenperspektive, mit den Augen anderer, vermag man sich auszudenken, nicht mehr da zu sein. Sich seiner Sterblichkeit bewußt zu sein setzt also voraus, daß man außerhalb seiner selbst ist, daß man nicht nur ist, sondern ein Verhältnis zu sich hat, ein Selbstverhältnis. Weil der Mensch so beschaffen ist, daß er nicht nur ist, sondern stets außerhalb seiner selbst steht, ist ihm das Bewußtsein des eigenen Todes unausweichlich. Wäre er stets bei sich, könnte er sein Ende gar nicht fürchten. Aber weil er sich immer schon zu sich selbst verhalten muß, weil er eine Position zu sich selbst einzunehmen hat, entgeht er der Todesangst nicht.

Das Todesbewußtsein hat denselben Ursprung wie die Freiheit und das Böse. Wäre der Mensch nur getrieben von Neigungen, Wünschen oder Begierden, er vermöchte keine Stellung zu sich selbst einzunehmen. Das moralische Urteil über sein Tun fände keinen Anhaltspunkt. Die Frage der Schuld und Verantwortung stellte sich gar nicht. Würde er lediglich aus seinem Zentrum heraus agieren, so bliebe ihm nicht nur die Todesangst erspart, er wäre auch der Freiheit zum Töten ledig. Angst und Gewalt entspringen also nicht, wie man häufig hört, einem bestialischen Fundus. Man soll die Tiere, auch die Raubtiere, nicht beleidigen. Im Gegenteil: Die Gewalt ergibt sich aus der spezifischen Menschlichkeit des Menschen. Weil er immer schon außer sich ist, ist er zu jeder Grausamkeit in der Lage. Weil er nicht aus seiner Mitte heraus von Instinkten gelenkt wird, sondern als geistiges Wesen ein Verhältnis zu sich selbst hat, kann er sich schlimmer aufführen als jede Bestie. Weil er nicht festgestellt ist, ist er zu jeder Untat imstande. Weil er niemals ganz bei sich ist, muß er seinen Tod fürchten und die Freiheit der anderen. Die Freiheit ist ein hohes, wenn nicht das höchste Gut. Aber mitnichten garantiert sie das moralisch Gute. Der Preis der Freiheit ist das Leiden, das Böse. Denn die Freiheit der Wölfe ist der Tod der Lämmer.

Die Angst zum Tode erzeugt das Bedürfnis nach Sicherheit, nach Dauer, nach Unvergänglichkeit. Der Mensch will sich selbst überleben, und er will die anderen überleben. Zuerst widmet sich das Projekt des Überlebens dem eigenen Körper. Denn es ist der Körper, dem das Ende droht. Er ist der natürliche Gegner allen Überlebens, ein Feind, dem man niemals entkommen kann. Zwar ist der Körper das Werkzeug des Handelns. Aber er ist auch das Organ der Passivität, der Empfindung, des Leidens. Er ist gefährdet durch Hinfälligkeit, Krankheit, Hunger, Gewalt. Dem Angriff ist er nahezu schutzlos ausgeliefert. Für jede Verletzung ist er offen. In ihm bekommt man die Vergänglichkeit zu spüren. Schon im Schmerz, der mit keiner unmittelbaren Todesgefahr verbunden ist, kündigt sich das Spätere an. Es ist, als ahnte man im Schmerz das Ende voraus. Er ist eine Art Vorempfindung dessen, was sich letztlich nicht erleben läßt. Der sterbliche Körper setzt dem Leben ein definitives Ende. Obwohl er ernährt und gepflegt, trainiert, aufgeputzt, umgestaltet oder mit Ersatzteilen versehen wird, obwohl er fortwährend beobachtet, diszipliniert und sorgsam erhalten wird, läßt er sich nicht überleben. Dieser Feind ist übermächtig. Er hat das letzte Wort.

Es ist nur die Kehrseite dieser Gefährdung, daß Menschen vom Augenblick der Angstüberwindung besonders angezogen werden. Wie alle tieferen Erfahrungen des Lebens ist die Faszination der Gewalt zuletzt körperlicher Art. Ihr Anblick kann zu einer Obsession werden. Was die Menschen in den Bann zieht, ist nicht die Gier nach Sensationen, sondern die Gewalt selbst, die Zerstörung des fremden Körpers, das Wimmern der Kreatur, der Geruch des Blutes. Anfangs sind die Reaktionen noch zwiespältig. Gewalt stößt ab, sie erregt Ekel, löst Angst und Entsetzen aus, aber sie verlockt und ergötzt zugleich. Man erkennt, was einem bevorstehen kann. Der Schock schlägt in die Magengrube, ein Augenblick der Übelkeit, des Schwindels, dann ein kurzes Vibrieren in den Nervensträngen, bis endlich Erleichterung die Angst glättet. Was immer geschieht, der Zuschauer weiß sich in Sicherheit. Der Schmerz, den er hört und sieht, ist nicht sein eigener Schmerz. Mehr und mehr genießt er die Seelenkraft, welche in seinem Inneren aufsteigt, den Mut, dem Furchtbaren trotzen, sich mit ihm messen zu können. In sicherer Entfernung richtet er sich auf, erhebt sich über das Geschehen, spürt gar einen Anflug von Erhabenheit.

Obwohl Gewalt nichts als zerfetztes Fleisch, zertrümmerte Knochen, Blut und Kot hinterläßt, vermag der Zuschauer den Blick nicht abzuwenden. Gewalt ist von unmittelbarer Durchschlagskraft. Weil sie direkt den Körper trifft, durchstößt sie alle Regeln, welche die Menschen sonst in Schach halten. Plötzlich ist der Tod hautnah gegenwärtig. Die Schreie, der eingeschlagene Schädel, der abgerissene Arm, die Grimasse des Schmerzes – das ist der sichtbare Tod. Ihn wünscht der Zuschauer am Werke zu sehen. In handgreifliche Nähe versucht er heranzukommen. Auch wer anfangs noch zwischen Anziehung und Abwehr hin- und hergerissen war, gerät in den Bannkreis. Unversehens verfliegt das Entsetzen, Ekel und Abscheu schlagen in Beifall, Begeisterung, in Euphorie um. Auch die Angstlust ist eine Wollust. Mit Gejohle und Gebrüll macht sich der Zuschauer Luft, wenn er sich ganz auf die Seite des Täters schlägt. Er will teilhaben an dessen rastloser Energie, dessen Tötungsmacht. Er feiert den größten Sieg, der sich erringen läßt, den Sieg über sich selbst. Ist es verwunderlich, daß viele Menschen immer wieder nach dem Erlebnis des Überlebens lechzen, nach der Erfahrung, alle Angst zum Tode überwunden zu haben?

Zwei Sozialfiguren verkörpern die Überwindung der Todesangst in ihrer reinen Form: der Märtyrer und der tote Held.

Der Heros opfert sein Leben für das Gemeinwesen, für seine
Gefährten, für das neue Leben nach der Revolte. Bis zum letzten Atemzug hat er dem Ansturm des Schicksals getrotzt und
zahllose Feinde in den Tod geschickt. Dafür gebührt ihm ein
leuchtendes Grab am Ehrenmal des Staates, der Nation, der
Revolution, ein unvergänglicher Lobpreis, auf daß sein Ruhm
bei jedem Anlaß zur Rede oder Tat unvergessen nachlebe. Der
Held ist das Vorbild aller Krieger, er besiegt den Tod, indem er
ihn mißachtet. Er opfert sein Leben für andere, aber er verbreitet auch den Schrecken des unbekümmerten Heißsporns. Jenseits von Gut und Böse bewegt sich der Heros. So vollbringt er
den höchsten Akt der Moral – das Opfer seiner selbst – mit
dem Gestus brutaler Unbarmherzigkeit. So lange hält er stand,
bis ihn die feindliche Übermacht zu Boden streckt. Doch im
Augenblick des Todes entzündet sich der Blitz des ewigen Lebens.

Der Held verkörpert den Todesmut in der Aktion, der Märtyrer die Tapferkeit reiner Duldung. Ohne Gegenwehr erträgt
er jedes Leiden und läßt geschehen, was ihm vorbestimmt ist.
Der Heros kämpft gegen zahllose Feinde, der Märtyrer allein
gegen sich selbst, gegen die Drangsal des Schmerzes, gegen die
negative Besessenheit der Qual. Ein stolzer Widersacher des
Zeitgeistes ist er, ein unbelehrbarer Rebell wider die Gedanken
der Herrschenden. In der Marter aber ist er allein auf sich gestellt. Unerschütterlich läßt er die Gewalt über sich ergehen.
Dem Helden des Glaubens ist gewiß, daß er eine hohe Berufung anzutreten hat. Der Tod ist ihm Erlösung von den Tortu-
ren und von der Verfallenheit der Welt. Der Schmerz ist nur
eine Episode auf der Passage zum Heil. Nachdem die Bastionen
des Selbst in sich zusammengebrochen sind und aller Widerstand des Körpers dahin ist, lösen sich Angst und Schmerz in
nichts auf. Mit dem Tod beginnt das ewige Leben.

Helden und Märtyrer erlangen Unsterblichkeit durch den
freiwilligen Tod. Sie überleben im Gedächtnis der Nachfahren
und in den lichten Sphären des Paradieses. Auf Erden hat die
Sucht nach Unsterblichkeit hingegen fatale Folgen. Der Überlebende will nicht nur immerzu da sein, er will noch da sein,

wenn andere nicht mehr da sind. Überleben heißt: Tote hinter
sich zu lassen. Tagtäglich studiert der alte Herr die Todesanzei-
gen, um befriedigt festzustellen, daß von seinem Jahrgang niemand sonst übrig ist. Das Überleben braucht die Gesellschaft
der Toten, weil nur der anderen Tod das eigene Überleben sinn-
fällig macht. Die Illusion der Unsterblichkeit nährt sich vom
Sterben anderer. Darin liegt eine genuin antisoziale, eine höchst
gefährliche Triebkraft. Nirgendwo ist die Erfahrung des Da-
seins so evident wie im Angesicht vieler Toter. Der Überlebende
ist noch da, die anderen nicht. Das ist der Augenblick des Triumphs über den Tod. Ob es ein Freund war, der einem starb
und den man betrauert, ob es ein Feind war, den man zu fürchten hatte, die Genugtuung ist dieselbe. Kurz und bündig heißt
es bei Elias Canetti: »Der Schrecken über den Anblick des Todes löst sich in Befriedigung auf, denn man ist nicht selbst der
Tote. Dieser liegt, der Überlebende steht. Es ist so, als wäre ein
Kampf vorausgegangen und als hätte man den Toten selbst gefällt. Im Überleben ist jeder des anderen Feind. (...) Die nied-
rigste Form des Überlebens ist die des Tötens.«

Der Enthusiasmus des Überlebens ist eine soziale Destruktivkraft. Er wirkt wie eine Sucht. Wer noch lebt, während andere tot sind, spürt mehr Leben in sich. Der Tod, der jedermann
bedroht, scheint von ihm abgelenkt. Noch größer jedoch ist die
Genugtuung desjenigen, der sich die Erfahrung des Überlebens
selbst zu verschaffen vermag, indem er andere mit eigener
Hand fällt. Zu töten war immer einer der stärksten Genüsse
der menschlichen Spezies. Nichts verschafft stärkere Vitalität
als der Besitz des Todes. Wer über Tötungsmacht verfügt, hat
sich den ärgsten Feind untertan gemacht. Unverletzbar kann er
sich fühlen, frisch und voller Lebenskraft. Er meint zu wissen,
daß er zu den Letzten gehören wird, ja, daß er der Letzte sein
wird. So hat das Töten seinen Grund im Wahn der Unsterblichkeit. Der Mensch tötet, um andere zu überleben. Mitnichten ist
das Töten ein Akt der Notwehr oder der Selbsterhaltung. Er
zieht in den Krieg, um zu töten. Er beteiligt sich an der Menschenjagd, um sich gefahrlos selbst zu erhöhen. Die Sucht des
Überlebens trägt die Potenz der Gewalt in sich. Das Böse ent-

springt der Freiheit, und es entspringt der Begierde des Menschen nach der Verewigung seiner selbst.

Dabei ist das einzige, was die Götter dem Menschen zur Überwindung des Todes gelassen haben, die Chance auf ewigen Ruhm. Als Geschenk des Himmels wurde der Lorbeer einst verliehen – für große Taten und große Worte, für Klugheit, Freigebigkeit, Tapferkeit und Wagemut. Dem Individuum war Ruhm zwar immer nur ein dürftiger Ersatz für den Verlust des ewigen Lebens, doch verhalf er der Gattung zum Überleben. Denn Ruhm festigt die soziale Verbindlichkeit der Werte und Tugenden. Er bekräftigt Leitbilder und lenkt den unerfreulichen Geltungsdrang des einzelnen in erwünschte Bahnen. Wer mit Lorbeer bekränzt wird, gibt anderen ein Beispiel. An ihm können sie erkennen, wie man sich aus eigener Kraft unsterblich macht. Als Günstling höherer Mächte wird der Gerühmte verehrt, der große König, der kühne Recke, der Vordenker der glänzenden Tat. Weit eilt ihm sein Ruf voraus. Überall soll man von ihm hören, damit er nicht vergessen wird. Nicht die Götter, nicht der Staat, die Fama verkündet den Ruhm des Menschen. Ein gar häßliches Wesen ist sie. Tausende von Augen, Zungen und Ohren verbergen sich unter ihrem Federkleid, das sich rasend schnell zwischen Erde und Himmel bewegt und mit jeder Bewegung größer und größer wird.

Kaum hat er etwas gehört, eilt der Zeuge zum Schlachtplatz, um teilzuhaben am Freudenfest des Tötens. Er brennt darauf, die Verletzten und Toten zu sehen, um dann gestärkt und befriedigt weiterzuziehen. Bewunderung zollt er den Schaustellern der Gewalt, den Matadoren der Arena, den Helden des Tötens. Sie demonstrieren ihre Souveränität durch Muskelkraft, Geschicklichkeit und überlegene Gestik. Eine unmerkliche Drehung des Handgelenks, ein kurzer Seitenblick, ein eleganter Ausfallschritt – und das Duell mit der Bestie oder dem Todfeind ist entschieden. Sie sind ganz Herr ihrer selbst, leicht geht ihnen das Töten von der Hand. Selten nur verlieren sie den Ausdruck der Ehre und Würde. Unsterblichen Ruhm erlangt der Gladiator, der alle Angriffe überlebt hat. Mit scheuer Verehrung begegnen die Menschen dem großen Töter. Und besonders vergöttern sie denjenigen, der andere für sich töten lassen kann. Noch dem blutrünstigsten Despoten haftet dieses Charisma an. Ungerührt sitzt er auf seinem Thron inmitten seiner Untertanen, nimmt stolz die Parade der Todgeweihten ab, ein Fingerzeig auf Zuruf, eine Wendung des Blicks, und sein tödlicher Befehl wird vollstreckt. Nach Jahren noch klingt unter seinen Anhängern die Bewunderung nach. Ehrfürchtig erinnern sie sich seiner, ersehnen seine Wiederkehr, obwohl alle Verbrechen aufgedeckt und abgeurteilt sind.

Der Kampf gegen den Tod ist stets ein Kampf gegen den Fortgang der Zeit. Für die Ewigkeit sind die Idole und Institutionen gedacht, mit denen die Menschen ihrem Leben Sinn und Form verleihen. Die imaginären Gemeinschaften, die Gruppe, das Volk, die Nation, sie sollen Geborgenheit, Schutz und Dauer garantieren. Der Wechsel der Generationen kann ihnen nichts anhaben. Die Gesellschaft überlebt alle Individuen, denn sie ist in Wahrheit der unsterbliche, allseits gegenwärtige Gott. Und trotzdem sehnt sich der einzelne nach dem Zustand ekstatischer Zeitlosigkeit, in dem der Verlust der Mitte rückgängig gemacht ist, nach dem Ozean, in dem Ich und Welt eins sind.

Es beginnt mit der einsamen Wut, unbemerkt schleicht er sich davon, läßt die Gesellschaft der anderen hinter sich. Bevor er zurückkehrt, hat ihn die Tobsucht verwandelt. Sein Blick starrt in den Tunnel, die Nase wittert jede Spur, das Ohr vernimmt jedes Geräusch. Was sich ihm in den Weg stellt, wird niedergemäht. Ein nie gekanntes Gefühl der Freiheit steigt in ihm auf. Der Leib weitet sich, ein schwarzes Glück ist die Erlösung von sich selbst, die Aufhebung der physischen Schranken, die ihn von der Welt trennen, die Sprengung der moralischen Fesseln, welche ihn von sich selbst trennen. Im Rausch der Raserei gelangt der Mensch in den Zustand jenseits seiner selbst. Plötzlich kann er sich nach allen Richtungen wenden. Der Tod ist vergessen, die Angst der Kreatur, die Last der Zeit, die Mühsal der Unsterblichkeit.

In einer Gesellschaft, welche die Herrschaft des Todes anerkennen würde, wäre es einfach, das alte Tötungsverbot einzuhalten. Niemand wollte mehr den anderen überleben. Solange jedoch Menschen gegen den Tod rebellieren, haben sie Hunger nach Blut und Genuß am Töten. Sie wollen unterrichtet sein, wie viele sie jeden Tag überlebt haben. Es bereitet ihnen Vergnügen, beim Blutvergießen dabeizusein. Und nichts erfüllt sie mit größerem Stolz, als den Tod mit eigener Hand herbeizuführen.

2. Das Paradies der Grausamkeit

Auf einer Brücke haben zwei Soldaten einen Mann an Füßen und Händen gepackt, um ihn über das Geländer in die Fluten zu werfen. Ein anderer feuert Geschoßgarben in den Fluß, wo sich jemand schreiend über Wasser zu halten versucht. Etwas entfernt schleift der johlende Pöbel einen angekohlten Leichnam die Straße entlang. Auf einem Platz hat eine Menschenmenge eine junge Frau umringt, die sich am Boden zusammenkrümmt. Reihum springt einer hervor, tänzelt heran und hüpft ihr auf den Brustkorb, um zu erproben, was er aushält. Zwischen brennenden Gummireifen schauen blutende Köpfe hervor, denen die Ohren abgeschnitten sind. Daneben ist jemand in einem Holzverschlag voller Wanzen eingesperrt, aus einem Bottich schaut ein Kopf hervor, den man in die trübe Brühe eingelegt hat. Ein riesiges Klappmesser schneidet einen festgenagelten Körper der Länge nach entzwei. Bizarre Ungeheuer, halb Kröte, halb Mensch, machen sich an verrenkten Körpern zu schaffen. Für jede Todsünde ist eine eigene Marter vorgesehen. Rechts ist ein Erschießungspeloton zu erkennen. Die Stadt im Hintergrund: eine rotgelb glimmende Trümmerwüste. Die linke Bildtafel aber zeigt eine beschauliche Hügellandschaft, ein paar Bäume, Sträucher, sattgrüne Wiesen. Kein Lebewesen ist in diesen Gefilden zu sehen. Nach wie vor ist das Paradies menschenleer.

Wir wissen nicht, wie Hieronymus Bosch, wäre er ein Zeitgenosse des neuen Jahrtausends, das Höllentriptychon des Jüngsten Gerichts gemalt hätte, ja, ob er überhaupt noch zu Pinsel und Palette gegriffen oder nicht einfach die Abbildungen realer Ereignisse zu einer Collage montiert hätte. Angesichts

des Äußersten bleiben die Künste hinter der Wirklichkeit zurück. Die Einbildungskraft scheint ebenso überfordert zu sein
wie die Urteilskraft. Und auch der Verstand hat Mühe, die Unzahl der Greuel zu überblicken, geschweige denn zu verstehen,
worin die Wurzeln der Grausamkeit liegen und was bei ihrer
Entfesselung vor sich geht.

Irrwege, Illusionen

An Erläuterungen fehlt es nicht. Von der genetischen Ausstattung des Gattungswesens und der seelischen Verfassung des Täters über unwirtliche Verhältnisse bis zum Zwischenstand der
Universalgeschichte reichen die Erklärungen. Der Diskurs über
die Gewalt ist ein Streitplatz der Ideologien und Illusionen.
Weniger um die Ermittlung der Tatsachen geht es als um die
Bestätigung alter Glaubenssätze, an die man sich weiterhin
klammern möchte. Doch ziehen Denkverbote unweigerlich
Wahrnehmungsverbote nach sich. Der eingefahrene Diskurs
führt geradewegs zum Verlust des Realitätssinns, zur Verleugnung dessen, womit unter Menschen zu rechnen ist.

Zu den bequemsten Thesen gehört die Annahme einer na-
türlichen Veranlagung: Gewalt als Erbschaft der Evolution.
Doch so wenig die Kultur ein Reich der Freiheit ist, so wenig
herrscht in der Naturgeschichte eine Diktatur der Gene. Selbst
wenn so komplexe Eigenschaften wie Intelligenz oder Aggres-
sivität vererbt würden, so besagt der Besitz einer Fähigkeit oder
Neigung noch nichts über deren Manifestation. Ohne Gelegenheit keine Probe aufs Exempel. Die genetische Erklärung ver-
wischt den Unterschied zwischen Ereignissen, Zuständen und
Dispositionen. Kurzerhand schließt sie von einer Gewalttat auf
eine vorgängige Bereitschaft. Aber nicht jeder Täter zeigte vor
der Tat verdächtige Anzeichen, und nicht jeder, der über Stunden zu allem entschlossen war, tat am Ende, was er lauthals
angekündigt hatte.

Es liegt keineswegs an der vermeintlichen Wolfsnatur der
Gattung, daß die Gewalt kein Ende findet. Es ist eine Illusion

zu glauben, Gewalttäter seien stets von Wut oder Angriffslust getrieben. Als müsse man den Menschen lediglich ihre wilden Gelüste abgewöhnen, um der Gewalt Herr zu werden. Zwar können Zorn, Haß, Wut oder Rache Menschen zu einer Tat veranlassen. Was aber haben die Verlockungen der Beute, die Spiellust und Neugier des Experimentierens, was hat die gehorsame Exekution eines Befehls, die Opferbereitschaft des Kriegers mit aggressiven Vorlieben zu tun? Was hat die Erkenntnis, daß Gewalt oft der kürzeste und sparsamste Weg zu einem Ziel ist, mit dem Ungestüm der Streitsucht gemein?

Art und Ausmaß mancher Greueltaten verleiten zu der Annahme, die Täter müßten von besonders heftigen Impulsen getrieben sein. Diese Intuition widerspricht jeder Logik. Menschen können aus ein und demselben Motiv ganz verschiedene Verhaltensweisen an den Tag legen. Und sie können mit konträren Motiven das gleiche tun. Zwischen Tat und Motiv gibt es keinen notwendigen Zusammenhang. Morde werden begangen aus Liebe oder Haß, Geiz oder Gier, Eifersucht oder Gleichgültigkeit. Aber nicht jeder, der von Eifersucht geplagt wird, seinem Nachbarn den Besitz neidet oder sein Interesse an der Welt verloren hat, wird zwangsläufig zum Mörder.

Wenig erhellend ist ferner der Rückgriff auf die Idee der Rationalität. Gewiß dienen nicht wenige Gewalttaten als Mittel zu einem persönlichen oder politischen Zweck. Dafür werden geeignete Instrumente ausgesucht und erprobt: Waffen, Helfer, Pläne und Tatorte. Trotzdem taugt das Modell des rationalen Handelns nicht zur Erklärung der Gewalt. Es übergeht nicht nur die Vielfalt der Affekte, sondern verwechselt auch Zwecke mit Ursachen und Gründen. Die Beziehung von Mittel und Zweck ist kategorial von anderer Art als das Verhältnis von Ursache und Wirkung. Was Menschen mit Gewalt erreichen wollen, besagt nichts über die Ursachen oder Wirkungen ihres Tuns, es sei denn, man hielte Wille und Zweck für »innere« Ursachen körperlicher Aktivitäten. Pläne setzen kein Handeln in Gang, sie steuern allenfalls dessen Kurs. Die Mittel wiederum verändern häufig die Zwecke und führen das Handeln in eine Richtung, an die niemand zuvor gedacht hatte.

Ein instrumenteller Begriff der Gewalt verfehlt von vornherein die Dynamik von Gewaltprozessen, die allererst die Motive
erzeugen, die sie tragen und begleiten. Gewalt hält sich mitnichten an den Kalkül der Zweckmäßigkeit, sie ist keinesfalls
auf ein Mittel für politische, ökonomische oder ideologische
Ziele und Interessen zu reduzieren. Die Mehrzahl kollektiver
Verbrechen ist noch gar nicht in den Blick genommen, wenn
man glaubt, sie auf die Zwecke oder Gründe einzelner Täter,
Drahtzieher oder Verführer zurückführen zu können.

Aus der Tatsache, daß nicht wenige Untaten mit Bedacht ausgeführt werden, folgt nicht, daß sie besonders fanatischen Überzeugungen entsprungen wären. Große Verbrechen benötigen
keine großen Ideen. Auch für Verbrechen gegen die Menschheit
genügen niedere Instinkte: Mordlust, Beutegier, Mißgunst. In
politischen Angelegenheiten dienen rassistische Parolen oder
nationalistische Ideologien eher der nachträglichen Legitimation denn als Impuls zur Tat. Utopische Visionen oder religiöse
Travestien, mythische Erzählungen oder totalitäre Ordnungs-
entwürfe, solche Erfindungen der Intellektuellen haben die Exekutoren der Grausamkeit selten beflügelt. Intellektuelle neigen
häufig dazu, die Wirkung von Ideen oder Ideologien maßlos zu
überschätzen. Daher rührt auch der weithin verbreitete Irrglaube, Gewalttäter seien stets von Verblendung geschlagen und be-
dürften nur gründlicher Aufklärung, damit sie von ihrem Tun
ablassen. Glaube und Wissen mögen Menschen zu gewissen Einstellungen verleiten, aber zwischen Einstellungen und Verhalten
klafft stets eine Lücke. Kognitive Erklärungen setzen allzu hoch
an. Sie übersehen alle Handlungsweisen, welche von Gefühlen,
Gewohnheiten oder purer Gedankenlosigkeit gelenkt werden.

Manche Beobachter vermuten hinter Gewalttaten krankhaf-
te Triebkräfte am Werk, Ausbrüche des Irrsinns oder Zustände
innerer Umnachtung. Apologeten der therapeutischen Gesellschaft pflegen, in einem einfühlsamen Akt der Verkehrung ins
Gegenteil, die Täter kurzweg zu Opfern umzutaufen, zu »Opfern« einer unglücklichen Kindheit, mißratener Eltern oder des
Konsums brutaler Horrorfilme. Als ob es vor der Erfindung des
Fernsehens keine Greueltaten gegeben hätte. Die Liste bösarti-

ger Umstände ist wahrlich umfassend: soziale Benachteiligung, wirtschaftliche Krisen, Armut und Ausbeutung, politische Umbrüche, der Zerfall des staatlichen Gewaltmonopols oder politische Repression, kulturelle Traditionsbindung oder Desorientierung, Werteverlust oder Wertefanatismus, Anomie, Anonymität, beruflicher Streß oder Arbeitslosigkeit, Gruppenzwang oder Einsamkeit, desolate Familienverhältnisse oder Autoritätsverfall an den Schulen, Drogenkonsum, ein Trauma, eine Depression oder ein psychotischer Schub – all dies soll für Gewalt verantwortlich sein. Demnach gehört der Gewalttäter in die schlechte Gesellschaft der Kranken, Armen, Arbeitslosen und Ausgestoßenen, denen allein mit den Mitteln der Therapie beizukommen sei – Arbeitsplätze, Nachhilfeunterricht, Jugendclubs und Empathie gegen die Brutalität der Prügler. Der Zweck ist nur zu offenkundig. Die fadenscheinigen Erwägungen suchen den Begriff der Schuld und der Freiheit zu eliminieren. Indem man die Ursache der Gewalt auf psychische oder soziale Defekte abwälzt, ist letztlich niemand mehr für die Tat und ihre Folgen dingfest zu machen.

Dabei halten die meisten pathologischen Erklärungen nicht einmal der einfachsten logischen Prüfung stand. Wie viele Menschen weisen eine ähnliche Biographie auf oder fristen ihr Dasein in derselben Trostlosigkeit, ohne im Traum daran zu denken, auch nur die Hand zu heben? Weshalb gibt es nicht Millionen von Gewalttätern, obwohl es Millionen von Depressiven, Waffennarren, Horrorfilmenthusiasten, Ehegeschädigten oder Arbeitslosen gibt? Nichts zwingt jemanden dazu, auf einen Passanten einzutreten, dem Niedergeschlagenen auf den Brustkorb zu springen oder ihm mit einer Eisenstange den Schädel zu zertrümmern.

Es mag sein, daß der eine oder andere Tatbestand die jeweiligen Tatumstände beeinflußt. Wie aber beeinflussen die Umstände die Tat? Kontexte sind keine kausalen Ursachen, sind weder hinreichende noch notwendige Bedingungen für gewalttätiges Verhalten. Allenfalls begünstigen oder hemmen sie die Gewalt. Die Ermittlung von Umständen, seien sie biographischer, sozialer, politischer oder historischer Art, identifiziert

Bedeutungen, manchmal auch Gelegenheiten, nicht aber Ursachen. Sie erbringt zwar plausible Geschichten, aber keine Erklärungen. Der Kontext erklärt keine einzige Gewalttat, er stellt allenfalls einen Zusammenhang her zwischen der Vorstellung, die sich Menschen von sozialen Umständen machen, und der Anzahl von Gewalttaten, der gesellschaftlichen »Gewaltquote«. Doch offenkundig besagt die Vielzahl vermeintlicher Ursachen letztlich nur, daß Gewalt weder an einen besonderen Anlaß noch an eine bestimmte Vorgeschichte gebunden ist.

Keine Gesellschaft vermag Gewalt zuverlässig zu verhindern und den Frieden auf immer zu sichern. Umgekehrt entspringt der Übergriff jedoch auch keiner sozialen Notwendigkeit. Sogar in sozialen Milieus, in denen Gewalt zur Lebensform geworden ist, nutzt nicht jeder die Chancen, die sich ihm bieten. Die Risiken mögen hoch, die Verachtung groß, die Strafen manchmal todesgefährlich sein, und trotzdem gibt es im Krieg Deserteure, gibt es Soldaten, die ihre Waffen laden, den Abzug aber nicht durchziehen, gibt es Exekutionsschützen, die gar nicht erst antreten. Sogar im Konzentrationslager, dieser Institution der Grausamkeit, gab es Aufseher und Kapos, die niemals zuschlugen. Es ist stets nur eine Minderheit, die nicht den geringsten Anlaß für irgendwelche Hoffnungen bietet. Aber die Einzelfälle zeigen, daß zwischen der Situation und der Tat eine Lücke klafft. Es bleibt ein unvoraussagbarer Rest, der sich jeder Erklärung entzieht: die Freiheit, Gewalt auszuüben oder zu unterlassen.

Dennoch hat die Analyse der Gewalt ihr Recht. Im allgemeinen wissen Menschen ja recht gut, was sie tun und weshalb sie etwas tun. Aber sie wissen kaum, was ihr Tun tut. Die Voraussetzungen und Verkettungen der Handlungsfolgen übersteigen den Horizont der Akteure. Obgleich zuletzt immer einzelne Menschen mit den Untaten anfangen, ist Gewalt meist ein sozialer Prozeß. Sie verbraucht Zeit, verändert die Situation, verwandelt die Menschen.

Die anthropologische Beschreibung dieser Transformationen zielt nicht auf den Sinn, sondern auf die Formen sozialen Verhaltens. Sie ist nicht kulturalistisch, sondern universalistisch

angelegt. Ihr Thema ist die Eigendynamik sozialer Wechselseitigkeit. Weniger am Einzelfall ist sie interessiert als an den sozialen Universalien, an jenen Formen des Sozialen mithin, die
unabhängig voneinander entstehen, an weit voneinander ent-
fernten Orten und Zeiten. Nicht historische Ereignisse stehen
im Vordergrund, sondern jene Tatsachen, welche jeder Geschichte zugrunde liegen. Was fördert mithin den Gebrauch der
Freiheit zur Gewalt, wie geschieht die Überschreitung der
Grenze, und welche Welt eröffnet sich dahinter?

Imagination und Verwandlung

Eine Quelle der Gewalt ist die Vorstellungskraft. Es ist die Imagination, welche immerzu neue Gewaltformen erfindet. Sie
führt den Menschen aus dem Bannkreis seiner Erfahrungen
hinaus, enthebt ihn seiner Lebensumstände, befreit ihn von ein-
gefahrenen Gewohnheiten. Sie gestattet ihm, sich selbst zu
übertrumpfen und ein anderer zu werden, als er ist. Die Phantasie ist nicht an Erlebtes gebunden und hält sich nicht an auf-
erlegte Hemmungen. Es gibt keine Grenzen, deren Überschreitung sich Menschen nicht vorstellen können. Die erdachte
Gewalt aber ist frei, sie läßt sich gefahrlos denken, und daher
reizt sie zur Tat. Ist nämlich die verlockende Überschreitung
einmal vorgedacht, dauert es oft nur kurze Zeit bis zum ersten
Schritt. Vielleicht wird anfangs noch zögernd experimentiert,
doch räumt die erste Tat das Feld frei für weitere Vorstellungen
und Taten. Uferlos ist die Imagination, sie ersinnt neue Greuel,
erprobt neue Waffen, entwirft Utopien, erschafft die Götter,
welche jedes Opfer rechtfertigen. Nicht einmal mit dem Töten,
dem Endpunkt aller Gewalt, pflegt sich die Vorstellungskraft
zu begnügen. Sie ersinnt neue Sterbensqualen und Methoden
des zweiten Totschlags, der Totenschändung. Es ist die Imagination, ein ganz und gar menschliches Vermögen, die dafür
sorgt, daß die Geschichte der Gewalt weitergehen wird. Wollte
man die Gewalt aus der Welt schaffen, man müßte die Menschen ihrer Erfindungsgabe berauben.

So mächtig ist die Einbildungskraft, daß die Idee der Gewalt zur Obsession werden kann. Gespeist von Ehrgeiz, Rachsucht, Mordlust oder Beutegier, drängt sie sich auf, besetzt das Bewußtseinsfeld. Die Phantasie weist dem Mörder den Weg, den er beschreiten will, entlockt ihm die Neigung, die er seit langem in sich trägt, gibt ihm die Kraft zum Entschluß. Sein Blick starrt gebannt auf die Waffe. Der Griff des Dolches, der sich ihm zukehrt, will gepackt werden. Die Waffe ermuntert, fordert auf zur Tat, an der Klinge tropft schon das Blut. Zuweilen sind erlebte Greuel schwächer als das Grauen der Einbildung. Die Phantasie versucht den Träumenden, beschwört seine Tatkraft, fixiert die Bilder, die er sich immer schon ausgemalt hat. Sie verdichten sich, setzen sich fest und werden erst entschwinden, wenn die Tat vollbracht ist.

Ebenso verhängnisvoll wie der menschliche Geist ist die Plastizität der Motive. Gewalt kann mit ganz gegensätzlichen Haltungen, Stimmungen oder Gefühlen verbunden sein: mit Willfährigkeit oder mit der Lust an der Willkür, mit Ekel, Stolz oder Pflichtgefühl, Geltungsdrang und Ehrgefühl, mit Abenteuerlust oder Langeweile, mit Berechnung, Beflissenheit oder Begeisterung. Was ihre Gemütszustände anlangt, sind Gewalttäter mitnichten festgelegt. Über seinen animalischen Fundus hinaus eignet dem Menschen eine offene Konstitution. Wäre er allein von tierischen Kräften getrieben, wüßte man zumindest, womit zu rechnen ist. Aber weil er zukunftsoffen ist, bleibt alles möglich. Die Offenheit verleiht dem Menschen die Fähigkeit zur Verwandlung. Da verläßt einer morgens seine Wohnung, fährt ins Büro, verrichtet wie gewohnt seine Arbeit, kehrt nach Hause zurück – ein Tag wie jeder andere. Dann kleidet er sich um, holt Waffen und Munition aus dem Keller, erschießt seine Familie, verschanzt sich auf dem Dach und feuert auf jeden, der zufällig vorbeikommt. Scheinbar über Nacht können sich Nachbarn in Todfeinde, Kinder in Scharfschützen, Dorfschullehrer in Amokläufer, Softwarefabrikanten in Kinderschänder, Arbeiter einer Schokoladenfabrik in Menschenfresser verwandeln.

Wer sich verwandelt, ist nicht mehr derjenige, der er war. Er wird nicht nur anders, er wird ein anderer. Er befreit sich von sich selbst. Er verzichtet darauf, eine dauerhafte Substanz, eine chronische Identität vorzuweisen. Die Verwandlung betrifft die ganze Person, ihren Geist, ihren Leib. Ihr wirksamstes Hilfsmittel ist die Maske. Obwohl sie nur die Oberfläche des Körpers verdeckt, reicht ihre Macht bis in die Eingeweide. Die Maske ist das Medium der magischen Mutation.

Unter der Tiermaske gewann der Jäger der Vorzeit die Kraft und Behendigkeit der Tiere, die er erlegen wollte. Er verwandelte sich seiner Beute an, wurde wie sie. Der Tanz der Büffel oder Gazellen spielte das Töten vor und sicherte das Jagdglück. Auch die Menschenmörder bedienten sich der Maskerade. Sie zogen sich das Fell eines Löwen oder Leoparden über, trennten ihren Opfern die Kehle durch und rissen mit den Klauen das Fleisch heraus. Übernatürliche Kräfte verlieh ihnen das Gewand der Bestien. Die Maske verwandelte sie in löwenherzige Berserker. Der Blutdurst des Idols übertrug sich auf den Mörder. Unter der Maske durchbrach er alle Tabus. Sie diente nicht zur Tarnung, sondern zur Verwandlung, zur Entgrenzung seiner selbst. In dem Augenblick, da er das Fell überzog, wurde er selbst zum Raubtier. Riß man ihm jedoch die Maske wieder herunter, verlor er alle Potenz.

Der archaische Krieger, der nachts zum Feldzug aufbrach, machte sich eine andere Macht zunutze. Indem er sich die Maske der Ahnen überzog, errang er bezwingende Energie. Plötzlich hatte er teil an der verborgenen, allgegenwärtigen Macht der Toten. Eingereiht ins Heer der Vorfahren, gewann er Siegesgewißheit und Unsterblichkeit. Alle irdischen Fehden und Schlachten hatten die Totengeister überlebt. Und nun sollten sie den Tod auch von ihrem Nachfahren abhalten, sollten ihn vor den Hieben, Speeren und Pfeilen des Feindes bewahren. Die Maske ließ den Feind vor Schreck erstarren und schützte den Krieger. Sie stärkte seinen Kampfesmut und verhalf ihm zum Sprung über die Schwelle. Jenseits der Grenze war er nicht mehr derselbe wie zuvor.

Ritual, Befehl, Fanal

Erleichtert wird die Transgression durch Rituale. Rituale sind Veranstaltungen der Verwandlung, des Übergangs vom Profanen zum Heiligen, vom Statussystem zur Gemeinschaft, vom Frieden zum Krieg, vom Alltag zum Fest. Die ältesten Formen der Gewalt, die Hetzjagd, das Opfer und der Krieg, wurden häufig mittels Riten vorbereitet oder vollzogen. Körperliche Strafen, zumal die Todesstrafe, gehorchen über die Zeiten hinweg einem strikten Reglement, sei es die Massenexekution in der Arena oder während des Autodafés, sei es die Steinigung des Sündenbocks oder das Blutfest auf dem Marktplatz. Fehden und Ehrenduelle, Gladiatoren- und Hahnenkämpfe, Stammes- und Bandenkriege weisen stets rituelle Elemente auf: den Austausch der Drohgebärden, die Mobilisierung des Kampfgeistes, den Schritt über die Startlinie.

Riten haben nicht die Funktion, Gewalt mit Sinn zu überhöhen. Diese kulturalistische Sichtweise, wie sie gegenwärtig in Mode ist, ist allzu arglos. Die Opferbräuche der Azteken, der Karthager oder im Königreich Dahome des 19. Jahrhunderts waren nichts anderes als Massenschlächtereien, Blutfeste der Frömmigkeit. Das Ritual entfesselt die Gewalt. Es stiftet eine Festgemeinschaft im Ausnahmezustand, in dem die Begeisterung den Schrecken besiegt hat. Todesangst wird überwunden durch Tötungsmacht. Die Gewalt verleiht dem Ritual die Aura von Ernst und Erhabenheit. Der Schock des tödlichen Schlags, das verrinnende Blut, die Wonnen des Festmahls – im Erlebnis des Tötens wird die Heiligkeit des Lebens erfahren. Durch den Tod findet das Leben seine Nahrung.

Rituelle Gewalt ist ein Modus der Vergemeinschaftung. Opfer und Mord zu gemeinsamer Hand stiften den Bund der Treue. Geschlechter, Gilden und Allianzen konstituieren sich als Opfergemeinschaften. Sie verschwören sich mit dem Blut des Opfers. Und je enger die Bindung sein soll, desto mehr wird der Ritus ins Grausame gesteigert. Im Aufbruch zu Kampf oder Jagd reißt die Communitas den einzelnen über die Schwelle, im stampfenden Rhythmus der Tänze, später dann im Gleichtakt der Märsche. Hochgefühl ergreift das Kollektiv. Jeder hat daran teil. Indem das Ritual die Menschen hautnah verbindet, befreit es sie von den Ängsten und Bedenken, welche der einzelne sonst mit sich selbst auszumachen hätte. Das Selbstverhältnis ist in das Soziale eingeschmolzen. So bahnt das Ritual, dieser geordnete Tumult, den Weg zur Gewalt, zum Tod, zum Heiligen.

Hierarchische Sozialsysteme bevorzugen eine andere Methode der Transgression: den Befehl. Der Befehl fordert prompten Gehorsam. Er duldet keinen Widerspruch. Seine Rechtmäßigkeit zu bezweifeln zerstört seine Wirkungskraft. Daher ist er oft mit der härtesten Strafe gedeckt. Trotzdem ist der Befehl keineswegs bloßer Zwang, er ist zugleich eine Vollmacht, ein willkommener Anstoß zur ersten Tat. Es ist ein Irrglaube, die Mehrzahl der Untergeordneten befolgte Befehle nur mit Widerwillen. Oftmals warten sie längere Zeit in Untätigkeit, bis endlich der Befehl sie aus der Trägheit reißt und ihrer Aktionslust freien Raum gibt. Soldaten, die tagelang in Bereitschaft ausgeharrt haben, ersehnen ungeduldig das Signal zum Angriff. Angst und Zweifel sind auf einmal verflogen, wenn der Befehl alle Gedanken, Gefühle und Energien auf den Kampf konzentriert. Der Befehl schafft Eindeutigkeit. Daher rührt die manchmal selbstmörderische Bereitschaft, dem Signal zu folgen und über die schützende Brustwehr zu springen. Der Befehl stößt die Menschen über die Grenze. Mit Befehlen kann man Menschen zum Töten, aber auch in den sicheren Tod schicken.

Der Befehl zur Gewalt ist mehr als ein fremder Pfeil im Fleisch, den man herausziehen und zurückwerfen möchte. Der Befehl wirkt als Antrieb, er zerschlägt das Tabu. Ist die Grenze überschritten, bekräftigen weitere Befehle nur die einmal erteilte Lizenz. Es reicht ein Fingerzeig, um das nächste Opfer zu markieren. Eine Parole setzt den Trupp der Mörder in Bewegung, der Hinweis eines Denunzianten öffnet die Tür zum nächsten Haus. Nicht selten machen sich die Unterstellten einen Befehl ganz zu eigen. Ist lediglich das Ergebnis festgelegt, bleibt die Wahl der Gewaltmittel den subalternen Vollstreckern überlassen. Allgemeine Aufträge erteilen einen Freibrief: Sie sagen nicht, was zu tun, sondern was alles erlaubt ist. Sie fordern Selbständigkeit im Gebrauch der Freiheit. Und oftmals bedarf es gar keiner weiterer Befehle mehr. Willige Vollstrecker tun stets mehr, als befohlen ist. Sie führen Befehle aus, die gar nicht erteilt worden sind.

Serielle Mengen folgen dem Fanal. Einzelne rotten sich zu einer Menge zusammen, vor einem Gefängnis, einem Palast oder Fußballstadion, an einer Straßenecke, wo ein Polizeiwagen abgestellt ist. Sie umringen das Fahrzeug bis auf einige Meter Abstand. Es ist, als würde eine magische Schwelle sie von dem Wagen trennen. Jemand, der sich ein paar Schritte vorgewagt hat, kehrt enttäuscht wieder zurück, als er bemerkt, daß ihm niemand gefolgt ist. Noch ist der Zeitpunkt nicht gekommen. Doch je mehr sich einfinden, desto mutiger wird die Menge. Allein die Zahl stärkt ihr das Rückgrat. Die Vielzahl braucht das Verbot nicht mehr zu fürchten. Auf einmal hört man das Klirren einer Scheibe, ein Aufschrei, der die Stockung löst, Steine fliegen, dann stürzen sie nach vorn, zerren die Insassen heraus, werfen den Wagen um und stecken ihn in Brand. Die Barriere des Verbots ist zerschlagen, unversehens hat sich die Menge in eine Masse verwandelt. Dieser Vorgang der Massenbildung ist keineswegs einem Rädelsführer anzulasten. Er entsteht aus der Menge selbst. Unabhängig vom Grund und Anlaß des Aufruhrs läuft der kollektive Prozeß ab. Feuer oder zerkrachendes Glas wirken als Fanal. Sie befreien die Menge aus ihrer Trägheit. Der einzelne verschmilzt mit der Masse, die ihn über die Schwelle hinwegträgt.

Will man der Gegenseite den Vortritt lassen, nutzt man die Provokation. Sie hat sich sowohl bei der Anzettelung von Kriegen als auch bei Straßenschlachten oder Ehrenduellen bewährt. Eine Seite reizt die andere so lange, bis jene die Selbstkontrolle verliert und zurückschlägt. Provokationen locken den anderen über die Grenze und setzen ihn damit vor aller Augen in Mißkredit. Oder sie treiben ihn in eine Falle, aus der er, will er sich seine Selbstachtung erhalten, nur durch Gewalt herauskommt. Die wirkungsvollsten Provokationen lassen kaum Bedenkzeit.

Sie sind so gezielt, daß sie unmittelbare Reaktionen auslösen. Kurz vor der Grenzlinie stoppt die Provokation ab und nötigt dadurch die Gegenseite zum Übergriff. So stellt sie den Provozierten bloß und lädt ihm alle Schuld auf. Natürlich gibt es auch gewalttätige Provokationen wie den ersten Steinwurf oder das terroristische Attentat, aber auch sie haben stets das Ziel, die andere Seite zu einer Überreaktion, zu einem massiven, verhältnislosen Akt der Gewalt zu verleiten.

Gewohnheit, Exzeß

Was geschieht jenseits der Grenze, wenn die erste Hürde genommen ist? Manchmal bleibt es beim ersten Übergriff. Ein Schußwechsel, und der Kampf ist zu Ende. Kommt jedoch ein Prozeß in Gang, entstehen neue Verhaltensweisen, Gefühle und Sozialformen. Zumindest drei Aktionsverläufe sind hier zu unterscheiden.

Gewalt gewinnt Dauer durch Gewöhnung und Institutionalisierung. Es ist eine beunruhigende Fähigkeit des Menschen, sich an nahezu alles anpassen zu können, auch an seine eigene Gewalttätigkeit. Wie ist dies zu verstehen? Gewohnheiten sind einspurige Dispositionen, die durch wiederkehrende Situationen gleichsam automatisch ausgelöst werden. Entscheidungen sind überflüssig. Der Antrieb zur Gewalt ist in die Situation selbst verlagert. Die Tat geschieht prompt und ohne Bedenken. Gewalt wird Routine, Alltag, Arbeit. Aus der Tat wird ein regelmäßiges Tun. Nach der ersten Verwandlung muß sich der Täter nur noch selbst nachahmen.

Tag für Tag wiederholt der Menschenschinder sein Handwerk, jeden Nachmittag bezieht der Heckenschütze seine Stellung, um auf alles zu feuern, was er ins Visier bekommt. Je häufiger der Täter die Gewalt wiederholt, desto mehr verfestigt sie sich zu einem Habitus. Das Verhaltensschema wird zur persönlichen Disposition. Man findet diese Gewohnheitstäter in den Folterkellern oder den Konzentrationslagern, an den Exekutionsstätten, in kampferprobten Verbänden erfahrener Solda-

ten oder im engsten Gefolge der Warlords. Krieg und Terror
finden so ihre Stütze im Habitus ihres Personals. Die Gewalt
geht weiter, ohne daß die Menschen in jeder Situation von neuem nachdenken müßten. Von Absichten und Entschlüssen entlastet sie die Gewohnheit. Habituelle Gewalt ist motivlose Gewalt. Moralische Fragen erübrigen sich. Gewalt ist kein Akt der
Willkür mehr, sie ist in Fleisch und Blut übergegangen. Die Gewohnheit schont Verstand und Gewissen. Sie stellt taub und
blind. Verloren hat sich auch der Sinn der Furcht. Der Mörder
hat sich an den Greueln satt gegessen. Nichts entsetzt ihn mehr.
Daher rührt das notorisch gute Gewissen, das viele Massenmörder später an den Tag legen. Vorhaltungen lösen nur mehr
überraschte Ungläubigkeit aus.

Der individuellen Gewöhnung entspricht die Mechanik kollektiver Disziplin, wie man sie von Erschießungskommandos
oder von den Linienformationen der alten Manöverkriege
kennt. Disziplin ist eine Destruktivkraft eigener Art. Die Kolonne ist so gedrillt, daß sie wie ein Kollektivkörper agiert. Im
Augenblick des Befehls wird die Salve abgefeuert. Bis auf den
Bruchteil einer Sekunde ist das Feuer koordiniert. Das Peloton
arbeitet regelmäßig – wie eine soziale Tötungsmaschine. Während die Waffe abgesetzt und neu geladen wird, tritt die nächste Linie vor und feuert. So entsteht die rollende Salve. Jeder
tut das gleiche wie sein Nebenmann, und jeder verläßt sich
blind darauf, daß alle anderen dasselbe tun wie er selbst. Die
Truppe verwirklicht ihre Einheit im Akt des Tötens. Es ist die
Gewalt selbst, welche die Gemeinsamkeit herstellt. Die Blutschuld verteilt sich auf alle Schultern, so daß keiner sie zu spüren bekommt. Indem der einzelne eins wird mit dem kollektiven Gewaltkörper, ist er seiner Individualität ledig.

Demonstrative Gewalt will Schrecken verbreiten, Respekt
einbringen, die Langeweile vertreiben. Diese Gewalt hat einen
genuin sozialen Sinn. Je mutiger und geschickter der Kämpfer,
desto heller erstrahlt seine Aura. Je grausamer die Exekution,
desto prachtvoller die politische Majestät. Gewalt ist hier
Selbstdarstellung und Selbstauszeichnung. Dabei erlangt derjenige besonderen Ruhm, der alle anderen übertrifft und den

Zuschauern ein unterhaltsames Schauspiel bietet. Die Zuschauer weiden sich an den Qualen der Opfer, goutieren schenkelklopfend die Grausamkeit. Ihr Lachen ist unverhohlen. Das Gelächter verbindet sie mit dem Täter, und es verbindet sie untereinander. Schadenfreude ist bekanntlich die billigste Methode menschlicher Geselligkeit. Mitlachen vergesellschaftet. So spornen die Zuschauer die Mörder zu neuen Untaten an und bestätigen einander die Freiheit der Willkür, die vollkommene Verfügungsgewalt über Leben und Tod.

Gewaltaufführungen wenden sich an Dritte. Dem Exzeß hingegen fehlt jedes soziale Ziel. Dem Berserker geht es ganz um sich selbst. Nicht das Sozial-, das Selbstverhältnis steht hier im Mittelpunkt. Raserei ist Gewalt um ihrer selbst willen. Was zählt, ist die Aktion, das Erlebnis, die Existenz jenseits der Grenze. Habituelle Gewalt ist gleichmäßig, gleichgültig. Der Exzeß hingegen ist eruptiv und expansiv. Der Täter gerät in Euphorie, er begeistert sich an seinem Tun. Jeder neue Einfall, jeder weitere Tote steigert sein Hochgefühl. Dabei ist er keineswegs außer sich. Er vergrößert sich von innen heraus, dehnt sich aus, gewinnt das Terrain absoluter Freiheit.

Der Exzeß ist keine Selbstdarstellung, er ist eine orgiastische Selbststeigerung, ein Akt der Selbstentgrenzung. Jenseits der Schranke ist alles erlaubt. Das Bewußtsein der Moral verdampft, ja, es ist, als tilgte die Raserei jedes Bewußtsein aus. Die Gedanken verbrennen in der Hitze der Empfindungen. Mehr noch: Der Täter verschmilzt mit den Bewegungen der Gewalt. Der Körper verfällt in einen motorischen Rhythmus. Das Rattern der Maschinenpistole überträgt sich auf die Muskeln und Nerven des Schützen. Sinnlos verpulvert er Magazin um Magazin, bis das Opfer von Kugeln durchsiebt ist. Ähnlich ergeht es dem Prügler. Er prügelt nicht, weil er angestellt ist. Der Rhythmus der Schläge ergreift seine Arme, so lange dreschen sie auf das Opfer am Boden ein, bis die Holzlatte zersplittert ist. Immer weiter treibt ihn der Bewegungssturm in den anderen Zustand. Im Gewaltrausch wird er ganz Leib. Eine plötzliche Leichtigkeit erfaßt ihn. Behende springt er von Tatort zu Tatort. Der Schwung der Gewalt trägt ihn fort.

Der Tanz der Gewalt verhilft dem Menschen zu einem selte-
nen Erlebnis innerer Einheit. Er agiert ganz aus der Mitte seines Leibes heraus. Die Widerständigkeit seines Körpers ist er
los. Die Lasten des Selbst sind aufgehoben, dem Zwang zur
Selbstbeherrschung ist er entkommen. Der Exzeß befreit den
Menschen nicht nur vom Verbot, er befreit ihn von allen Be-
schwernissen der Existenz. Von nun an muß er sich nicht mehr
zu sich selbst verhalten. Jenseits der Mauer ist er ganz eins mit
sich und der Welt. Daher die Begierde, im Blut zu waten. Nichts
hält den Mörder auf, er spürt weder äußeren noch inneren Widerstand. Er läßt sich selbst hinter sich. Das alte Ich verlöscht,
die Not der Individuation, die Angst zum Tode ist auf einmal
abgestreift. Die Verwandlung hat ihren Endpunkt erreicht. Das
Fest der Gewalt ist ein Sprung in den utopischen Zustand. Eine
uralte Sehnsucht erfüllt sich: der Traum von absoluter Macht,
von absoluter Freiheit und Ganzheit, der Traum von der Rückkehr ins Paradies. Für die Opfer jedoch ist es die Hölle.

3. Aktionen

Die Gelüste des Quälens benötigen abgeschirmte Räume, in denen der Täter mit dem Opfer allein ist. Die Perversionen der Libertins gedeihen in den abgelegenen Festsälen der Ausschweifung. Die Folter, dieses grausame Experiment mit dem Leib des anderen, hat ihre Heimat in den Verliesen der Obrigkeit, in den Schinderhütten und Lagergefängnissen. Anders die Eruptionen der individuellen und kollektiven Transgression. Der Exzeß sucht die Öffentlichkeit. Er reißt alle Barrieren nieder, auch die Mauer, welche die Sphäre des Privaten umgibt. Sein Schauplatz ist nicht das Wohnhaus oder der Hinterhof, sondern die Straße, das Restaurant, die Kirche, der Markt, das freie Feld.

Nicht die Öffentlichkeit des gesitteten Gesprächs ist das Terrain des Exzesses. Die Sprache der Gewalt ist gellend und schrill: die Schreie der Verwundeten, das Gebrüll des Mobs, das Prasseln des Feuers. Der Exzeß ist keine Aufführung für stumme Zuschauer, die in sicherer Entfernung die Szene beobachten. Die Bewegung der Gewalt greift weit hinaus, sie erfaßt alle, die sich in der Nähe aufhalten. Sie duldet keine neutralen Zeugen, sie kennt nur Opfer, Mittäter, Feinde. Sie will nichts zeigen und auch nichts darstellen, sie ist pure Aktion. Der Amokläufer metzelt alles nieder, was ihm begegnet. Der Mob der Schlachtenbummler sucht nichts als den Kampf. Die Lynchmeute will sich empören und vernichten, was ihre Wut erregt. Das Mordkommando durchkämmt das Dorf und schlachtet alle ab, deren es habhaft wird.

Auf der Straße ist der Tod für jedermann sichtbar. Manchmal werden die Toten in Reih und Glied nebeneinandergelegt, um die Ordnung wiederherzustellen und Bilanz zu ziehen. Aber auf dem Asphalt bleiben Flecken von Blut zurück, Fetzen eines Hemdes, ein Schuh, eine zerschlagene Brille. Mehrfach kehren die Passanten an den Tatort zurück. Es ist nicht die Trauer, die sie herbeiruft, sondern eine bohrende Ratlosigkeit über die Untat, ein langsam nachglimmendes Entsetzen über den plötzlichen Zusammenbruch des Alltags. Schutz und Frieden hatte der Staat seinen Untertanen versprochen. Stets hatte er die Masse zu zerstreuen gewußt, die Verbrecher gejagt und eingesperrt. Daß die Wucht der Gewalt den Burgfrieden des Alltags erneut durchbrechen würde, wollte niemand wahrhaben.

Amok

»Ich bin bereit zu sterben. Nach meinem Tod soll eine Autopsie durchgeführt werden, um festzustellen, ob bei mir irgendeine geistige Störung vorliegt.« Dies notierte Charles Whitman am Abend des 30. Juli 1966 auf einem Zettel. Danach erstach er seine Mutter und seine Frau. Am nächsten Morgen packte er ein paar Sandwiches, Toilettenpapier, ein Transistorradio sowie mehrere Gewehre und Pistolen samt Munition in einen Seesack und fuhr zum Glockenturm der Universität von Austin/ Texas. In der Eingangshalle erschoß er die Empfangsdame, im Treppenhaus zwei Studenten. Oben angekommen, hielt er kurz inne, packte den Sack aus und beobachtete den Campus. Dann feuerte er auf alles, was sich bewegte. Nach neunzig Minuten waren dreißig Menschen verwundet und sechzehn tot. Bei der Autopsie entdeckte man im Gehirn des 24jährigen Architekturstudenten einen Tumor. Seit der Scheidung seiner Eltern hatte Whitman über ständige Kopfschmerzen geklagt.

Am Mittag des 28. April 1996 hielt in dem Touristenort Port Arthur auf der Insel Tasmanien ein VW-Käfer vor einem Café. Auf dem Wagendach war ein Surfbrett befestigt. Der 29jährige Fahrer, ein blonder, sportlicher Mann, betrat das Lokal, zog aus der Tennistasche ein Schnellfeuergewehr und schoß um sich. Nach jedem Feuerstoß suchte er sich gezielt ein neues Opfer. Anschließend setzte er das Gebäude in Brand, brachte einen

Autofahrer in seine Gewalt und drang in eine benachbarte Ferienpension ein. Dort verschanzte er sich. Die Besitzer, ein älteres Ehepaar, hielt er ebenfalls als Geiseln. Polizisten, die mit ihm verhandeln wollten, nahm er unter Feuer, ebenso die Hubschrauber, welche die Verletzten in ein Krankenhaus fliegen sollten. Als am nächsten Morgen das Haus in Flammen stand, tötete er die Geiseln und lief hinaus – direkt in die Arme der Polizei. 35 Tote und 19 Verletzte waren die Bilanz dieser Bluttat am historischen Ort. In Port Arthur sind die Überreste einer Sträflingskolonie zu besichtigen. Rund 30 000 Schwerverbrecher hat die britische Kolonialmacht von 1833 bis 1877 nach Tasmanien verbracht. Der Massenmörder wurde zu 35facher lebenslänglicher Haft verurteilt, Gutachter bescheinigten ihm zwar Schuldfähigkeit, aber die Intelligenz eines Elfjährigen.

Defekte im Gehirn, Tollheit oder Wahnideen sind die häufigsten Erklärungen für derartige Vorkommnisse. Die Ursachen des Amok liegen, so die Experten der Polizei, zuletzt in der unergründlichen Person des Täters. Gesellschaftliche Bedingungen wie Arbeitslosigkeit, Statusverlust, private Unstimmigkeiten, sozialer Ausschluß oder erlittene Ungerechtigkeit besagen nur wenig. Denn Amokläufe sind derart selten, daß sie unmöglich aus Tatsachen zu erklären sind, die in einer Gesellschaft gang und gäbe sind. Die Zahl der sozial Geschädigten und Beschädigten geht in die Millionen, Amoktäter jedoch sind eine ziemlich rare Spezies. Die meisten sind von solch unauffälliger Durchschnittlichkeit, daß nichts, aber auch gar nichts auf einen spektakulären Gewaltakt hinweist. Unter den Mördern finden sich Menschen mit cholerischen Neigungen ebenso wie Charaktere von ausgesuchter Freundlichkeit. Die spätere Suche nach Vorzeichen, Andeutungen oder Symptomen ist meist nur ein hilfloser Versuch, nachträglich eine Vorgeschichte zu erfinden und dem Geschehen einen Sinn anzudichten. Offenbar kann sich die westliche Kultur den Blutrausch letztlich nur als individuelle Krankheit oder seelischen Kurzschluß verständlich machen.

Ratlosigkeit hinterläßt auch die Mannigfaltigkeit der Motive. Börsenverluste, berufliche Niederlagen, verschmähte Liebe,

Demütigung oder Geltungsdrang, Verzweiflung oder Rachsucht, Neid oder simpler Alltagsärger können Menschen offenbar so in Rage versetzen, daß sie jede Hemmung hinter sich lassen. Manchmal reicht bereits ein böses Wort, um den inneren Sprengsatz zu zünden, ein verächtlicher Blick, ein höhnisches Lächeln. Um die Verhältnismäßigkeit der Mittel kümmert sich der Amok ohnehin nicht. Die Tat übertrifft immer Anlaß, Grund und Ursache. Am 20. 12. 1995 zog in einem New Yorker Schuhgeschäft ein junger Mann die Pistole, weil ihm die Schuhe zu teuer waren und die Verkäuferin nicht mit sich handeln ließ. Fünf Tote waren das Ergebnis dieses Unmutsanfalls.

Gemeinhin braucht die Verwandlung eines unauffälligen Zeitgenossen in einen Amokläufer jedoch ihre Zeit. Der Haß auf die Welt und auf sich selbst reift langsam, der Haß, der sich nicht gegen einen einzelnen richtet, sondern gegen das Diktat der eigenen Existenz. So lange dauert die Metamorphose gewöhnlich, daß die wenigsten damit bis zum blutigen Ende gelangen. Bevor sie explodieren, nehmen sie ihren Haß mit ins Grab. So mancher, dem man ein friedvolles Leben und Ableben nachgesagt hat, ist mit seiner Verwandlung nur nicht rechtzeitig zu Ende gekommen.

Von anderen Mordtaten unterscheidet sich der Amok durch sein Tempo und seine Exzessivität. Augenblicklich erreicht die Gewalt ihren Höhepunkt. Sie will nicht martern oder quälen, sondern sofort töten. Wie das Attentat ist der Amoklauf Gewalt ohne Vorwarnung. Nichts erwarten die Menschen weniger, als daß jemand bis an die Zähne bewaffnet in ein Brokerbüro oder ein Amtshaus, in eine Kirche, eine Schule oder einen Kindergarten stürmt und alle niederstreckt, die sich dort gerade aufhalten. Wer rechnet in Friedenszeiten schon damit, beim Abendessen zu Hause mit einer Kalaschnikow niedergeschossen zu werden? Zufall und Überraschung verleihen dem Amok seine tödliche Macht. Gegenwehr ist nahezu ausgeschlossen. Jählings durchbricht die Tat den Schutzwall der Normalität. Wo soeben die Menschen noch ihren Beschäftigungen nachgingen, ändert ein einziger Moment alles: blutende Körper, Geschrei, Fassungslosigkeit.

So fremdartig wirkt die Raserei für den modernen Beobachter, daß er nicht einmal ein eigenes Wort dafür hat. Die Bezeichnung »Amok« ist bekanntlich dem Malaiischen entlehnt und bedeutet ursprünglich »im Kampf sein Letztes geben«. Es stammt nicht aus dem Vokabular des Verbrechens, sondern des Krieges. Eine uralte Tradition hat der Amok. »Sieg oder Tod« war seine Parole. Amokkrieger in Südindien oder Malaya gehörten einer verschworenen Elite an. Sie waren darauf trainiert, sich mit Todesverachtung in die Reihen des Feindes zu werfen. Diese Kampfweise kannte keine Vorsicht und Umsicht, keinen taktischen Kalkül. Sie kam nicht selten einem kollektiven Selbstmord gleich. Aber wenige solcher Kommandos konnten ganze Armeen in Panik versetzen. Ob aus Treue gegenüber einem Fürsten oder als Akt religiösen Eifers, gefallene Amokkrieger galten als Helden des Volkes und als Lieblinge der Götter. Die Preisgabe des eigenen Lebens auf einem Berg eigenhändig getöteter Feinde, dies gilt seit jeher als die höchste Ehre des Kriegers – eine Vorstellung, die der malaiische Amokkämpfer mit allen Haudegen und Heißspornen historischer Schlachtfelder gemeinsam hat, mit den griechischen Helden vor Troja ebenso wie mit Odins »Berserkern«, den in Bärenfelle gehüllten Schutzgarden der Wikingerhäuptlinge.

Bis heute ist der Nahkampf das bevorzugte Terrain des unbekannten Amokläufers. Der Krieg bietet die seltene Gelegenheit, andere Menschen in großer Zahl töten zu dürfen. Was die zivile Gesellschaft versagt, ist im Krieg nicht nur erlaubt, sondern geboten. Auf alles zu feuern, was sich bewegt, kann bei der Eroberung eines Grabens, eines Dorfes oder einer Straßenzeile ein Gebot des Selbstschutzes sein, auch wenn das Kriegsrecht wildes Feuer verbietet. Alle niederzumähen, welche noch die Hand zur Gegenwehr erheben können, entbehrt in der »Hitze des Gefechts« keineswegs der Rationalität. Der Bajonettangriff europäischer Infanteristen dürfte sich kaum vom Sturmlauf malaiischer Schwertkämpfer unterschieden haben. Gegen den Feind zu wüten gehört zu den üblichen Gewaltformen des Krieges. Anführer mögen sich um die Disziplin ihrer Truppe sorgen, doch verleiht der Blutrausch dem Sturm-

angriff erst den nötigen Elan. Nicht wenige Helden, die wegen
»Tapferkeit« ausgezeichnet wurden, zeigten im Augenblick der
Raserei alle Merkmale des Amok: Vernichtungsgier, Geistesge-
genwart, Todesverachtung, die Freiheit des Exzesses.

Der Amok im Krieg entspringt der Eskalation des Kampfes.
Der zivile Amokläufer hingegen tobt sich an Wehrlosen aus,
bis ihm die Waffe aus der Hand geschlagen wird. Auch ihm
ging es jedoch einst um Tod, Glaube und Ehre. Was dem europäischen Gentleman das Duell, das war dem malaiischen
Ehrenmann der Amok. Zeitweilig nahm das Blutbad sogar rituelle Züge an. 1516 notierte ein portugiesischer Handlungs-
reisender über eine Sitte auf Java: »Wenn sie schwer krank
werden, geloben manche von ihnen Gott für den Fall, daß sie
gesunden, einen ehrenhafteren Tod als den durch Krankheit.
Sobald sie wohlauf sind, nehmen sie einen Dolch, gehen auf
die Straße und töten, wen sie treffen, Männer, Frauen und Kinder. Sie wüten wie verrückte Hunde, töten, bis sie getötet werden.« Gewiß war für die Einheimischen die Raserei eine Kata-
strophe. Aber sie rechneten allezeit mit der Bedrohung. Jeden
konnte es treffen, und jeder konnte plötzlich vom Blutrausch
übermannt werden. In vielen Dörfern wurden für den Notfall
»Amokfänger« aufgestellt, lange Spieße mit gabelförmiger
Doppelspitze und Widerhaken, mit denen Tobsüchtige auf Abstand gehalten werden konnten. Erst die holländischen Eroberer marterten überlebende Amokläufer zu Tode, um ihnen den
Nimbus der heiligen Gewalt zu rauben. So mutierte der Got-
teskrieger zum von bösen Geistern besessenen Straßenmörder.

Die Zerstörung des Ehrenkodex hat den Amok seiner kulturellen Bedeutung beraubt. Nun erscheint das Töten nur noch
als sinnloser Wutausbruch. Zwar zielt die Gewalt anfangs oft
auf Verwandte, Berufskollegen oder Geschäftspartner. Doch
vom tödlichen Beziehungs- oder Familiendrama unterscheidet
sich der Amok durch seine Wahllosigkeit. Die Gewalt trifft
nicht nur Bekannte, sondern auch Fremde, die zufällig des We-
ges kommen. Der Vater, der Frau und Kinder hinmetzelt und
sich anschließend auf dem Dachboden erhängt, ist kein Amokläufer. Denn der Amok treibt den Mörder aus seinem sozialen

Kreis in die Öffentlichkeit. Was anfangs noch als Akt der Rache erscheinen mag, löst sich rasch von persönlichen Bindungen. Von den Opfern will der Täter nicht das geringste. Jenseits der Grenze tötet er allein um des Tötens willen.

In den Morgenstunden des 4. September 1913 ermordete der Schullehrer Ernst Wagner in Stuttgart-Degerloch seine Frau und seine vier Kinder durch Stiche in Hals, Herz und Lunge. Anschließend zog er den Leichen die Bettdecke über das Gesicht, wusch sich, legte den Dolch in eine Schublade und packte eine Reisetasche mit drei Pistolen und 500 Schuß Munition. Per Fahrrad und Eisenbahn fuhr er nach Ludwigsburg, spazierte im Schloßgarten umher und trank in einem Gasthaus ein Glas Mineralwasser. Anschließend besuchte er die Familie seines Bruders, wechselte das Hemd und setzte seine Reise fort. Unterwegs gab er ein paar Briefe auf, aß noch ein Stück Hefekranz, bis er um elf Uhr nachts in dem Dorf Mühlhausen ankam. Zügig wanderte er durch den Ort, legte an vier Stellen Feuer und schoß wahllos auf alle Männer, die er in der Dunkelheit erkennen konnte. Schließlich waren neun Menschen tot, zwölf verletzt. Auch zwei Kühe streckte der Lehrer nieder, bevor ihn drei beherzte Männer außer Gefecht setzen konnten. Den Mord an Frau und Kindern begründete Wagner, der später zum psychiatrischen Prototyp des Paranoikers erklärt wurde, mit »Mitleid«; den Angriff auf das Dorf, in dem er zwölf Jahre zuvor unterrichtet hatte, legitimierte er als Racheakt für üble Nachreden. Weshalb er das Vieh niederschoß, ist unbekannt.

Der Lehrer, der sich als verkanntes Genie fühlte, hatte seine Tat von langer Hand vorbereitet. Die modernen Mauserpistolen hatte er schon Jahre zuvor gekauft und damit mehrfach im Wald Schießübungen veranstaltet. In autobiographischen Aufzeichnungen nahm er seine Mordserie schriftlich vorweg; den Termin verschob er allerdings mehrfach. Zudem hatte Wagner die Idee, man könnte von seinem Rachefeldzug gegen das Dorf – ähnlich dem heutigen Reality-TV – einen Film drehen.

So plötzlich der Anschlag geschieht, viele Amokläufer agieren keineswegs aus der Laune des Augenblicks heraus. Die bei den Halbwüchsigen, die am 20. April 1999 in Littleton/Colorado zwölf Mitschüler und einen Lehrer regelrecht exekutierten, hatten ihren Anschlag ein Jahr lang vorbereitet. In den Wochen vor dem Überfall drehten sie in den Kellern ihrer Elternhäuser fünf Videofilme, auf denen sie sich ihren Tag des Jüngsten Gerichts ausmalten. Doch so langwierig die Vorbereitung, der Affekt des Amok entsteht erst während der Tat, nachdem Wege und Ziele planmäßig abgesteckt sind. Es ist die Tat, welche die Verwandlung des Mörders vollendet. Wie der Krieg den Krieger, so bringt der Amok den Amoktäter hervor.

Das innere Drehbuch folgt meist einem festgelegten Schema. Dem Ansturm geht häufig eine Phase dumpfen »Brütens« voraus, eine Zeit der Initiation. Stumm zieht sich der Täter aus der Welt zurück, schließt sich in eine Kammer ein, unternimmt einen langen Marsch durch die Wildnis, verkriecht sich unter einem Busch, spaziert gedankenverloren durch einen Schloßpark. Hinter jeder teilnahmslosen Tätigkeit irgendeines Zeitgenossen kann sich dieser gefährliche Wechsel der inneren Welt verbergen. Phantasien von Vernichtung überkommen den Mörder, altvertraute Vorstellungen, welche längst ihren Schrecken verloren haben. Aber jetzt wollen die Bilder nicht mehr verschwinden, fixe Vergeltungsideen bohren sich ein ins Gehirn, blitzhaft zuckt so etwas auf wie ein Lachen, dann siegt wieder das Mißgefühl, die pochende Erregung, die einen Ausweg sucht. Allmählich schwindet die Hemmung, die Todesangst weicht der Sehnsucht nach Leid und Untergang, nach Verfolgung und Tod.

Die Imaginationen des Gewaltaktes sind kein Produkt moderner Massenmedien. Die Leidenschaft der Vorstellung verhalf immer schon zum Sprung über die Mauer. Aber erst der jähe Sturm der Motorik drängt den Täter in den anderen Zustand. Frei von den Fesseln der Moral, frei von Scham und Schuld reißt es ihn mit. Ungeahnte Triebkräfte setzt die Tat frei. Was dem Außenstehenden wie blinde Vernichtungswut erscheint, wie die Tollheit des Hundes, der sich in die Beute verbeißt, ist in Wahrheit ein Zustand absoluter Gegenwart. In höchster Erregung kennt der Geist nur noch das Jetzt, keine

Vergangenheit und keine Zukunft, keine Erinnerung und keine Erwartung. Überwach registriert er alles, was um ihn geschieht, jede Bewegung, jeden Fluchtversuch, jeden Gegenangriff. In der Aktion ist der Berserker weder benommen noch blind oder taub. Das Gegenteil ist der Fall. Der Täter ist extrem konzentriert, seine Sinne sind geschärft, die Fasern zum Zerreißen gespannt. Hand und Auge werden eins, verschmelzen in derselben Bewegung. Wenn die Barrieren fallen, erfaßt und zerstört das Ich die gesamte Welt. Nichts hält den Mörder auf, triumphierend läßt er sich selbst hinter sich. Das alte Ich verlöscht, die Tat befreit von jahrelanger Angst und bohrendem Haß.

Wäre er von blinder Wut geschlagen, so wäre der Amokläufer leicht zu überwältigen. Doch er bewegt sich zielsicher, verteilt die Waffen auf die Fensterbänke, deponiert Rohrbomben oder Handgranaten, nimmt nacheinander die Opfer ins Visier. Seiner Geistesgegenwart entspricht die Verwandlung des Körpers. Rhythmische Schreie fahren aus ihm heraus, wenn er von Ort zu Ort springt, ein ekstatischer Tanz der Vernichtung. Indem er um sich feuert oder schlägt, erweitert der Körper seinen Radius, übermenschliche Kräfte setzt er frei, entfesselt plötzlich Energien, von denen der Täter nicht einmal ahnte, daß er sie hat.

Mit einem goldenen Samuraischwert stürmte am 28. November 1999 ein unbekleideter Mann in eine Kirche des Londoner Vororts Thornton Heath. Die Gemeinde betete gerade das »Vaterunser«, als der Amokläufer auf die Gottesdienstbesucher einzuschlagen begann. In der Kirche brach Panik aus. Einen Mann traf das Schwert mitten ins Gesicht und riß ihm eine Wunde vom Ohr bis zum Unterkiefer. Als er die Hand schützend hochzuhalten versuchte, trennte ihm ein zweiter Hieb Daumen und Zeigefinger ab. Elf Verletzte mit stark blutenden Schnitt- und Stichwunden hinterließ der Anschlag. Daß niemand getötet wurde, war dem couragierten Einsatz mehrerer Gemeindemitglieder zu verdanken. Bewaffnet mit Notenständern, Kerzenleuchtern, Stühlen, einem Kruzifix und einer Orgelpfeife umzingelten sie den Amokläufer und rangen ihn nieder. Vier kräftige Männer waren nötig, um ihn am Boden zu halten.

Nicht jeder Amok endet mit dem Selbstmord des Täters. Viele versuchen zu fliehen, nicht wenige werden von Ordnungskräften getötet. Wer jenseits der Grenze ganz er selbst geworden ist, muß sich nicht mehr selbst empfinden. Er fühlt weder Schuld noch Todesangst. Es ist nicht verwunderlich, daß viele Täter diese Freiheit auf immer der Normalität vorziehen. Der andere Zustand sieht keine Wiederkehr vor. Einige verfallen in einen tiefen Schlaf, andere bleiben für lange Zeit benommen, wenn der Exzeß der Sinne vorüber ist. Fragt man sie später nach Hergang und Motiv, wissen sie von nichts. Die Erinnerung an die Untat ist verdampft. Sie haben alles vergessen, was jenseits der Grenze war.

Der Mob

Im Pendelverkehr beförderten zwei belgische Militärmaschinen vom Typ Hercules ihre Fracht zum Londoner Flughafen Standsted: Hunderte gefesselter Fußballfans, die während eines Wochenendes in Brüssel und Charleroi verhaftet worden waren. Viele trugen keine Papiere bei sich, nannten falsche Adressen und legten sich im Verhör ehrenwerte Berufe zu. Zur Überraschung von Presse, Polizei und Politik gaben sie sich als Richter oder Anwälte aus, als Sozialarbeiter, Feuerwehrleute, Ingenieure oder Bankiers. Die spätere Überprüfung ergab, daß die belgische Polizei wahllos englische Schlachtenbummler inhaftiert hatte. Kaum einer gehörte zum Kern der amtlich registrierten Schlägergarden. Dennoch gaben die Vorfälle einmal mehr Anlaß zu öffentlicher Scham und Empörung. Die staatliche Kampfansage gegen das Unwesen der Hooligans wurde erneuert, das Recht auf freie Bewegung zeitweise ausgesetzt, Pässe wurden eingezogen und Handys abgehört. Obwohl die Prügler politisch vollkommen harmlos sind, pflegen aufgebrachte Staatsschützer auf die Rivalen um die Gewalt im öffentlichen Raum mit Repression zu reagieren.

Hooligans sind keine englische Spezialität. Während der europäischen Fußballmeisterschaft 2000 gingen auch Italiener und Türken aufeinander los, in der City von Den Haag und Brüssel kam es im Siegestaumel zu Krawallen zwischen Polizei und einheimischen Fans. Wochen zuvor hatte in Kopenhagen die Gefolgschaft von Arsenal London eine Allianz mit holländischen und dänischen Trupps geschlossen, um gegen türkische Hooligans vorzugehen. Auch eine Fremdenlegion von Deutschen und Schweden stieß zu dieser Einheitsfront. In St. Petersburg erschossen Rowdys von Dynamo Moskau einen Kontrahenten mit einer Leuchtpistole. Ein zweites Opfer wurde zu Tode geprügelt.

Obwohl Hooligans es an Brutalität keineswegs fehlen lassen, sind Todesfälle eher selten. Die allwöchentliche Randale in den Spielorten der englischen und italienischen Ligen gehört seit Jahrzehnten zu den gewohnten Störungen der sozialen Ordnung. Es sind rituelle Duelle des Mobs, Schaukämpfe um Ruhm und Rache, Treibjagden nach dem Erlebnis exzessiver Gewalt. Der Ablauf ähnelt auffällig früheren Stammeskriegen aus einer Zeit, als noch keine Zentralgewalt das Monopol auf den Schlagstock beanspruchte.

Auch archaische Scharmützel fanden unter den Augen von alt und jung statt. Schauplatz und Termin wurden zuvor vereinbart. Die Krieger präsentierten sich in martialischem Kriegsschmuck, kämpften aber mit Waffen, die nicht allzuviel Schaden anrichteten. Die »Schlacht« war eine Mischung aus Fest, Picknick, Zechgelage und einer ziemlich gefährlichen Sportart, die hin und wieder auch ein paar Tote kostete. Die jungen Männer bewarfen sich mit Hohn und Spott, obszönen Gesten, schließlich mit ihren Speeren, angefeuert von den Frauen, Kindern und Greisen ihres Stammes. Fiel einer zu Boden, nahm sich ein Notdienst seiner an. Die Narben trug man noch Jahre später stolz zur Schau.

Heutige Straßenkrieger werfen keine Speere, sondern Steine, Bierdosen oder Feuerwerkskörper. Die uniformierten Gegenspieler zünden Rauchbomben, verschießen Wasser oder Tränengas. Im Nahkampf bevorzugt man Knüppel, Tischbeine, Schlagringe oder Stiefeltritte. Auch in der Planung des Gefechts ist ein gewisser Fortschritt zu verzeichnen. Man schickt keine

Botengänger mehr los, sondern verabredet sich per Handy oder
E-Mail. Die Haßtiraden finden sich auf der Web-Site promi-
nenter Wortführer. Die Zuschauer der beteiligten Stämme müssen nicht mehr direkt mithelfen. Ihre Rolle haben Reporter und
Kameraleute übernommen, welche den Kampfgeist zuweilen
mit etwas Bargeld auffrischen und die bewegten Bilder sodann
in die Wohnzimmer übertragen.

Der Mob folgt seinen eigenen Gesetzen. Kurz vor dem Gefecht schlendern die Krieger in kleinen Trupps zum Schlachtfeld. Wie ein Lauffeuer verbreitet sich die Nachricht. Immer
dichter rücken sie zusammen, trinken gemeinsam, warten gespannt, was passieren wird. Schlachtgesänge ertönen beim Anblick der ersten Feinde, Schmährufe, Drohungen, meist aus den
hinteren Reihen. Noch trennt die magische Barriere die Gegner
voneinander, doch die Atmosphäre heizt sich auf. Die Menge
weiß genau um die Gesetze, die sie gleich übertreten wird. Aber
es sind viele, eine gewaltige Zahl, die sich mittlerweile zusam-
mengefunden hat. Plötzlich fährt ein Stromstoß durch die Menge, ein Aufbrüllen, Stühle und Flaschen fliegen. Auf einmal gibt
es keine Schranken mehr.

Obwohl jeder Mob seine Helden kennt, ist die Straßen-
schlacht keinem Rädelsführer zuzuschreiben. Die Veteranen
mit den Handys halten sich während der Aktion im Hintergrund. Der Mob ist kein Militärverband, der Befehlen gehorchen würde. Der Kampf entsteht aus der Menge selbst. Manchmal führt eine gezielte Provokation oder ein unbedachter
Übergriff der Gegenseite zur Entladung der kollektiven Energie. Oftmals aber öffnet ein Akt der Sachbeschädigung die
Schleuse. Zersplitternde Schaufenster oder Biergläser sind das
gebräuchlichste Fanal. In der Aktion findet der Aufruhr plötzlich Richtung, Dichte und Einheit. Im Mob findet der einzelne
die frenetische Freude, sich straflos über das Gesetz erheben zu
können.

Bei zertrümmertem Glas bleibt es nicht. Der Kampf zielt auf
Sieg und Triumph. Man will den Erzfeind demütigen und in die
Flucht schlagen. Im Staub der Straße soll er kriechen, seine Fah-
ne soll in Flammen aufgehen. Die Gewalt der Hooligans ist

kein Protest oder Beutezug. Sofern sie überhaupt einen Sinn hat, liegt er in Rache und Vergeltung. Die Marokkaner, welche in Brüssel die englischen Fans attackierten, hatten seit Marseille 1998 noch eine Rechnung offen. Auf die Türken waren die Engländer nicht gut zu sprechen, seit in Istanbul zwei Fans aus Leeds erstochen worden waren. Prügler mit historischem Gedächtnis dürften sich auch an den April 1915 in Gallipoli erinnert haben. Doch so chauvinistisch sie sich gebärden, zuletzt zählt nur die Erregung des Körpers, der Nervenkitzel des Tumults. Das Handgemenge verspricht den Rausch der Gewalt, die Sinnenwut des Augenblicks. Der Schläger will spüren, wie sein Prügel auf den Knochen trifft – der Blutstrom aus der Nase, das knacksende Geräusch eingeschlagener Rippen.

Vorzeiten galt einmal der Kodex, die dritte Halbzeit untereinander auszumachen und Passanten und Polizei zu verschonen. Doch seitdem die Staatsmacht aufmarschiert, verschärft sich die Situation. Aus zwei Angreifern werden drei. Und nicht selten entgehen auch die Polizisten nicht der Sogkraft der Gewalt, wenn der Knüppel freigegeben ist. In Eindhoven besann sich die Obrigkeit jüngst eines anderen Mittels. Sie erinnerte sich daran, daß auch andere Pforten ins Paradies führen. Sie verteilte unter den Heißspornen Marihuana. Einträchtig dösten die verfeindeten Recken an diesem Abend vor sich hin. Unversehens hatte sich ihre Streitlust in den höheren Regionen verflüchtigt.

Am Pranger

Abend für Abend, pünktlich zur selben Stunde zog die Menge durch die Straßen der Siedlung. Sobald die Hupe ertönte, machte sie sich auf den Weg, bewaffnet mit Chipstüten, Cola- und Bierdosen. Schon von weitem hörte man das Kindergelächter, das Gekeife der Teenager, den Takt der Marschrufe. Von sicheren Fensterplätzen verfolgten die Anwohner den Umzug. Vor einem Haus hielt die Menge an, Geschrei und Gelächter schwollen zu empörtem Kreischen an, dazwischen das Klirren von Fensterglas, das Bersten eines Brandsatzes. Aus einem PKW

schlugen Flammen empor. Kinder, kaum älter als vier Jahre, die
Minuten zuvor noch »Verstecken« gespielt hatten, hielten Plakate hoch: »Hängt sie auf, tötet sie, die Pädophilen.« An einen
Hauseingang hatte jemand ein weißes Graffito gemalt: »Wir
wollen nicht leben mit Perversen.«

Nicht nur in Paulsgrove, einem schäbigen Vorort von Ports-
mouth, kam es im August 2000 zu Übergriffen. Für einige Tage
schien die gesamte englische Gesellschaft von Hysterie erfaßt.
Anonyme Drohbriefe, obskure Täterlisten, Selbstmorde, die
Flucht unbescholtener Familien vor der heranrückenden Nachbarschaft, all dies gehörte zum Szenario des Gemeinschaftster-
rors. Ermutigt wurde der Lynchmob durch die Veröffentli-
chung von Steckbriefen in einem Boulevardblatt. Noch am
Abend der Publikation mußte in Manchester ein Unschuldiger
unter Polizeischutz gestellt werden. Ein paar Tage darauf drangen in Wembley drei Männer in das Haus eines Verdächtigen
ein und prügelten ihn zu Tode. Der Leichnam wies 53 Rippen-
brüche auf.

Wochen später wurde im belgischen Namur die Veröffentli-
chung einer Täterliste per Gericht verboten, in Italien startete
die Zeitung »Libero« eine Schmähkampagne nach englischem
Vorbild. Neben den Namen von Pädophilen wurden auch die-
jenigen von Freiern veröffentlicht, die den Straßenstrich von
Manchester frequentiert hatten. Trotz prompter Kritik durch
Presse und Polizei befriedigt der mediale Pranger offenbar ein
Bedürfnis, das in der Gesellschaft, gleich welcher Zeit und Re-
gion, tief verwurzelt ist. Weniger um Kinderschutz geht es als
um die Eliminierung der Perversion, um die Leidenschaften der
Angst, die Gelüste des Vernichtens. Das Medium evoziert nur
Phantasien, welche weithin verbreitet sind.

Der Verdacht der Kinderschändung ist ein höchst fatales
Stigma. Nicht eine Einzeltat wird dem Verdächtigen angelastet,
sondern ein chronischer Defekt, eine innere Neigung zur Wiederholung, die zuletzt nur durch Kastration oder Tod behoben
werden kann. In jedem Pädophilen verbirgt sich ein Kindes-
mörder, ein Totmacher – so die populäre Gleichung. Ein Mon-
strum ist er, ein sexuelles Ungeheuer. An jeder Straßenecke

kann er seiner Beute auflauern. Heimtückisch schleicht er sich heran, befleckt das Opfer mit seinem Körper, verletzt und tötet seine Seele. Feige sucht er sich die hilflosesten Mitglieder der Gesellschaft heraus, die unschuldigen, »geschlechtslosen« Kinder. So untergräbt er die Normalität des sozialen Verkehrs. Jedes Zeichen, jede Geste, jedes Lächeln – nur eine Verlockung für die Laster des Fleisches. Ein Verbrecher an Sitte und Moral ist er, an der heiligen Familie und ihrer Nachkommenschaft, am Sozialen schlechthin. Also muß man ihn kennzeichnen, mit einem Kreidezeichen auf dem Mantel, muß ihn anprangern, ausstoßen, austilgen. Wachsamkeit ist geboten, rund um die Uhr. Denn Staat und Polizei, untätig und allzu milde gegenüber dem Verbrechen, können den Unhold im Halbdunkel unmöglich im Auge behalten.

Die hysterische Imagination wiederholt nicht nur die schwarzen Legenden, welche sich seit je um die großen Verbrecher der Kriminalgeschichte ranken. Die Hitzköpfe aus den Unterklassen stehen keineswegs allein. Nicht wenige Sozialarbeiter, Kindergärtnerinnen, puritanische Anwälte und Propagandistinnen des Matriarchats sind von der fixen Idee besessen, jedes enge Verhältnis zwischen Kindern und Erwachsenen bewege sich am Abgrund sexuellen Mißbrauchs: jeder Mann ein potentieller Gewalttäter, jeder Vater ein potentieller Kinderschänder. Nicht wenige Medien pflegen sogleich Haßtiraden anzustimmen, wenn irgendwo eine Kinderleiche entdeckt wird – kriminalstatistisch ein eher seltenes Ereignis. Populistische Einpeitscher tun ein übriges, wenn sie den Volkszorn anfachen, um daraus politisches Kapital zu schlagen.

Daß die Phantasie mit der Wirklichkeit wenig gemein hat, liegt in ihrer Natur. Die geringe Zahl der Kindesmorde steht in keinem Verhältnis zur Unzahl registrierter Pädophiler. Kinderschänder sind keine Dunkelmänner, die Mehrzahl kommt aus der Familie oder nahen Verwandtschaft. Blutschande wird von den Angehörigen meist gedeckt oder vertuscht. Deshalb ist die staatliche Überwachung weit wirksamer als die soziale Kontrolle. Verfolgungsterror treibt die wirklich gefährlichen Serientäter nur in den Untergrund.

Zwischen Schuld und Unschuld unterscheidet die aufgebrachte Menge jedoch nicht. Ihr ist der Verdacht Beweis genug.
Die kollektive Selbstjustiz will nicht überführen und bestrafen,
sie will sich empören, aburteilen, verbannen, will das Scheusal
aus der Welt schaffen, durch den sozialen oder physischen Tod.
Bevor sie handgreiflich wird, bedient sich die Gemeinschaft der
Waffe des Gesprächs. Fern davon, ein harmloses Medium der
Verständigung zu sein, schließt das Gerede die Gemeinde zusammen und lenkt die Wachsamkeit auf die üblichen Verdächtigen. Jede Neuigkeit, ob erwiesen, erfunden oder erlogen, bildet einen Leckerbissen des Schmähklatsches. So lange wird sie
wiedergekäut, bis alle Geschmack daran gefunden haben. Denunziation und Verlästerung verschaffen beträchtlichen Lust-
gewinn. Anfangs noch hinter vorgehaltener Hand, dann vor
aller Ohren, darf man über Verpöntes reden und sich zugleich
im Gefühl eigener Rechtschaffenheit sonnen. Üble Nachrede
beweist die eigene Untadeligkeit. Aber mitunter hört es sich an,
als würde die Schandtat nur deshalb in so buntdüsteren Farben
geschildert, weil alle sich vorstellen möchten, daß sie selbst getan hätten, was man nicht tun darf. Ist nicht die Verlockung
des Verbots, der Reiz der Übertretung, das Undenkbare der Perversion die heimliche Triebkraft für Verdächtigungen und Ver-
leumdungen?

Mißtrauen ist angezeigt gegenüber dem Vokabular des Entsetzens, wie es nach Kindesmorden in aller Munde ist. Der Ruf
nach Rache hat mit Rache gar nichts zu tun. Er zielt nicht auf
Gerechtigkeit, sondern auf Selbstgerechtigkeit. Mit dem Prinzip des Ausgleichs durch gleichwertige Vergeltung begnügt sich
die Rhetorik der öffentlichen Schändung nicht. Doppelt und
dreifach soll es dem Frevler heimgezahlt werden. Dem Prügler
soll die Hand auf der Fleischbank abgehackt, dem Pädophilen
Glied und Kopf abgeschlagen werden. Die Strafe, nach der das
empörte Gemüt verlangt, soll bloßstellen, entehren, verstüm-
meln, die Gemeinschaft von Unrat reinigen.

Der Denunziant meint, nur der Bürgerpflicht zur Entlarvung
zu genügen. Die Wortführer des Lynchmobs sehen sich als Tu-
gendwächter der Gesellschaft. Alle fühlen sie sich im Recht,

und dies erfüllt sie mit Stolz und Befriedigung. Der unverhoffte Geschmack der Macht befreit sie von langjähriger Unterlegenheit. Das Gift der Ohnmacht sind sie auf einmal los. Es sind daher häufig die Benachteiligten, die sich durch besondere Brutalität hervortun, sobald ihnen von höherer Stelle die Gelegenheit geboten wird.

Vorzeiten stand vor Rathäusern oder Kirchen die Schandsäule mit dem Halseisen. Am Pranger wurden Missetäter für ein, zwei Stunden zur allgemeinen Verspottung freigestellt. Das umstehende Volk bewarf den Delinquenten mit Dreck und Kot, man hing ihm eine Tafel um, auf der seine Tat in Bild und Schrift dargestellt war. Doch dabei blieb es nicht. Zur Ehrenstrafe des Prangerstehens kam die Verstümmelung: der Staupenschlag, eine besonders harte Prügelstrafe, oder die Brandmarkung auf Stirn oder Rücken mit anschließender Landesverweisung.

Der Pranger war eine offizielle Strafe der Obrigkeit, vollstreckt vom Henker und seinen Gehilfen. Anders die dörflichen Rügebräuche, zu denen nachts angeheiterte Junggesellen vor die Häuser der Außenseiter zogen und die Katzenmusik anstimmten. Lustige Witwen und Ehebrecher, Preistreiber und Hehler, säumige Schuldner oder geizige Gläubiger, ortsbekannte Missetäter an der plebejischen Moral wurden zum Objekt des Spotts, der Verachtung, der Prügelei. Die Sittenwächter errichteten ihren eigenen Pranger, bis die Obrigkeit dem Treiben ein Ende setzte und das Monopol der Gewalt für sich reklamierte.

Der alten Rituale der öffentlichen Bloßstellung bedient sich auch der heutige Lynchmob. Er frönt den Genüssen des Anprangerns, der Menschenjagd, der Exekution zu gemeinsamer Hand. Seine Opfer sind austauschbar: Hexen, Juden, Schwarze, Fremde – Kinderschänder. So verschieden die sozialen Kategorien, die Stereotype der Verfolgung ähneln einander über die Zeiten hinweg. Immer sind es Phantasien von Beschmutzung, sexuellen Lastern, Kannibalismus. Von Hexen sagte man früher, sie hätten Kleinkinder gebraten und anschließend verspeist; Juden warf man Ritualmorde an Christenbabys vor, deren Blut sie, wie es hieß, opferten und tranken.

Die Phantasmagorien des Terrors treiben zum Handeln. Für die Aktion genügen ein paar simple Parolen. Kaum ist die Losung ausgegeben, findet die Meute zusammen. Jeder kann sich anschließen, und keiner will abseits stehen. In Windeseile verbreitet sich das Gerücht einer Schandtat. Je mehr daran glauben, desto glaubwürdiger wirkt es. Das Haus wird umstellt, immer näher rücken sie heran, bewerfen die Bewohner mit Schmährufen, Drohungen, Hohngelächter. Manche tragen noch andere Waffen bei sich. Bei den nächtlichen Umzügen in Paulsgrove und anderswo soll viel gelacht worden sein.

Maske und Feuer

Am Morgen des 27. Januar 1999 fand man auf einer Straße nahe der nordirischen Ortschaft Newry einen verstümmelten Leichnam. Er wies zahllose Stichwunden auf, Knochen waren gebrochen, das Gesicht war nicht mehr zu erkennen. Die Polizei benötigte Stunden zur Identifizierung. Eamon Collins muß gewußt haben, daß sein Leben verwirkt war. Der ehemalige Terrorist hatte die Seite gewechselt und war als Kronzeuge gegen seine früheren Kampfgenossen aufgetreten. In einem Buch hatte er seine Erfahrungen dargelegt und seine Taten gebeichtet. Obwohl von der IRA offiziell begnadigt, galt er fortan als »Verräter«. Nachbarn schnitten ihn, lokale IRA-Führer fürchteten sein Wissen, Mitglieder der radikalen Splittergruppe »Real IRA« drohten mit Vergeltung, weil Collins sie als Urheber des Massakers in Omagh entlarvt hatte. Der Mord war nur der Endpunkt einer Kampagne. Im April 1997 wurde Collins von einem Automobil angefahren und überlebte das Attentat nur knapp; im September 1998 brannte sein Haus in Camlough nieder, in das er sich mit seiner Familie in Sicherheit bringen wollte. Ein Graffito an einer Hauswand in der Nachbarschaft prophezeite seinen Tod für das Jahr 1999.

In der Nacht zum 23. Januar 1999 wurden in der kleinen Ortschaft Manoharpur im indischen Distrikt Orissa ein australischer Baptistenmissionar und seine beiden minderjährigen

Söhne bei lebendigem Leibe verbrannt. Graham Staines, der sich seit 24 Jahren der Betreuung von Leprakranken gewidmet hatte, war trotz Vorwarnung zur alljährlichen Zusammenkunft der Christen in das Dorf gekommen. Nach dem Treffen hatte er sich, wie es seine Gewohnheit war, in seinem alten Jeep zum Schlafen gelegt. Plötzlich stürmten rund hundert extremistische Hindus mit Gebrüll und Trillerpfeifen in das Dorf. Sogleich teilte sich die Meute auf. Einige verriegelten die Haustüren und standen Wache, andere warfen Steine auf den Jeep, zertrümmerten die Scheiben und Türen, eine dritte Gruppe schleppte Stroh herbei, übergoß das Fahrzeug mit Kerosin und steckte es in Brand. Einwohner, die zu Hilfe eilen wollten, wurden mit Latten und Macheten zusammengeschlagen oder weggejagt. Rund neunzig Minuten umstanden die Mörder das Feuer, dann verschwanden sie in der Dunkelheit.

Am 15. Januar 1999 drangen hochgewachsene, vermummte Männer in das Kosovo-Dorf Reçak ein und durchkämmten Haus für Haus. Sie trugen blaue oder schwarze Uniformen, wollene Gesichtsmasken und Lederhandschuhe und waren mit Funkgeräten und automatischen Waffen ausgerüstet. Die meisten Frauen und Kinder sperrten sie in die Keller, die Männer, junge wie alte, darunter vermutlich auch Mitglieder der UÇK, trieben sie auf einen nahen Hügel. Schon auf dem Todesweg wurden die ersten niedergeschossen. Nach dem Abzug der serbischen Polizisten fanden die Überlebenden ihre Angehörigen gräßlich entstellt. Manchen Leichen fehlte der Kopf, in einem Graben lagen acht Tote, die Arme ausgestreckt, einige hatten Einschüsse am Hals. Auf dem Hügel lagen weitere 23 Tote, überall Blut, einem Greis war der Kopf abgerissen. 45 Menschenleben kostete das Massaker von Reçak, das von einem Spezialkommando des Innenministeriums auf höchsten Befehl und unter Mithilfe ortsansässiger serbischer Zivilisten verübt wurde.

Vorfälle dieser Art werden bekannt wegen ihrer Grausamkeit und ihrer politischen Folgen. Der Mord an dem prominenten Polizeiinformanten bedrohte den nordirischen Befriedungsprozeß, der Christenmord verschärfte die Auseinandersetzungen in der indischen Regierungskoalition und führte zum Rücktritt eines Ministers. Reçak veranlaßte die Westalliierten zunächst, den Druck auf die Serben zu erhöhen und sie an den Verhandlungstisch zu zwingen. Schließlich diente das Massaker als offizielle Begründung für die militärische Intervention im Kosovo.

Trotz aller Rhetorik der Empörung sind die Begebenheiten keineswegs singulär. In Ulster verzeichnete man 1998 insgesamt 165 Prügelorgien durch paramilitärische Geheimverbände, 242 Fälle gewaltsamer Einschüchterung und 72 Akte der Femejustiz, wobei den Opfern meist die Kniegelenke und Beinknochen zerschossen wurden. Die willkürliche Tötung albanischer Zivilisten gehörte im Kosovo monatelang zur serbischen Strategie des Vertreibungskrieges. Auf das Konto radikaler Hindus gingen in den Wochen vor dem Brandfest mehrere Terrorakte, bei denen christliche Bethäuser verwüstet und Priester mißhandelt wurden. Die Greueltaten waren keine spontanen Übergriffe, alle waren sie zuvor geplant oder von höherer Stelle angeordnet.

Menschliche Greuel schließen Planung und Rationalität mitnichten aus. Es ist ein Irrglaube, Grausamkeit entspringe stets einem plötzlichen Ausbruch wilder Leidenschaft. Gewiß hatten die Exzesse in Newry und Reçak etwas mit Rache und Wut zu tun. Aber auch die stärkste Vergeltungsgier gewinnt erst durch kühle Berechnung an Wirkung. Collins' Mörder hatten, wie alle Attentäter, zuvor die Gewohnheiten ihres Opfers ausgespäht. Sie wußten, daß er frühmorgens mit seinen Hunden spazierenzugehen pflegte. Die Hindus hatten ihren Anschlag gleichfalls vorbereitet, hatten Informationen, Fahrzeuge und Waffen beschafft. Und das serbische Kommando operierte nach der bewährten Methode des »search and destroy«, einer militärischen Taktik, die Umsicht, Absprachen und rasche Entschlüsse erfordert. Es ist diese Fähigkeit zur Überlegung, ein spezifisch menschliches Vermögen, welche Gewaltaktionen so effizient macht. Wut allein setzt nur blinde Energie frei. Erst im Verein mit dem Verstand entsteht jene Zerstörungskraft, welche die Grenze zum Exzeß durchstößt und alles zu vernichten trachtet.

Obwohl die politischen und kulturellen Umstände verschiedenartiger kaum sein könnten, weisen die Morde eine Reihe von Gemeinsamkeiten auf. Sie ähneln einer Exekution, einem Ritual demonstrativer Vernichtung. Die Mörder haben sich keineswegs damit begnügt, ihre Opfer zu töten. Die Aktionen zielten auf vollständige Eliminierung, auf die Austilgung der Person. Kein Zeichen sollte auf die Identität oder Existenz der Opfer hinweisen. Die toten Körper wurden ein zweites Mal getötet, verstümmelt, geschändet oder durch Feuer restlos ausgelöscht, so daß nur noch angekohlte Fleisch- und Knochenreste übrigblieben.

Die Methoden der Lynchmorde und Strafexekutionen erinnern an die ältesten Formen der Hinrichtung. Das Erschlagen und Entstellen gehört zu den überlieferten Methoden der schändlichen Tötung. »Wie ein Hund« wird das Opfer erschlagen, mit Holzlatten und Eisenstangen dreschen die Mörder auf es ein. Es ist ein Akt der Züchtigung und Erniedrigung, der das Opfer aus dem Kreis der Menschen vertreibt. Schon der Schuß in die Beine oder ins Kniegelenk, wie es in Nordirland Brauch war, hat diese Bedeutung. Er raubt dem Menschen den aufrechten Gang. Hilflos soll er von nun an »wie ein Wurm im Staube kriechen«.

Der Totschlag treibt diese Praxis zum Äußersten. Auch wenn das Opfer schon blutend am Boden liegt, schlagen die Mörder weiter zu, treten in die Nieren, den Bauch, ins Gesicht. Das Geschrei des Opfers geht in hilfloses Stöhnen und Wimmern über. Aber jeder Mörder drängt sich so dicht wie möglich an den Körper heran, um seine Hiebe anzubringen. Er will die Wirkung seiner Schläge spüren, will erleben, wie die Haut aufplatzt, wie die Schädelknochen zerbersten. Es ist nicht so, daß Menschen einander nur aus sicherer Entfernung zugrunde richten könnten. Das Gegenteil ist wahr: Sie suchen die handgreifliche Nähe, prügeln auf den Körper ein, bis das blutende Fleisch sichtbar und das Innere nach außen gekehrt ist. Und am Ende stechen sie zu, unzählige Male, als wollten sie den fremden Körper vollständig durchdringen, durchstoßen, durchlöchern.

Zur Verstümmelung eignen sich nicht nur Eisenstangen oder Messer. Auch mit dem modernen Automatikgewehr, dieser Distanzwaffe par excellence, kann ein menschlicher Körper so durchsiebt und zugerichtet werden, daß seine Identität kaum mehr zu erkennen ist. Die Technik des Genickschusses entstammt, wie man weiß, dem Arsenal der Geheimpolizei. Der Täter setzt die Pistole direkt an den Hals an und feuert. An dieses Reglement des Folterkellers haben sich die serbischen Polizisten nicht gehalten. Sie richteten ein Blutbad an, töteten die albanischen Männer mit Feuerstößen in den Kopf. Manche Leichen wiesen bis zu zwanzig Einschüsse auf. Die Hinrichtung geriet zu einem Massaker. Was als kalkulierte Strafexekution begann, entwickelte sich zu einem Exzeß.

Die Gesichtsmasken hatten nicht nur den Sinn, die Mörder vor späterer Verfolgung zu schützen und politische Komplikationen zu vermeiden. Seit jeher streifen sich Henker, Folterknechte oder Todesschwadronen Larven oder Kapuzen über, damit das Opfer nicht sehen kann, von wem es traktiert oder getötet wird. Die Maske wahrt die Anonymität, sie schützt vor dem Blick des Sterbenden, vor seinem Fluch. Aber die Tarnung ist nicht nur eine Maßnahme der magischen Vorsicht. In der Maske ist der Tod bereits gegenwärtig. Sie läßt keinen Blick erkennen, keine mimische Regung im Gesicht des Henkers, nicht die geringste Spur eines Gefühls. Daher rührt ihre bannende Kraft. Noch vor dem ersten Schlag versetzt sie das Opfer in lähmende Todesangst.

Die Maske ist ein Utensil der Vernichtungsarbeit. Wie immer dem Mörder zumute ist, ob er wütend, verärgert oder frohgemut ist, sie verhilft ihm zu der moralischen Indifferenz, mit der er sein Todeswerk zu verrichten pflegt. In ruhiger Anspannung erfüllt er seinen Auftrag. Die Exekution ist kein Kampf, sie ist ein anonymes, aber körpernahes Geschehen. Der gesichtslose Henker zerstört das Angesicht des Opfers. Zugleich aber eröffnet die Maske eine neue, ungeahnte Freiheit. Unerkannt kann der Scherge tun, was ihm einfällt und gefällt. Er ist absoluter Herr über Leben und Tod, über den Leib des anderen. Indem er das Opfer zugrunde richtet, verwirklicht er seine gesamte destruktive Energie. Er dehnt sich aus, wächst über sich hinaus. Die Maske verbirgt, wie das kindische Grinsen des Triumphs über sein Gesicht huscht. Im Fortgang des Massakers findet er Gefallen an seinem Tun und an sich selbst. Er genießt die schrankenlose Tötungsmacht, die unermeßliche Kraft, das Gesicht des anderen, welches die Erfahrungen eines ganzen Lebens in sich trägt, mit einem kurzen Feuerstoß auf immer zu zerstören.

Einer anderen Methode bedienten sich die militanten Hindus. Man muß den Gebrauch des Feuers keineswegs auf den religiösen Fanatismus der Lynchmörder zurückführen. Die Geschichte der Menschheit weiß das Reisigbündel von jeher zu schätzen. Ihr Weg ist von Bränden und Scheiterhaufen gesäumt. Allerorten ist das Feuer die bevorzugte Waffe des Mobs, ob im Zeichen des Aufruhrs, der Repression oder der Verfolgung. Die rituelle Verbrennung von Ketzern, Hexen oder Dämonen gehört zur schwarzen Chronik nicht nur des Abendlands.

Doch die Bedeutung des Feuers weist über die Rituale der Reinigung und Läuterung weit hinaus. Es ist die Vernichtungskraft schlechthin. Im anderen Zustand vollzogen die Lynchmörder keinen Ritus mehr, sie schütteten einfach Kerosin über den Jeep und steckten ihn an, ein improvisierter Akt von banaler Brutalität, ohne symbolischen Hintersinn. Und doch begeisterten sie sich an ihrer Grausamkeit. Über eine Stunde starrten sie in das Feuer, skandierten Kampfrufe, hetzten sich selbst auf. Mit dem Geheul des Triumphs feierten sie das Brandfest. Denn das Feuer, diese überlebendige, gefräßige, alles vertilgende Macht, wirkt wie ein Zeichen des Sieges. Unübersehbar zeigt es, daß die Grenze überschritten ist. Kurzzeitig kehren die Menschen in einen früheren Zustand zurück, in einen Zustand ursprünglicher Gleichheit. In allen Augen ist das Feuer zugleich, es vereinigt die Gesichter unter seinem unabwendbaren Zwang. Zu den stärksten, immer wieder hervorbrechenden Impulsen des Menschen gehört es, sich dem Feuer anzuverwandeln, sich selbst das Feuer zu entfachen, das ihn mit allen anderen vereint.

II. Terror und Verfolgung

4. Moderne und Barbarei

Das 20. Jahrhundert begann mit den größten Hoffnungen, und es endete vielerorts in Schmerz und Verzweiflung. Verflüchtigt hat sich der Traum vom Siegeszug der Vernunft. Nach wie vor ist die Welt voller Gewalt. Noch immer sind zahllose Menschen dabei, andere Menschen mit allen erdenklichen Methoden zu quälen, zu töten. Es ist, als seien alle Anstrengungen spurlos an der moralischen Konstitution des Gattungswesens vorübergegangen. Die große Erzählung von der Verbesserung des Homo sapiens, von der Veredlung seiner Gesittung, war nur eine Fiktion, ein Mythos. Der Glaube an den Fortschritt ist dahin. Utopien des Friedens und Ideale der Verständigung wirken eigentümlich hilflos, weltfremd, allenfalls tröstlich. Es bedarf schon eines kurzen Gedächtnisses und einer hartsinnigen Mißachtung der Tatsachen, um auf den überkommenen Projekten zu beharren.

Die Signatur der Epoche ist bestimmt von einer beispiellosen Entfesselung der Gewalt. Sie geschah in den Folterkellern der Despotien, in den Lagern des Totalitarismus, an den Erschießungsgräben, in den Betrieben des Völkermords. Abermillionen blieben auf den Schlachtfeldern der Maschinen- und Vernichtungskriege zurück, in den zerbombten Städten, in den abgebrannten Dörfern und Gehöften der Kolonial- und Bürgerkriege. Als 1945 der 30jährige Weltkrieg beendet war und eine erste Zwischenbilanz gezogen wurde, schwor man kurzzeitig der Gewalt ab. Dennoch setzte sie sich unverzüglich fort. Die sowjetischen und chinesischen Lagersysteme dehnten sich aus, in vielen Regionen Asiens, Afrikas und Lateinamerikas wurde der Kriegszustand chronisch. Trotz weltweiter Ächtung kam es erneut zu Völkermorden. Millionen von Flüchtlingen mußten ihre Heimat verlassen und suchten Asyl in den Anrainerstaaten oder in den Bastionen des Wohlstands, wo sie nicht selten zum Opfer erneuter Verfolgung wurden. Nach dem Zusammenbruch der sozialistischen Diktaturen flackerten die liberalen Hoffnungen auf eine Welt globalen Friedens für kurze Zeit noch einmal auf. Doch für die Eindämmung der Gewalt fehlten den Demokratien der politische Wille und die militärischen Mittel. So kehrten am Ende Krieg, Terror und Vertreibung wieder ins Zentrum Europas zurück. Weder die Hetzjagd noch das Massaker, weder Krieg noch Völkermord sind von der Tagesordnung verschwunden.

Niemand weiß, welchen Namen spätere Generationen dem Zeitalter des Massentods einmal geben werden. Ungerührt schreitet die Geschichte der Spezies über den Untergang der Kulturen und Völker hinweg. Unheil wird meist rasch aus dem Gedächtnis getilgt, um das Weltbild ungeschoren zu lassen. Auch die Zeitgenossen der späten Hexenverfolgungen konnten nicht ahnen, daß man ihre Epoche einmal beschönigend das »Zeitalter der Vernunft« nennen würde. In dem endlosen Kreislauf von Entsetzen und Erschöpfung, Vergessen und Verklärung sind die lichten Momente rar. Sie sind so selten wie die goldenen Zwischenzeiten der Friedfertigkeit. Es wäre töricht, zu Beginn eines neuen Millenniums eine plötzliche Wandlung zum Besseren zu erwarten. Schon um 1900 war der Glaube weithin verbreitet, globaler Handel, Demokratie, Vernunft und nationale Autonomie sicherten auf immer den Frieden in Europa. Die gebildeten Mittelschichten waren auf dem besten Wege, sich zu einer Art internationaler Gemeinschaft zu verbrüdern. Vierzehn Jahre später zogen sie alle in den Weltkrieg. Es widerspräche jeder historischen Erfahrung zu glauben, daß das Ärgste, daß das »Unvorstellbare« nicht erneut übertroffen werden könnte. Daher ist es unausweichlich, alle trügerischen Wunschbilder ein für allemal aufzulösen.

Zivilisation

Zum Kernbereich des heutigen Weltbildes gehört noch immer
die Idee der Zivilisation. Obwohl schon der Erste Weltkrieg einige Risse in dieser Phantasmagorie hinterlassen hatte, hielt
sich die Vorstellung hartnäckig. Als Europa nach den Katastrophen der ersten Jahrhunderthälfte in eine längere Zeit des Friedens eintrat, gewann sie erneut an Attraktivität. Während der
Zeitenwende wurde es Mode, einmal mehr ein neues Säkulum
zu verkünden, das Zeitalter der globalen Einheit und des moralischen Kosmopolitismus. Daß auch diese Episode in der Geschichte der Ideen vergehen wird, ist gewiß. Zugleich aber reg-
te sich der Verdacht, daß Kultur, Barbarei und Moderne in
eigentümlicher Weise miteinander verschränkt sein könnten.
Inwiefern betreffen Krieg und Terror mithin die Idee der Zivilisation?

Vier Argumente lassen sich unterscheiden. Zunächst kann
man der Meinung sein, Kriegs- und Verfolgungsterror seien
nichts anderes als zeitweilige Entgleisungen, befristete Rückfäl-
le innerhalb eines sonst ungebrochenen Entwicklungstrends zur
Monopolisierung der Gewalt, zur Kontrolle der Triebe, zur Zäh-
mung der Grausamkeit. Auch wenn man mit der Zerbrechlich-
keit und den psychischen Kosten der Kultivierung rechnet, so
vermag diese späte Version der Fortschrittsidee in Auschwitz
zuletzt nur das Ergebnis eines deutschen Sonderwegs der Ideologie, der Mentalität und Staatsgeschichte zu erkennen. Der Massenmord geschah, weil das Gewissen noch unterentwickelt, der
Staat instabil und die Zivilisation noch unvollständig war. Die
animalischen Triebkräfte waren noch nicht gebändigt und in die
Ketten gesellschaftlicher Interdependenz gelegt. Selbstdisziplin,
Langsicht und Selbständigkeit waren noch nicht hinreichend im
Habitus der Menschen verankert. Da ihnen das innere Rückgrat
fehlte, suchten sie Halt bei äußeren Führerfiguren, deren Diktat
sie aufs Komma folgten. Aber waren unter den Tätern nicht viele zu finden, die überaus gewissenhaft und mit hoher Eigeninitiative die Arbeit des Tötens verrichteten? Die zahllosen Mittä-

ter und Kollaborateure ohne deutschen Paß, waren auch sie das
Ergebnis eines nationalen Sonderweges? Offenbar ist die Zivilisation kein unumstößliches Bollwerk wider die Verwandlungen
der Person, wider die Mutation des kultivierten Individuums
zum Massenmörder.

Ferner kann man eine These vertreten, welche der ersten genau entgegengesetzt ist. Danach beruht die Entgrenzung der
Gewalt nicht auf der unvollendeten Moderne, sondern auf ihrem überwältigenden Erfolg. Die Zivilisation selbst ist die hinreichende Bedingung für den Zivilisationsbruch. Sie mußte in
Barbarei umschlagen. Die moderne Wissenschaft mußte die
Bombe hervorbringen, die Staatsbürokratie mußte sich in den
öffentlichen Dienst des Völkermords verwandeln, der autori-
täre Sozialcharakter mußte zum Massenmörder werden. In
Auschwitz und Hiroshima ist der instrumentelle Verstand zu
sich selbst gekommen. Die Fragwürdigkeit dieser Theorie liegt
auf der Hand. Sie schreibt Zivilisation und Rationalität eine
lineare, unaufhaltsame Kraft zu. Sie vermag nicht zu erklären,
welche anderen hinreichenden Bedingungen gleichfalls kollektive Gewalt entfesseln können und weshalb Gesellschaften, die
ebenfalls alle Merkmale der modernen Zivilisation aufweisen,
keinen Völkermord und Massenterror hervorgebracht haben.

Deshalb liegt eine dritte Position nahe. Danach ist die Moderne zwar keine hinreichende, wohl aber eine notwendige Bedingung des Terrors. Die Shoah ist kein historischer Rückfall
und auch kein Betriebsunfall, sondern ein genuines Produkt der
Moderne, eine ihr immanente Möglichkeit. Die Zivilisation
steigert gleichermaßen Kreativität und Destruktivität. Ohne
staatliches Gewaltmonopol keine Befriedung des gesellschaftlichen Alltags, aber ohne die Konzentration der Gewaltmittel
auch keine Potenzierung des Krieges und keine Verstaatlichung
des Massakers. Ohne das Ordnungsprogramm des modernen
Staates, ohne die moralische Gleichgültigkeit der Rationalität,
ohne die Bürokratie keine Barbarei. Dem Augenschein nach hat
diese These einiges für sich. Sie vermeidet den historischen De-
terminismus, ohne den Terror aus dem Weltbild zu verbannen.
Dennoch bleibt sie unbefriedigend. Notwendige Bedingungen

sind keine Ursachen. Sie geben nur an, wie etwas möglich war, und nicht, weshalb es geschehen ist. Die Erklärung bleibt unvollständig. Bedarf kaltblütige Grausamkeit tatsächlich der modernen Organisation, war die moralische Taubheit des bürokratischen Charakters wirklich unabdingbar für die Exekution des Massenmords? Welches sind die anderen notwendigen Bedingungen für modernen Kriegs- und Verfolgungsterror?

Schließlich die letzte Position: Sie behauptet, daß es zwischen Zivilisation und Barbarei gar keinen Zusammenhang gibt, weil es eine Evolution des menschlichen Habitus gar nicht gegeben hat. Der Glaube an die Zivilisation ist ein eurozentrischer Mythos, mit dem sich die Moderne selbst anbetet. Die Gefühle und Motive des Menschen haben sich durch den Wandel sozialer Bedingungen mitnichten verändert. Selbstzwänge sind keineswegs neueren Datums, sondern Merkmal jeder Kultur. Die Nackten und Wilden sind nicht so wild, wie die Zivilisationstheorie behauptet, und die Zivilisierten sind keinesfalls so zahm und mitleidsvoll, wie sie sich selbst gerne sehen möchten. Gewalt und Grausamkeit gehören zu den Invarianten der Kulturgeschichte. Jede Gesellschaft muß sie eindämmen, durch Normen und Kontrolle. So erfolgreich der soziale und technische Wandel auch war, die moralische Ausstattung der Gattung blieb davon unberührt. Geschichte ändert manches, aber keinesfalls alles. Technik und Organisation haben die konstanten Potentiale lediglich vervielfacht. Die Intelligenz der Moderne, ihre Disziplin und Rationalität haben nicht die Konstitution des Menschen verändert, sondern seinen destruktiven Erfindungsreichtum ins Unermeßliche gesteigert. Schlimmer noch: Die Idee der Zivilisation diente selbst zur Legitimation von Gewaltexzessen. Im Namen der Nation, des Fortschritts und der Zivilisation entsandten die europäischen Staaten ihre Kanonenboote und Legionen, um in den Waldwüsten und Savannen des Südens die »Wilden« auszurotten. Im Gefühl moralischer Überlegenheit und missionarischer Pflicht vernichteten die Kolonialisten ganze Kulturen und Völkerschaften.

Der Diskurs über »Zivilisation und Barbarei« bedient das Bedürfnis nach historischer Sinndeutung. Die Überreste linearer Zeitmodelle und teleologischer Geschichtsphilosophie sind unübersehbar. Ohne sie wäre die Klage über einen historischen »Rückfall« oder über das »Zurückbleiben« der Sittlichkeit unmöglich. Auch das Denkmuster der profanen Apokalypse folgt diesem Finalismus. Es bleibt negativ fixiert an das Zerrbild unumkehrbarer Entwicklungszeit. Was hat man von der Universalgeschichte erwartet: die Verwirklichung der Freiheitsidee, moralische Lernprozesse, die Auflösung aller Vorurteile, die Kultivierung im Kollektiv? Der analytische Wert der großformatigen Geschichts-, Zivilisations- oder Gesellschaftstheorien ist bescheiden. Immun gegen die Detailanalyse, taugen sie eher zum Entwurf von Weltbildern als zum Verständnis der Ereignisse. In den luftigen Höhen der Globaltheorie sind die Abstraktionsverluste hoch. Moderne Gesellschaften sind geprägt durch die Urbanisierung der Lebenswelt, die Technisierung der Arbeit und Kommunikation sowie durch eine bürokratische Staatsherrschaft. Für die Analyse des Terrors scheint allenfalls die Idee der bürokratischen Rationalität von einer gewissen Bedeutung zu sein. Läßt sich damit verständlich machen, wie Terror in Gang kommt und Gewalt exekutiert wird?

Bürokratie

Eine Bürokratie zeichnet sich durch einen hohen Grad an Machtzentralisation, Arbeitsteilung, Formalisierung und Standardisierung aus. Bürokratien installieren geregelte Arbeitsabläufe und Entscheidungsverfahren. Sie programmieren nicht nur das Handeln auf vorgegebene Ziele, sondern sorgen auch für eine gewisse Ersetzbarkeit der Arbeitskräfte. Bürokratien ersparen sich sonderlich hohe Ansprüche bei der Rekrutierung des Personals. Ohne an Effektivität einzubüßen, können sie sich mit ziemlich durchschnittlichen Charakteren begnügen.

Das Modell der rationalen Bürokratie erfaßt jedoch nur einen Spezialfall sozialer Organisation. Jede Bürokratie ist eine Organisation, aber nicht jede Organisation ist eine Bürokratie. Arbeitsprogramme, Hierarchie und Spezialisierung variieren unabhängig voneinander. Die jeweilige Gestalt einer Organisation hängt von der Umwelt ab, in der sie operiert, von den Turbulenzen und Ungewißheiten. Effektiv sind Bürokratien nur unter relativ stabilen, überschaubaren und berechenbaren Umständen. Aber nicht nur die äußere, auch die innere Funktionsweise entspricht keineswegs dem Idealbild der rationalen Bürokratie. Offizielle Ziele und Pläne sind in der Regel Leitvorstellungen und Mythen der Eliten und verpflichten keineswegs alle Mitglieder auf verbindliche Ideologien und Verhaltensweisen. Organisationsziele unterliegen fortlaufender Interpretation und werden den Wechselfällen der Zeit angepaßt, nicht selten bis zur Unkenntlichkeit. Für den Erfolg ist es oft unabdingbar, die Ziele zu mißachten und die Regeln zu übertreten, um nicht nach Vorschrift arbeiten zu müssen. Informelle Gruppen, die offiziell gar nicht existieren dürfen, sichern die Motivation und Zusammenarbeit. Befehle werden unterlaufen, Koalitionen rivalisieren um Macht und Einfluß. Kurzum: Weder die Außen- noch die Innenwelt von Organisationen entspricht dem Vorbild der perfekt regulierten Administration. Der bürokratische Charakter, der seine Arbeit streng nach den Buchstaben des Befehls oder Gesetzes verrichten würde, wäre der Ruin der Organisation.

Es ist daher irreführend, das Konzept der Bürokratie auf Prozesse kollektiver Gewalt zu übertragen. Was schon unter zivilen Umständen kaum Geltung besitzt, ist für Situationen des bewaffneten Konflikts, der Verfolgung und des Massenmords noch weniger plausibel. Gewiß verlangt die staatliche Kriegsführung eine unvergleichlich höhere Organisation als frühere Kriege zwischen Horden, Ritterheeren oder Söldnertruppen. Doch ist die Logistik des Krieges nicht mit dessen Verlauf zu verwechseln. Der Kampf ist nicht planbar. Im Chaos der Gefechte regieren ganz andere Gesetze als die Planspiele des Generalstabs. Der Krieg ist eine Welt der Friktionen, der Zufälle, ein »wahres Chamäleon«, wie Clausewitz sagt, »weil er in jedem konkreten Falle seine Natur etwas ändert«.

Auch Verfolgungsterror hat nur begrenzt mit Bürokratien zu tun. Terror lebt vom Prinzip der Willkür, der Überraschung und

Geschwindigkeit, also dem Gegenteil dessen, was Bürokratien gewöhnlich auszeichnet. Die Erfassung und Kennzeichnung der Opfer ist zwar Aufgabe einer Ordnungsverwaltung. Aber für die Verfolgung vor Ort, für die Razzia, Vertreibung, Deportation oder Massentötung sind Bürokratien wenig geeignet. Nach der Verstaatlichung des Massakers ist die Exekution des Terrors meist Sache spezieller Einheiten, welche nach dem Prinzip der Auftragstaktik, der mobilen Taskforce agieren, eine zwar moderne, aber keineswegs bürokratische Form der Organisation. Die Polizeibataillone und Einsatzkommandos der SS in Polen, Litauen, der Ukraine oder Weißrußland waren keine bürokratischen Einheiten, auch wenn sie über ihre täglichen Opfer Buch führten. Wenn man lediglich den Innendienst des Terrors in den Blick nimmt und sich auf die hinterlassenen Aktenberge, die Hauptquellen historischer Forschung, beschränkt, erhält man nur die halbe Wahrheit. Vollstreckt wird Staatsterror nicht von eifrigen Schreibtischtätern vom Schlage eines Adolf Eichmann, sondern von simplen, mittelmäßigen Menschen, die sich unter zivilen Umständen als nichts Besonderes vorkommen mochten. Manche entwickelten sich zu gefürchteten Mördern wie Theodor Eicke oder Josef Kramer, wie Gustav Sorge oder Otto Moll, Maria Mandel oder Hildegard Lächert, die »Blutige Brygida« von Majdanek. Es waren keine bürokratischen Charaktere, sondern normale Menschen mit mörderischer Kreativität, die sich fast täglich eine neue Grausamkeit einfallen ließen.

Die Vernichtung der europäischen Juden war kein »Verwaltungsmassenmord«. Die Redeweise vom »bürokratischen« Völkermord ist ganz zentriert auf Westeuropa. Aber die übergroße Mehrheit der jüdischen Opfer wurde nicht einzeln erfaßt, registriert, enteignet, schriftlich zu Sammelpunkten befohlen und dann tagelang über Hunderte von Kilometern deportiert, um direkt nach der Ankunft in den Todeslagern mit Motorabgasen oder Blausäure erstickt zu werden. In vielen Regionen Osteuropas wurden die Menschen entweder summarisch in Zwangsghettos getrieben oder sogleich im nahen Wald erschossen. Wer zeitweilig am Leben gelassen wurde, mußte sich zu Tode schuften, wurde ausgehungert, erschlagen oder erschossen. Wer dann noch am Leben war, wurde in die Todeszentralen transportiert. Fast die Hälfte der jüdischen Opfer wurde nicht in den Gaskammern getötet. Mit der Bürokratie eines modernen Zentralstaates hatte die Verwaltung in den besetzten Gebieten wenig gemein. Anders als in Westeuropa verliefen Deportationen in Osteuropa oft mittels brutaler Gewalt. Nicht wenige Menschen wehrten sich, weil sie ahnten, daß ihnen am Zielort der Tod bevorstand.

Auch das Konzentrationslager, diese institutionelle Ordnung des Terrors, war in seinem Kernbereich nicht bürokratisch strukturiert. Der Regelkatalog für die Häftlinge war so angelegt, daß eine Erfüllung der Vorschriften so gut wie ausgeschlossen war. Die Überregulierung sorgte nicht für Ordnung, sondern für kalkulierte Unordnung. Strafanlässe konnten beliebig definiert und exzessiv geahndet werden. Bürokratische Verfahren schaffen Berechenbarkeit und begrenzen Macht. Im Konzentrationslager aber mußte der Häftling jederzeit mit dem Schlimmsten rechnen. In diesem System absoluter Macht hatte noch der rangniedrigste Aufseher völlige Tötungsmacht. Die Dezentralisierung der Macht ließ dem Personal freie Hand. Befehle wurden ausgeführt, ohne daß sie erteilt wurden. Vorschriften der Zentrale wurden schlichtweg ignoriert, Gewalt mit freier Willkür ausgeübt. Die Organisation der SS war ein polykratisches System, durchsetzt von Korruption, Protektion und Rivalität. Von ihren Mitgliedern forderte sie nicht militärischen Kadavergehorsam und bürokratische Buchstabentreue, sondern Eigeninitiative, Improvisationstalent, vorauseilenden Gehorsam, Selbständigkeit in der Exekution der Gewalt. Trotz der nicht unbeträchtlichen Papierarbeit war das KZ kein Teil der bürokratischen Kultur. In Behörden arbeiten die Bediensteten meist ungefähr so, wie sie sollen. Im Lager prügelten, quälten und töteten die Aufseher, nicht weil sie mußten, sondern weil sie durften.

Herrschaft, Gemeinschaft, Nation

Die Wurzeln des Terrors reichen tiefer, als es der Diskurs der Moderne zu erfassen vermag. Gewalt ist in den Grundformen des Sozialen systematisch eingebaut. Verfolgung zieht eine Demarkationslinie zwischen Freund und Feind, zwischen Etablierten und Außenseitern, Einheimischen und Fremden. Wo immer Menschen als Störenfriede oder Eindringlinge gekennzeichnet werden, als Verbrecher oder Verräter, ist der Schritt zur Gewalt nur klein. Oft werden die Verfolgten gar nicht mehr als vollwertige Mitglieder der Gesellschaft anerkannt, sondern der Klasse der Entbehrlichen und Überflüssigen zugerechnet. Auch demokratisch verfaßte Gesellschaften kennen den Ausschluß und die Tötung von Außenseitern. In einer Tyrannis jedoch kann jedermann in die Situation des Verdachts geraten. Und oft bedarf es nicht einmal eines Verdachtes, um Menschen spurlos verschwinden zu lassen.

Es sind drei gesellschaftliche Ordnungsformen, welche den Keim der Verfolgung in sich tragen: die Herrschaft, die Gemeinschaft und die Nation. Herrschaft soll Gewalt unterbinden und dadurch das Überleben sichern. Auf dieser Ordnungsgarantie beruht ihre Legitimität. Doch stützt sich Herrschaft selbst auf Verfolgungsgewalt. Sie schützt das Leben durch die Drohung mit dem sozialen oder physischen Tod. Nicht der Legitimitätsglaube begründet ihre Ordnung, sondern die Todesangst. Die Untertanen anerkennen denjenigen, dessen Verfolgung sie fürchten müssen. Sie fühlen sich von ihm angezogen, weil er ihnen die Last der Freiheit nimmt und ihre Stellung in der Welt bestimmt. Von ihm erhoffen sie sich Schutz, Fürsorge und Gerechtigkeit. So gewinnt die Todesdrohung eine bindende, autoritative Kraft. Ehrfurcht und Todesangst sind in der Anerkennung der Macht aufs engste verbunden.

Die wichtigsten Mittel der Herrschaftsordnung sind die Norm und das Recht. Normen dämmen Gewalt nicht nur ein, sie erzeugen sie auch. Zwar schaffen sie Sicherheit, indem sie das Normale vom Anormalen scheiden. Aber die Maßnahme definiert selbst die Anlässe, gegen die sie gerichtet ist. Wie immer seine Grundprinzipien begründet sein mögen, das Recht ist ein Verfahren der sozialen Kontrolle und Verfolgung. Seinen Exekutoren ist die Befugnis über Leben und Tod zuerkannt. Dieses eherne Gerüst jeder Herrschaftsordnung mag in Zeiten demokratischer Rechtsstaatlichkeit zeitweise in Vergessenheit geraten. Doch ist diese Verleugnung historisch kurzsichtig und politisch naiv. Auch Demokratien währen nicht ewig. Im Politischen geht es keineswegs um Kompromiß oder Konsens. Sein Fundament ist die Macht, die Verfolgungs- und Verletzungsmacht, welche jeder Untertan im Ernstfall am eigenen Leib zu spüren bekommt. Erst einmal eingerichtet, verschiebt sich das Interesse der Herrschaft ohnehin von der inneren Befriedung auf die Erhaltung ihrer selbst. Wer das Regime angreift, sei es despotisch oder demokratisch verfaßt, der begeht Hochverrat. Darauf steht eine härtere Strafe als auf zivile Gewalttaten. Darin liegt der Teufelskreis der institutionellen Befriedung: Ordnung ist eine notwendige Bedingung der Eindämmung von Gewalt; aber umgekehrt sind Verfolgung und Gewalt notwendige Bedingungen für den Bestand der Ordnung.

Dieser Circulus gilt im nationalen wie im globalen Maßstab. Auch der »Weltstaat«, wie ihn sich manche erhoffen, müßte sich auf eine gewaltige Agentur der Repression stützen. Ohne einen gigantischen Militär- und Polizeiapparat wäre der globale Waffenstillstand nicht zu haben. Der »Weltstaat« könnte den einen oder anderen Kleinkrieg durch massive Interventionen einhegen oder auch einige lokale Räuberbanden zur Rechenschaft ziehen. Aber dies ändert nichts daran, daß auch die globale Herrschaft der gewaltsamen Logik jeder Ordnungsmacht unterliegt. Schlimmer noch: Der Weltstaat, dieses grandiose Projekt allumfassender Gleichartigkeit, wird, einmal eingerichtet, keinen freien Winkel dulden. Wie jedes Imperium wird er gegründet sein auf zahllosen Opfern. Heerscharen von Exekutoren wird er in seinen Dienst stellen, um sein Regime zu sichern. Und er wird jede Grenze aufheben, über die Menschen einen Ausweg in ein sicheres Exil finden könnten. Wer dem Weltstaat entkommen möchte, dem bliebe als Fluchtort nur noch der Mond.

Es ist nur die Rückseite des Dilemmas, daß auch das Modell der demokratischen Elitenherrschaft einen globalen Frieden keineswegs zu garantieren vermag. Ein autoritärer Weltstaat hielte alle Repressionsmacht in den Händen, der Bund der Demokratien wäre außerstande, den sozialen Krieg einzudämmen. Keineswegs ist in Demokratien die öffentliche Meinung immer zivilisiert und auf Ausgleich bedacht. Der Krieg der Volksheere und die Menschenjagd der Hetzmeuten waren immer besonders grausam. Demokratien setzen eine Bevölkerung voraus, die lesen und schreiben kann, eine Mittelklasse, welche die Steuern zahlt, eine funktionsfähige Verwaltung – und die Befriedung des Bürgerkriegs. Sind diese Voraussetzungen nicht erfüllt, untergraben allgemeine Wahlen nicht selten den sozialen Zusammenhalt, vertiefen die Gegensätze und verschaffen – wie zuletzt in manchen postkommunistischen Ländern – den Agitatoren von Fremdenhaß Zulauf und Loyalität. Parteien dienen dort als Maskerade für ethnische Aufmärsche. Selbstbestimmung im Namen der Nation geht stets einher mit dem Ausschluß von Minderheiten. Der freie Austausch von Ideen und Gütern provoziert Maßnahmen der Abwehr und Protektion, da globaler Wettbewerb oftmals zu lokalem Ruin führt. Und schließlich fehlt der demokratischen Gesellschaft oftmals die Bereitschaft, die Opfer aufzubringen, welche für ein Gleichgewicht der Kräfte oder für die Schirmherrschaft eines Staatenbundes notwendig sind. Wenn der Tod nicht mehr zum Gesellschaftsvertrag gehört, fehlt die militärische Macht, die nicht nur für die Errichtung, sondern auch für die Erhaltung des inneren und äußeren Friedens unerläßlich ist. Solange Demokratien diesen Preis nicht bezahlen wollen, bleiben die Tage des Friedens gezählt.

So gefährlich wie die Herrschaft ist eine weitere Form des Sozialen. Die Gemeinschaft definiert Zugehörigkeit durch Ausschluß. Sie trennt diejenigen, die sich zusammengehörig fühlen, von jenen, die ausgestoßen oder gar nicht erst aufgenommen werden. Vergemeinschaftung schottet die sozialen Kreise voneinander ab. Nach innen verspricht sie Eintracht, Gleichheit und Brüderlichkeit, nach außen errichtet sie Grenzmauern und Frontlinien. Die Etablierten stellen sich den Außenseitern entgegen, Freunde verbünden sich gegen Fremde und Feinde. Kein Miteinander ohne Gegeneinander. Zusammenhalt bildet und verstärkt sich im äußeren Gegensatz. Es ist die Gemeinschaft, welche den Feind und Rivalen erfindet. Sie braucht das Gegenbild des anderen. Deshalb strebt sie danach, die Welt in zwei Hälften aufzuteilen und alle auszuschalten, die anders sind als sie selbst. Die Zugehörigen fühlen sich als die Guten oder Auserwählten, als die Zivilisierten, die Edlen oder Rechtgläubigen. Die anderen hingegen, das sind die Wilden, die Barbaren, die Heiden, die »Schmutzigen«, die Eindringlinge, die »Überflüssigen«. Ihnen gilt alle Verachtung, gegen sie ist nahezu alles erlaubt. Denn die Grenzen der Moral sind die Grenzen der Gemeinschaft. Deshalb werden die anderen häufig gar nicht mehr derselben Kategorie Lebewesen zugerechnet. So öffnet die Gemeinschaft der Verfolgung Tür und Tor. Gegenüber Fremden gelten die Gesetze der Gastfreundschaft nur so lange, wie sie ihre Koffer noch nicht ausgepackt haben.

In der Nation sind beide universalen Ordnungsformen historisch vereinigt. Obwohl die Kriterien für den Begriff »Nation« alles andere als eindeutig sind, zielt die Doktrin doch stets auf die Kongruenz von Staat, Gemeinschaft und Kultur. Vollwertiges Mitglied der nationalen Gemeinschaft darf nur sein, wer auch ihrer Kultur angehört, wer dieselbe Sprache spricht, dieselbe Vorstellungswelt teilt, denselben Lebensstil pflegt. Jedem Mitglied wird zugemutet, gegenüber seinesgleichen Solidarität zu empfinden, die Gemeinschaft nach außen zu verteidigen oder ihre Werte unter Einsatz des Lebens in alle Welt zu tragen. Mehr noch: Alle Angehörigen derselben Kultur sollen, wo immer sie wohnen, in einem Staatsverband vereinigt sein. Die nationale Kultur begründet die Gemeinschaft und legitimiert den Staat, und die Staatsmacht hat die Kulturgemeinschaft zu schützen, die Fremdlinge zu entlarven, zu überwachen oder auszuweisen. Eine Kultur, ein Staat, eine Nation – dies ist die Parole des Nationalismus.

Mangels akuter Gründe wurden für die Legitimierung der Nation mitunter historische Legenden erfunden. Sie handeln

von tapferen, tugendhaften Volkshelden, von Orten kollektiven Blutzolls, von Kämpfen wider das Joch der Fürsten oder
fremden Eroberer. Mit Vorliebe greift man auf das Archiv nationaler Zeichen zurück: Kulturdenkmäler, typische Land-
schaften, Folklore, Trachten, Gerichte, Embleme. Doch wird
die Erfindung der Nation regelmäßig begleitet von einem rapi-
den Gedächtnisschwund. Geltung erlangt die Idee der Nation
nur in dem Maße, wie die Mannigfaltigkeit der Herkunft, der
Traditionen und Bräuche vergessen wird. Ist schließlich die
Nation im Selbstbild der Gesellschaft etabliert, avanciert das
Idiom einer sozialen Gruppe zur verbindlichen Landessprache.
Sie steht nunmehr für die Homogenität der Kultur, für die Zugehörigkeit zur Gemeinschaft, für die Einheit des Staates.

In Europa operierte der Nationalismus anfangs mit einem
ideologischen Paradoxon. Entstanden im Namen der Freiheit
von Fürsten- und Fremdherrschaft, bezog er seine emotionale
Basis durch den Rückgriff auf die heile, alte Zeit bäuerlicher
Bodenständigkeit und kriegerischen Heldenmuts. Doch die
Volkskultur, die es angeblich zu erwecken galt, war nur eine
nützliche Selbsttäuschung für die Durchsetzung der allseits verbindlichen Hochkultur. Alle mußten die Nationalsprache
beherrschen, um die Kommunikation sicherzustellen und die
bürokratische Gleichheit zu garantieren. Für diese uferlose Anonymität entschädigte das Trugbild der Gemeinschaft und persönlichen Solidarität.

Die Verstaatlichung der Nation und die Verwirklichung der
imaginären Gemeinschaft ziehen zwangsläufig Maßnahmen
der Exklusion nach sich. Nationalstaaten streben danach, ihre
politischen Grenzen bis an die Grenzen ihrer Kulturen auszu-
dehnen und ihre Kultur im Innern durchzusetzen. Die Gewaltmittel der Herrschaft werden zu Instrumenten der nationalen
Gemeinschaft. Wer der Gemeinschaft nicht angehört oder von
der homogenen »Leitkultur« abweicht, wird deklassiert und
erhält das Stigma des Außenseiters. Wer die Heiligtümer der
Gemeinschaft mißachtet oder gar mit Füßen tritt, gilt als innerer Feind und Verräter. Und sobald wirtschaftliche oder gesellschaftliche Krisen die politische und kulturelle Stabilität unter-

graben, nimmt der Verfolgungsdruck auch gegenüber Fremden und Außenseitern zu. Wie die Exekutoren der Nation nach außen Krieg führen, um die Grenzen der Gemeinschaft abzustekken, so sichern sie im Innern die Ordnung der Herrschaft und die Grenzen der Zugehörigkeit.

Menschen haben einander schon immer bekämpft, verfolgt und getötet. In seinem Haß ist der Homo sapiens unabhängig von seiner Zugehörigkeit zu jeder Ethnie, Nation oder Klasse. Auch agrarische Gesellschaften kennen despotische Herrschaftsformen und ethnischen Chauvinismus. Erst die unheilige Allianz von staatlicher Herrschaft, homogener Kultur und imaginärer Gemeinschaft unter dem Banner der Nation ist modernen Datums. Es ist wenig wahrscheinlich, daß das Zeitalter der Nation demnächst beendet sein wird. Je mehr Menschen von der Not in die Zentren des Reichtums getrieben werden, desto prekärer wird der Gegensatz zwischen Einheimischen und Immigranten. Solange der Staat dem gesellschaftlichen Bedarf nach Gemeinschaftsbildung widersteht, bleibt der Terror begrenzt auf einzelne soziale Akte. Doch sobald sich staatliche Instanzen daranmachen, die Homogenität der Kultur aktiv durchzusetzen und die Trugbilder der sozialen Gemeinschaft zu Leitlinien der Politik zu erklären, ist der Damm zur systematischen Verfolgung durchbrochen.

5. Auschwitz, Kolyma, Hiroshima

»Für Gaskammern hatten wir kein Gas«, bemerkt Alexander Solschenizyn zum Massenmord während des Baus am Weißmeerkanal. Zehntausende gingen dort im Winter 1931 zugrunde, die Lager wurden fortlaufend neu aufgefüllt. An der Kolyma, einer Unterabteilung des Archipel Gulag im Nordosten Sibiriens, sind nach 1937 über eine Million Häftlinge umgekommen, durch Verelendung, Arbeit, Hunger, Kälte und Massenerschießungen. Niemand sollte von dort zurückkehren. Kolyma, ein arktisches Auschwitz? Für die Opposition gegen das kommunistische Terrorsystem hatte dieser Vergleich niemals den Sinn, die Verbrechen im eigenen Lande aufzurechnen oder gar zu verkleinern, sondern überhaupt erst deren historische Bedeutung kenntlich zu machen.

Vergleiche sind ein bewährtes Verfahren, um Sinn und Eigenart eines Geschehens zu erfassen. Allein der Vergleich zeigt Gemeinsamkeiten, Unterschiede, Gegensätze. Für politische oder moralische Entlastungen eignet er sich nicht. Untaten anderer sind kein Milderungsgrund für eigene Untaten. Was ist von einem Raubmörder zu halten, der sich mit dem Hinweis herauszureden versucht, es gäbe schließlich noch andere Raubmörder? Dennoch ist dieser moralische Fehlschluß nicht unüblich. Den einen dient er zur fadenscheinigen Entschuldigung, den anderen zur Empörung dagegen. Manchen gilt der Vergleich selbst schon als Indiz moralischer Verderbnis oder politischer Demagogie. Doch die angebliche Furcht vor dem Applaus der falschen Seite dient nur der Abdichtung der eigenen Scheuklappen und der Immunisierung des eigenen Weltbildes. Dem kommunistischen Staatsterror mildernde Umstände wegen einer angeblich humanistischen Ideologie zuzubilligen, sitzt nur der Propaganda des Systems auf. Vor jedem Vergleich den Massenmord an den Juden Europas als etwas absolut Einzigartiges auszugeben, trägt zum Verständnis der Tatsachen nicht das geringste bei. Das Verbot des Vergleichs hat die Funktion, aus dem, was geschehen ist, nichts lernen zu müssen. So verharrt man im Bann der Vergangenheit und stellt sich blind vor vergleichbaren Problemen in der Gegenwart. Aber ähnliche Gefahren erfordern ähnliche Formen der Machtkontrolle, des Widerstands, der Intervention.

Ist es sinnvoll, Auschwitz, Kolyma und Hiroshima in eine Reihe zu stellen? Obwohl die ersten sowjetischen Lager fünfzehn Jahre vor den deutschen eingerichtet wurden, ist ein kausaler Zusammenhang nicht zu erkennen. So bleibt der Vergleich unabhängiger Ereignisse und Strukturen. Aber wie verhält es sich mit der epochalen Signifikanz dieser Tatbestände, wessen Perspektive soll dabei maßgeblich sein? Die weltpolitischen Auswirkungen der Atomwaffe im internationalen System sind unvergleichlich größer als die Folgen von Auschwitz oder Kolyma. Mit Hiroshima begann das Zeitalter, in dem sich die Menschheit auf einen Schlag selbst ausrotten kann. Völkermord und Verfolgungsterror hingegen sind stets regional begrenzt. Selbst in unmittelbarer Nachbarschaft kann die Gewalt erfolgreich verleugnet, geduldet und alsbald vergessen werden. Das kollektive Gedächtnis liefert offenbar kein Kriterium für die Bedeutung eines Verbrechens.

Rechtfertigt die Zahl der Opfer die Exklusivität dieses Vergleichs? Wo liegen die Schwellenwerte, da Quantität in Qualität umschlägt? Die Entfesselung der Gewalt ist keine Frage großer Zahlen. Wenn ein Volk nur einige tausend Menschen zählt, so ist deren Ausrottung doch ein Völkermord. Doch wie verhält es sich mit den Abermillionen Toten des maoistischen Terrors während des »großen Sprungs nach vorn« und während der »Kulturrevolution«, mit dem Völkermord in der osmanischen Türkei, mit der absichtlichen und gezielten Hungerpolitik des Sowjetregimes in der Ukraine, in Nordkaukasien und Kasachstan in den Jahren 1932/33, die rund sechs Millionen

Menschen das Leben kostete; wie verhält es sich mit den Toten-
feldern in Kambodscha, den zahllosen Massakern in Indone-
sien, Nigeria, Ruanda, Südwestafrika oder im Gebiet des Ama-
zonas? Die Liste läßt sich fortsetzen. Aber die Orte liegen
jenseits des westlichen Horizontes. Man tue nicht so, als würde
ein Massenmord in Asien oder Afrika in derselben Weise wahr-
genommen und empfunden wie ein Massaker an weißen Euro-
päern oder US-Bürgern. Die Empörung kennt sehr wohl lokale
Grenzen der Aufmerksamkeit, Grade der Distanz, bis zur Ignoranz. Auch eurozentrische Überheblichkeit ist mitunter heraus-
zuhören. Es seien, so heißt es, ja nur postkoloniale Bürgerkriege oder »vormoderne«, steinzeitliche Stammeskriege gewesen,
nicht zu vergleichen mit den arbeitsteilig organisierten Untaten
auf vermeintlich höherem Zivilisationsniveau. Als sei das systematisch geplante Massaker von Türken und Kurden an 1,5
Millionen Armeniern, die Ermordung von Millionen indischer
Muslime und Hindus während der Teilung Indiens, als sei der
Massenmord an einer Million Kambodschanern oder die Ausrottung der meisten Einwohner Ost-Timors durch die indone-
sische Armee nur der spontane Überfall einer wilden Horde gewesen.

Verbrechen leben in der Erinnerung meist als Untaten der
anderen fort. Deshalb tut jeder gut daran, sich zunächst mit
der eigenen Geschichte zu befassen. Nur so gelangt man zu einem Vergleich ohne Aufrechnungen. Zugleich aber bedarf es
präziser Begriffe und einer Typologie des Terrors, um einen Vergleich vorzubereiten. Dabei scheidet eine Klassifikation nach
den Entstehungsbedingungen oder Gesellschaftsformationen
von vornherein aus. Sie sortiert nicht das, was es zu erklären
gilt, sondern historische Umstände. Den Vergleich mit dem
Hinweis abzuwehren, schließlich habe der Terror in verschie-
denen Gesellschaftstypen stattgefunden, verwechselt Ursachen
und Wirkungen. Ob Terror von einem bestimmten Gesell-
schaftstypus, einer besonderen Mentalität oder Ideologie ab-
hängt, ist noch gar nicht ausgemacht. In der Regel hält sich Terror mitnichten an die Kontexte, aus denen er hervorgeht. Zu
seinen Gesetzen gehört es, sich die Umstände zu seiner Fortset-

zung selbst zu schaffen. Um einen Überblick über die Tatbestände zu erhalten, ist es daher unumgänglich, die Sozialformen des Terrors selbst voneinander abzuheben.

Kriegsterror

Seit je hat man zwei konträre Konstellationen unterschieden:
den bewaffneten Kampf von Kriegsparteien und das Massaker
an Wehrlosen und Unbewaffneten. »Blutbad« oder »Gemetzel« meinte stets das Töten von Menschen, die zu keinem nennenswerten Widerstand imstande waren. Kämpfe sind selbst
für den Übermächtigen nicht ohne Risiko. Da die Gewalt wechselseitig ist, kann sie auch ihn treffen. Ein Massaker hingegen
ist einseitige, asymmetrische Gewalt. Die Opfer haben keine
Chance zur Gegenwehr. Weder ihr Wille noch ihr Widerstand
soll gebrochen werden. Sie sollen von der Erde verschwinden.
An diese Differenz ist zu erinnern, will man zunächst die Entgrenzungen moderner Kriegsgewalt genauer kennzeichnen.

Eine Materialschlacht geschieht noch im Rahmen eines anonymen Fernkampfes. Das Handgemenge der Krieger wird
durch die Bedienung technischer Geräte ergänzt. Krieg wird
Kampf und Arbeit. Logistik und Nachschub gewinnen an Bedeutung, die Zahl der Kampfeinheiten nimmt ab. Der militärischen Massentötung geht die industrielle Massenfertigung voraus. Dies heißt jedoch nicht, der Krieg sei total geworden. Die
Propaganda des totalen Krieges erklärt alle zu Kampfgenossen. Sie will alle Ressourcen mobilisieren, Wirtschaft und Gesellschaft militarisieren und zugleich Terrorangriffe auf unbewaffnetes Hinterland rechtfertigen. Aber aus der Tatsache,
daß viele Kampfhandlungen sich Arbeitstätigkeiten angeglichen haben, folgt mitnichten der Umkehrschluß, Arbeit im
Dienste des Krieges sei bereits ein Gefecht. Rüstungs- oder
Landarbeiter kämpfen nicht. Die »Heimatfront« ist keine
Front. Ein Luftangriff, der auf Abwehrfeuer trifft, ist zweifellos ein Kampf. Aber das Töten einer wehrlosen Stadt- oder
Landbevölkerung durch konventionelle oder nukleare Flä

chenbombardements verwandelt den Krieg in ein Massaker, in Massenterror.

Die horizontale Ausdehnung des Schlachtfeldes beginnt mit dem Gebrauch von Fernwaffen. Dies endet zwangsläufig in einem Massaker, sofern nur eine Seite über die Distanzwaffen verfügt. Während die Unterlegenen gar nicht erst auf Kampfdistanz herankommen, können die Überlegenen den Feind auf Abstand halten und ihn nach Belieben »wie Freiwild abschießen«. Diese Konstellation war typisch für viele »Schlachten« in den Kolonialkriegen. Während die Eroberer über Kanonenboote, Artillerie und weitreichende Schnellfeuergewehre verfügten, besaßen die Kolonisierten oft nur Blankwaffen, Lanzen oder Musketen. Das einseitige Töten auf Distanz verwandelte den Krieg in eine Art tödlichen Sport. Für den Sieger war es mehr eine Treibjagd als ein Gefecht, für die Besiegten ein Massaker.

Auch in früheren »regulären« Landkriegen waren Blutbäder an Wehrlosen nicht selten. Der eingehegte Krieg ist historisch die Ausnahme. Niemals glich der Krieg dem Duell des ritterlichen Turniers, nicht einmal bei den mittelalterlichen Fehden des Adels. Der Weg vom Soldaten zum Berserker oder Marodeur war immer kurz. Eroberungsfeldzüge beginnen, wie die Gründung neuer Staaten, häufig mit einem Massaker, das alle Gegner einschüchtern soll. Im Partisanen-, Bürger- und Revolutionskrieg ist der Unterschied zwischen Kampfgebiet und zivilem Umfeld ohnehin eingeebnet. Aber auch im Staatenkrieg ereignen sich häufig Massaker, auf dem Gefechtsfeld, in eroberten Dörfern und Stadtvierteln, an wehrlosen Soldaten, Frauen, Kindern und Greisen. Wenn keine Gefangenen gemacht werden sollen, ist das Massaker unausweichlich. Der Siegeszug am Ende schließlich wird häufig von Rache, Raub und Sexualmorden begleitet. Lust, Beute und Vergeltung gehören schließlich zu den ältesten Triebkräften des Krieges. Trotzdem handelt es sich bei solchen Triumphzügen der Gewalt, mögen sie noch so militärisch getarnt sein, mitnichten um Kampfhandlungen.

Die vertikale Ausdehnung des Schlachtfeldes zum Luftkrieg hat das Ausmaß der Massaker in ungeahnter Weise erweitert.

Beispielhaft für den technisierten Kriegsterror ist der strategische Bombenkrieg, der Raketenangriff und andauerndes Artilleriefeuer auf belagerte Städte. Die Zahl der zivilen Opfer übersteigt dabei regelmäßig die Zahl der getöteten Kombattanten. Terror soll die Moral des Widerstands brechen und die Überlebenden zur Aufgabe zwingen. Ob dieser Kalkül zweckmäßig oder, wie es heißt, »militärisch notwendig« ist, ändert nichts an der Bewertung. Massenterror bleibt Massenterror, ob er erfolgreich ist oder nicht. Wie jeder Terror birgt er jedoch eine besondere Dynamik in sich. Dauert der Widerstand an, muß der Schrecken gesteigert werden. Dadurch gerät die Gewalt des Krieges zusehends in die Nähe exterministischer Gewalt.

Vom selektiven Kriegsterror ist der totale Vernichtungskrieg zu unterscheiden. Kriegsgewalt ist im Prinzip begrenzt. Sie zielt auf Kapitulation, nicht auf Ausrottung. Seinem Begriff nach ist Krieg ein bewaffneter Machtkonflikt. Er bezweckt die Zerstörung einer Armee, eines Herrschafts- oder Klassengefüges, nicht die Vernichtung aller Menschen, die diese Strukturen bevölkern. Ausrottungskriege dagegen steigern den Kampf bis zum Äußersten. Sie werden unerbittlich, mit allen Mitteln geführt. Wer unterliegt, wird getötet. Gewalt wird Selbstzweck. Sie befreit sich von politischen Zielen, mutiert zu Gewalt um ihrer selbst willen. Diese Entfesselung der Grausamkeit ist in der Dynamik des Vernichtungskrieges von Anbeginn vorgezeichnet. Ist der Kampf entschieden, beginnt sofort das Massaker. Der Sieger begnügt sich nicht mit der Unterwerfung der Überlebenden. Er will den Tod aller. Das Gemetzel ist nur die konsequente Fortsetzung des Sieges. Daher ist der Vernichtungskrieg seiner Natur nach eine antisoziale Tatsache sui generis. Es geht nicht um Macht und Herrschaft, um Assimilation oder Ausbeutung, um Konversion oder Kapitulation, sondern um die Besetzung menschenleerer Territorien. Wo immer landhungrige Siedler im Gefolge der Krieger auftauchen, droht der einheimischen Bevölkerung die vollständige Vernichtung.

Verfolgungsterror

Ganz andere Gewaltformen bringt die soziale und politische Verfolgung hervor. Diese Konstellation ist stets asymmetrisch. Die Macht ist ganz ungleich verteilt. Verfolgung geschieht nicht in Gefechten und Konflikten, sondern durch einseitigen Terror. Schon gegen die Stigmatisierung können die Opfer kaum etwas ausrichten. Die Definitionsmacht ist nahezu absolut. Dabei kann sich die Kennzeichnung ganz verschiedener Kriterien bedienen: sozialer oder politischer, religiöser oder ideologischer, nationaler, ethnischer oder rassistischer. Und da diese Kriterien wahllos ausgewechselt oder kombiniert werden können, ist der Kreis potentieller Opfer beliebig erweiterbar.

Die Skala der Aktionsformen reicht von den spontanen Greueltaten einer Meute über den Pogrom eines Mobs, die Razzia und Vertreibung bis zur Einrichtung von Lagern und Tötungsanstalten. Wie der siegreiche Vernichtungsfeldzug mit dem Tod aller Gegner endet, so treibt die Menschenjagd der Tötung aller Verfolgten entgegen. Trotzdem sind Verfolgung und Krieg voneinander unabhängige Prozesse. Auch die Einheit von Zeit und Ort stiftet keinen identischen Sachverhalt. Zwar verjagt der heranrückende Krieg die Menschen aus ihren Wohngebieten, und nicht selten ist Vertreibung ein erklärtes Kriegsziel. Die Verfolgung sozialer Großgruppen jedoch, seien es Klassen, Völker oder Religionsgemeinschaften, kann auch in Friedenszeiten stattfinden. Kriege können Verfolgung begünstigen, sind dafür aber keine notwendige Bedingung. Damit sich der Terror voll entfalten kann, muß das Gebiet der eigenen Kontrolle unterliegen. Es darf nicht mehr umkämpft sein. Daß Terror oft durch uniformierte Einheiten exekutiert wird, ist kein Beweis für einen bewaffneten Konflikt. Zwar benutzen die Täter nur zu gerne militärische Vokabeln, um ihr Handeln zu kaschieren. Doch Verfolgung, Lager, Todesschwadronen und Todesfabriken haben mit Krieg nichts zu tun. Weder Mauthausen noch Babi Jar, weder Auschwitz noch Treblinka waren Kriegsverbrechen.

Begriffe wie Sieg, Niederlage oder Unterwerfung haben im Umkreis sozialer Verfolgung keinen Sinn. Die Menschenjagd zielt auf Vertreibung und Vernichtung. Die Opfer sollen nicht bezwungen und zu Gehorsam angehalten, sondern aus dem sozialen Kreis entfernt werden. Verfolgungsterror richtet sich weniger gegen Feinde als gegen Fremde und Außenseiter. Zwar werden die Opfer häufig als Feinde bezeichnet, als Feinde des Staates, der Gesellschaft, des Volkes. Doch ist diese Umdefinition ganz und gar irreführend. Feindschaft ist stets wechselseitig, jede Seite betrachtet die andere als ihren Feind. Nur im Weltbild der Häscher erscheinen die Verfolgten als Feinde. In Wahrheit gefährden sie niemanden. Meist verfügen sie nicht einmal über die nötigen Waffen zur Selbstverteidigung.

Verfolgung lebt von der Idee sozialer Homogenität. Abweichungen sollen getilgt, Gesellschaft in dauerhafte Gemeinschaft überführt werden. Mehr noch: Das Gesetz des Terrors fordert die Unterdrückung aller Unterschiede und damit die anthropologische Transformation des Gattungswesens. Die Unberechenbarkeit, die jedem sozialen Verhältnis innewohnt, soll ein für allemal beseitigt werden. Da Menschen sich stets anders verhalten können, als von ihnen erwartet wird, da sie sich jederzeit verwandeln und sogar unter Zwang noch von ihrer Freiheit Gebrauch machen können, ist Terror erst zu Ende, wenn jede menschliche Existenz ausgelöscht ist. Terror im Namen der Ordnung muß nicht nur den Schrecken verstetigen, er muß jede Differenz, jede Abweichung ausschalten. Daher richtet er sich früher oder später auch gegen seine eigenen Exekutoren. Diese Implosion des Terrors bedeutet, zu Ende gedacht, die Vernichtung alles Sozialen.

Die Entgrenzung moderner Kriegsgewalt verdankt sich der Organisation und Technisierung bewaffneter Machtkonflikte. Auch Verfolgungsterror erfordert Organisation. Die Hetzjagd einer Meute geschieht noch im Rahmen einer spontanen Rivalität um die Trophäen der Gewalt. Doch schon die Razzia erfordert ein gewisses Maß an Vorbereitung, Koordination und Arbeitsteilung. Deportationen über weite Strecken benötigen Transportmittel und abgestimmte Zeitpläne. Die Blockade von

Hungergebieten ist ohne dauerhafte Überwachung unmöglich. Massenmorde durch mobile Kommandos sind ohne Machtdelegation und Tötungsroutine gar nicht denkbar. Viele Völkermorde geschehen mittels flexibler und improvisierter Organisation. Sie sind daher keinesfalls mit spontanen Pogromen zu verwechseln.

Wie der Vernichtungskrieg leere Territorien hinterläßt, so zielt Vertreibungsterror auf die »Räumung« eines Gebiets. Die Opfer werden außer Landes gejagt, durch Schikanen, Übergriffe, Anschläge oder systematische »Säuberung«. Es beginnt mit einem Klima des Boykotts, dann folgt die Einschränkung des Alltagslebens durch Verbote jeder Art, die offizielle Kennzeichnung, der Raub des Eigentums, schließlich der demonstrative Übergriff, der Angst und Schrecken hinterläßt. Wollen sie diesen langen Weg der Eskalation abkürzen, greifen die Verfolger sogleich zu rabiaten Mitteln. Häuser werden in Brand gesteckt, der Besitz wird konfisziert oder demoliert, kulturelle Einrichtungen werden ausgeplündert, geschändet und gesprengt, die Wortführer werden demonstrativ getötet, es kommt zu gezielten Massenvergewaltigungen, willkürliche Verhaftungen erzeugen eine Atmosphäre ständiger Angst, Menschen verschwinden in Lagern, Folterkellern oder Massengräbern, bis schließlich die verbliebenen Bewohner aus dem Gebiet fliehen. Auch wenn dieser Terror von uniformierten Militär- oder Milizverbänden ausgeübt wird, handelt es sich nicht um einen Krieg. »Ethnische Säuberungen« gehören zu den Methoden des Verfolgungsterrors.

Die zentrale Institution moderner Verfolgungsgewalt ist das Konzentrationslager. Es dient weniger der Inhaftierung politischer Gegner als der Verwandlung und Vernichtung der Entbehrlichen. Inmitten der Gesellschaft, eingefügt in ein komplexes Geflecht politischer und ökonomischer Institutionen, ist das Lager ein Kosmos an der Grenze der sozialen Welt, ein Universum beispielloser Destruktivität. Die Insassen werden registriert, in Unterkünfte eingewiesen und meist auch zur Arbeit eingesetzt. Nahezu vollständig von der Außenwelt isoliert, werden sie einer Ordnung des Terrors unterworfen, die alle Aspekte des menschlichen Weltverhältnisses in seine Gewalt nimmt. Raum und Zeit, Sozialität und Identität werden so zugerichtet, daß jegliches Handeln zerstört wird. Die Menschen werden zu einem rechtlosen Leben in äußerstem Elend gezwungen. Wessen Arbeitskraft erschöpft ist, wird aussortiert und getötet. In diesem Laboratorium absoluter Macht ist nahezu alles möglich. Auf alle erdenklichen Weisen werden die Menschen gepeinigt und getötet, durch Arbeit und Hunger, Elend und Seuchen, durch Erniedrigung und Seelenmord, durch exzessive Grausamkeit oder Gift.

Das Konzentrationslager ist die Versuchsstation des Verfolgungsterrors, die Todesfabrik sein Vernichtungszentrum. Todesfabriken, wie sie in Treblinka oder Birkenau erbaut wurden, sind Einrichtungen zur spurenlosen Vernichtung von Menschen in großer Zahl. Der Begriff des »Lagers« ist hier irreführend. Es gab gar keine Häftlinge, die eine Lagergesellschaft hätten bilden können. Die wenigen Menschen, denen eine kurze Gnadenfrist eingeräumt wurde, hatten die Aufgabe, den Tötungsbetrieb in Gang zu halten. Alle anderen wurden sofort nach der Ankunft getötet. Wie in einer Produktionsstätte gab es technische Anlagen, Aufseher, Vorarbeiter und angelernte Hilfskräfte, eine Aufgabenteilung, einen Schichtbetrieb, eine Gewinn- und Kostenbilanz. Der Ablauf war nach dem Fließband-Prinzip organisiert und orientierte sich an den Leitlinien rationaler Betriebsführung: Stetigkeit, Zeitgewinn, Berechenbarkeit. Gegenüber einem Industriebetrieb bestanden allerdings drei Unterschiede: Die meisten Arbeitskräfte, die Angehörigen der jüdischen »Sonderkommandos«, wurden in regelmäßigen Abständen getötet und durch neue ersetzt. Der »Rohstoff« der Arbeit waren menschliche Körper – und das »Endprodukt« waren Haarballen, Gold und Asche.

Die Massenvernichtung zielte nicht nur aufs Töten. Eine ganze Bevölkerungsgruppe sollte aus dem Gedächtnis gelöscht werden. Kein Zeichen sollte auf die Toten hinweisen. Nichts sollte an sie erinnern, kein Grab, kein Mahnmal. Sie sollten von der Erde verschwinden, als ob sie niemals existiert hätten. In seiner radikalsten Ausprägung duldet Verfolgungsterror nicht

einmal sterbliche Überreste. Er strebt danach, sich selbst aufzuheben. Er folgt dem Prinzip des absoluten Verschwindens.
Nicht einmal der Tod sollte mehr existieren.

Differenzen

Es ist offenkundig wenig sachgerecht, Hiroshima mit Institutionen des Verfolgungsterrors wie Auschwitz und Kolyma in
eine Reihe zu stellen. Mit Verfolgung hatte der Ersteinsatz der
Atomwaffe nichts zu tun. Hiroshima war ein Akt des Kriegsterrors. Es ging weniger um die Kapitulation Japans als um
die Demonstration der Überlegenheit gegenüber zukünftigen
Kriegsgegnern, vor allem der UdSSR. Zudem wollten die USA
verhindern, daß sowjetische Truppen ihnen die Besetzung Japans streitig machten. Nicht der Gegner, sondern der Alliierte
war offenbar der Hauptadressat. Auch mit einem totalen Vernichtungsfeldzug ist Hiroshima nicht gleichzusetzen. Die Ausrottung der japanischen Bevölkerung war kein strategisches
Ziel der USA. Hiroshima markiert den technischen Gipfel-
punkt des selektiven Kriegsterrors. Der Atombombe ging der
strategische Bombenkrieg gegen die urbanen Zentren Japans
voraus, der innerhalb weniger Wochen rund eine Million
Menschen getötet hatte. Der Tatbestand des technisierten
Kriegsmassakers war bereits dadurch übererfüllt. Das Ereignis
Hiroshima mag ein Symbol für die globale Selbstvernichtung
der Menschheit sein. Nimmt man es genau, so bedeutet das Ereignis jedoch etwas anderes. Es steht für den nuklearen Terror
gegen einen Gegner, der selbst nicht über Kernwaffen verfügt.
Nach dem Ende des kalten Krieges ist diese Konstellation ak-
tueller denn je.

   »Auschwitz« und »Kolyma« stehen als Namen für den
staatlichen Verfolgungsterror. Im Gegensatz zum Lagerkom-
plex an der Kolyma war Auschwitz jedoch zugleich Konzentrationslager und Todesfabrik. Für den industriellen Massenmord
in den Gaskammern von Treblinka, Sobibór und Birkenau gab
es im Archipel Gulag keine Parallele. Massentötungen wurden

hier durch Todesmärsche, Erschießungen, gezielte Verelendung und Aushungern vollstreckt. Dem KZ Auschwitz und seinen Außenlagern entspricht dagegen Kolyma durchaus. In den Goldgruben an der Kolyma wurde ein gesunder Mensch spätestens nach sechs Wochen zu einem Wrack, beim Bunawerk in Monowitz betrug die durchschnittliche Lebenserwartung eines jüdischen Häftlings etwa vier Monate, in den angelagerten Kohlebergwerken etwa einen Monat. Das Lagersystem des Archipel Gulag ist daher sehr wohl mit dem KZ-System der Nationalsozialisten zu vergleichen.

Auch in der Logistik der Deportation sind sich beide Terrorsysteme nicht unähnlich. Zum Zwecke der »ethnischen Säuberung« transportierte die bolschewistische Geheimpolizei zwischen November 1943 und Mai 1944 ganze Völkerschaften nach Osten. Die Deportationen waren zentral bis auf die Stunde genau geplant. Hunderttausende von Kalmücken, Tataren, Tschetschenen, Inguschen und Balkaren wurden in Viehwaggons gepfercht und über Tausende von Kilometern nach Sibirien verfrachtet. Die Sterblichkeit war extrem. Zur Bewachung wurden rund 120 000 Soldaten abgezogen, obwohl der Krieg in vollem Gange war. Was die Strukturen der Lagerorganisation, die Ordnung des Terrors, das Verhalten der Aufseher und die Vernichtung durch Arbeit und Gewalt anlangt, sind die Parallelen ohnehin unübersehbar. Über dem Eingangstor vieler deutscher Lager stand die höhnische Parole »Arbeit macht frei«, über den Lagereingängen an der Kolyma die Losung: »Arbeit ist eine Sache der Ehre und des Heldentums«. Was die Zahl der Opfer, die Ausdehnung und Bestandsdauer der Institution angeht, so übertreffen Workuta, Karaganda oder Kolyma deutsche Lagerkomplexe wie Buchenwald, Mauthausen oder Majdanek bei weitem.

Ein Vergleich von Völkermorden bewegt sich auf einer anderen Ebene der Analyse. »Völkermord« bezeichnet keine Form des Terrors, sondern die Opfergruppe und das Ergebnis. Sowohl Bürger- und Vernichtungskriege als auch organisierter Verfolgungsterror können zu einem Völkermord führen. Dabei wird die ethnische Verfolgung häufig von religiösen, politi-

schen oder sozialen Motiven überlagert. Die Methoden des
Völkermords sind vielfältig. So geschah die Vernichtung der
europäischen Juden durch die Deutschen und ihre Helfershelfer mit einer Vielzahl von Terrorformen. Die Juden wurden deportiert, in Zwangsghettos zusammengepfercht und dort ausgehungert, durch Arbeit ausgezehrt oder direkt getötet. In den
Konzentrationslagern waren die Juden die Parias des Lagers
und unterlagen dem stärksten Vernichtungsdruck. In den besetzten Gebieten Osteuropas wurden sie von mobilen Todesschwadronen gejagt, an Ort und Stelle ermordet oder in die
Züge getrieben. In den Todesfabriken der »Aktion Reinhard«
und in Birkenau wurden die Opfer sofort nach der Ankunft erschossen oder in Gaskammern gelockt, vergiftet und anschließend verbrannt.

Einige dieser Terrorformen finden sich auch bei anderen
Völkermorden: die Deportation in Elendsgebiete, die Hunger-
blockade durch Abriegelung ganzer Landstriche von jeglicher
Versorgung, die Konzentration in Lagern oder lagerähnlichen
Einrichtungen, die summarische Razzia nach Listen, Augenschein oder Denunziation, die Tötung durch Schwerstarbeit,
durch Massenexekutionen oder Todesmärsche. Die Shoah war
nicht der einzige Völkermord im 20. Jahrhundert. Aber der
Massenmord in eigens erbauten Todesfabriken war eine deutsche Erfindung.

6. Terrorzeit

Im Museum of Modern Art in New York findet sich eine Lithographie von George Grosz aus dem Jahre 1915. Sie trägt den Titel: »Das Attentat«. Auf der linken Seite sieht man die explodierende Kugelwolke einer Bombe. Die Druckwelle verbiegt die Fassaden der Häuser und schleudert verrenkte Menschenkörper durch die Luft. Die Figuren, die am weitesten vom Detonationspunkt entfernt sind, werden in Panik auseinandergetrieben. Ihre Gesichter sind zu Grimassen verzerrt, ihre Hände zu Krallen verkrümmt. Inmitten der Stadt ist die Bombe explodiert und hat die Welt ins Chaos gestürzt.

Grosz, der sich im November 1914 freiwillig gemeldet hatte, war nach sechs Monaten als dienstuntauglich entlassen worden und nach Berlin zurückgekehrt. Das Bild transponiert die Erfahrung des Grabenkriegs in das Umfeld der großen Stadt. Das Attentat gleicht der Detonation einer Granate oder Fliegerbombe. Urplötzlich bricht die Gewalt herein, ohne jede Vorwarnung. Es ist, als stürze sie vom Himmel hernieder. Noch ehe sich jemand besinnen kann, ist es geschehen. Im Moment der Explosion sind die Menschen überwältigt. Sie haben keine Chance zur Gegenwehr, zur Deckung, zur Flucht. Die Bombe läßt keine Zeit zur Reaktion. Während erfahrene Frontsoldaten an den Vorgeräuschen die Flugbahn einer Granate erahnen konnten, trifft das Attentat die Zivilisten ganz unvorbereitet. Ein ohrenbetäubender Knall – von manchen ist nicht einmal mehr eine Spur erkennbar.

Die Explosion wirkt auf einen Schlag. Die Detonation ist kein Prozeß und auch kein Zustand, sie ist ein Ereignis. Sie dauert weder an, noch steigert sie sich. Sie findet statt. Plötzlich durchbricht die Bombe die Kontinuität der Zeit und zersprengt Vergangenheit und Zukunft. Wo Gewalt als Ereignis hereinbricht, zerstört sie die Zeit. Alles ist gleichzeitig, und weil die Zeitstruktur des Nacheinander, des Vorher und Nachher, vernichtet ist, herrscht nach der Explosion die Panik.

Die Zeit ist eine Waffe eigener Art. Es gibt die langsame Gewalt, die sich Zeit läßt, um die Qualen und Schmerzen der Menschen in die Länge zu ziehen. Schrittweise wird sie in Gang gesetzt, verstetigt, abgebrochen, erneut gesteigert und wieder unterbrochen, bis das finale Stadium erreicht ist. Konträr dazu steht die Gewalt der Plötzlichkeit, des Überfalls, des Attentats, die das Opfer auf der Stelle tötet. Zwischen diesen Endpunkten rangieren die zahlreichen Varianten der Terrorzeit, der Beschleunigung und Verlangsamung, Unterbrechung und Steigerung.

Die Zeit ist nicht die Gewalt selbst. Weder heilt die Zeit Wunden, noch schlägt sie welche. Sie ist vielmehr eine Struktur, innerhalb deren sich das Tun und Leiden der Menschen vollzieht. Die Zeit stiftet Abfolgen, sie gliedert sich in Phasen, Zustände, Strecken der Dauer. Sie verdichtet sich, wenn mehrere Ereignisse eine begrenzte Zeitspanne auffüllen; sie beschleunigt sich, wenn die Ereignisse immer rascher aufeinander folgen, wenn alles Schlag auf Schlag geht. Und sie verstetigt sich, wenn sich die Ereignisse regelmäßig wiederholen. Zeit kann in eine Richtung weisen, sie kann linear oder zyklisch verlaufen, und sie kann auf der Stelle verharren, wenn ein Zustand anhält und nichts weiter geschieht. Obwohl lediglich eine Form, ist die Zeit kein äußeres Attribut, kein zufälliges Appendix des Terrors. Direkt beeinflußt sie dessen Intensität und Wirkungsweise.

Das Leiden an der Gewalt hat seine eigene Zeit. Dies gilt für die körperlichen Empfindungen, den Rhythmus des Schmerzes, ebenso wie für die Gedanken, Gefühle und Wahrnehmungen. Terrorzeit meint auch die innere Zeit des Menschen. Das Widerfahrnis schlägt durch auf die Zeitstruktur des Bewußtseins, auf das Verhältnis von Erinnerung, Wahrnehmung und Erwartung, von Retention und Perzeption. Spezifische Zeitstrukturen weisen ferner die Gefühle und Empfindungen auf, welche

die Gewalt begleiten: die komprimierte Zeit der Panik, die
Dauer der Verzweiflung, die akzelerierte Angst der Flucht, die
Stetigkeit bohrenden Hasses, die pulsierende Erregung des
Jagdfiebers oder der Kampfeswut, die Freude des Triumphs,
schließlich die Wiederkehr des Traumas in der Erinnerung, in
den Alpträumen.

Attentat

Die rapideste Form der Gewalt ist der Anschlag. Er zielt auf
direkte Zerstörung und Vernichtung. Der Anschlag will nicht
verletzen, er will sofort töten. Augenblicklich gelangt die Gewalt an ihre äußerste Grenze: den Tod des anderen. Der Anschlag ist Gewalt ohne Vorzeichen. Zwar können Warnungen
oder Gerüchte der Tat vorausgehen. Das Opfer mag in einem
Klima der Bedrohung leben und sich mit Leibwächtern, Spit-
zeln oder kugelsicheren Glaskäfigen zu schützen suchen. Dennoch wird es vom Angriff überrascht. Weder kennt es den Zeitpunkt noch den Täter. Blindlings läuft es ins Verderben. Denn
die Initiative liegt ganz beim Täter. Er allein weiß, wann und
wo er zuschlagen wird. Er kennt sein Opfer genau, weiß von
seinen Gewohnheiten und Bewegungen, seinen Schwächen und
Vorlieben. Er hat sich gerüstet, durch Informationen, durch
Waffen, durch einen Plan. Sind alle Vorkehrungen getroffen
und die Umstände günstig, greift er an. Was an der Konstellation des Anschlags zuerst auffällt, ist diese Asymmetrie des
Wissens, der Pläne und Waffen, dieser Gegensatz von Passivität
und Initiative, Wehrlosigkeit und Aktion.

Wirkung gewinnt der Anschlag durch seine Plötzlichkeit.
Jählings durchbricht das Ereignis die Stetigkeit der Normalzeit.
So langwierig die Planungsarbeit gewesen ist, die Gewalt selbst
ist eine Tat, keine Tätigkeit und keine Aktivität. Ein einziger
Moment ändert alles. Wo soeben die Menschen noch ihren Be-
schäftigungen nachgingen, ist auf einmal alles in Trümmern:
zersplittertes Glas, abgerissene Gliedmaßen, Brandgeruch. Der
Anschlag löst zunächst nicht Angst oder Erschrecken aus, son-

dern Entsetzen. Das Widerfahrnis der Plötzlichkeit wird durch das ganz und gar Unvertraute und Unbekannte der Verheerung noch gesteigert. Von Art und Ausmaß der Gewalt hatten die Menschen zuvor weder eine Anschauung noch eine Vorstellung. Auf einmal ist die Ordnung der Dinge aus den Fugen. Das Vertrauen in den Fortbestand der gewohnten Welt ist vernichtet. Bevor der Bewegungssturm der Panik losbricht, gibt es einen Zwischenmoment der Erstarrung, der länger währt als die Schrecksekunde bei einem Unfall. Manche bleiben von dem Schock so gelähmt, daß sie ihre Körper, obwohl äußerlich unversehrt, kaum mehr bewegen können.

Plötzlichkeit ist ein phänomenaler Modus eigener Art. Der Augenblick ist kategorial nicht zu verwechseln mit dem Jetzt, jenem Grenzpunkt, der Vergangenheit und Zukunft verknüpft und dessen stetiges Voranschreiten die Kontinuität der Zeit sichert. Im Jetzt endet das, was war, und es beginnt, was kommen wird. Das Plötzliche dagegen fügt sich dem Fortschritt der Zeit nicht ein, es zerstört ihn vielmehr. Das Jetzt ist in der Zeit, der Augenblick ist außerhalb der Zeit. Und deshalb ist er auch kein intentionales Objekt des Bewußtseins, kein Sachverhalt, auf den sich Wissen oder Wahrnehmung richten könnten. Was blitzartig hereinbricht, hat keine Identität, es ist nichts Wohlbestimmtes, was sich von anderem unterscheiden ließe. Es tilgt jegliche Distanz und Differenz. Geschehnis und Erlebnis verschmelzen. Im Augenblick des Ereignisses ist das Ereignis sinnlos. Erst in der nachträglichen Reflexion vermögen die Menschen zu sehen und zu begreifen, was geschehen ist.

Der Vernichtungskraft des Anschlags haben sich Menschen seit langem bedient. Er ist eine transhistorische Form überraschender Gewalt. Nicht nur Königsmörder und Terroristen verüben Anschläge, sondern auch Killerkommandos von Kartellen oder Syndikaten, Freischärler und Geheimagenten, Todesschwadronen oder militärische Stoßtrupps im feindlichen Hinterland. So verschiedenartig die sozialen, politischen und historischen Umstände, so austauschbar sind die Ziele, Motive und Rechtfertigungen. Anschläge sollen den Feind durch Terror zermürben und seine logistische Grundlage unterminieren.

Sie werden zum Zwecke demonstrativer Strafe oder Rache verübt, zur gezielten Provokation staatlicher Repression oder zur
Zerschlagung von Widerstandsnestern, zur Verteidigung der
Herrschaft wie zum Sturz seiner Repräsentanten. Anschläge
sind kein Vorrecht der Resistenz. Die Propaganda der Tat, die
als Funken den Zunder des Aufstands entflammen soll, ist lediglich eine historische Variante. Auch im Namen der Ehre werden Blutbäder angerichtet, im Namen alter oder neuer Ordnun-
gen, des Glaubens oder des Schicksals. Prominente zählen
ebenso zu den Opfern wie Namenlose, Verschwörer ebenso wie
verhaßte Tyrannen. Nicht immer ist dabei das Politische vom
Kriminellen geschieden. Auch der politische Mord gilt als
Mord. Manchmal aber stehen auf den Fahnen des Terrors
höchste Werte: Volk und Vaterland, Gott und Gerechtigkeit,
Freiheit und Fortschritt. Diese kulturellen Imaginationen öffnen dem Terror Tür und Tor. Denn je weiter die Ziele gesteckt
sind, desto mehr Opfer sind erlaubt.

Technisch wurde die Destruktivkraft des Anschlags durch
die Errungenschaften der Waffentechnologie gesteigert. Bis zur
Erfindung des Dynamits mußten sich Attentäter meist mit Gift,
Dolchen oder Pistolen begnügen. Diese Nahwaffen waren ris-
kant, mußte doch der Täter direkt an das Opfer herankommen.
Moderne Höllenmaschinen mit Zeit- oder Fernzünder, Haftmi-
nen, Lichtschranken, Giftgas, Gewehre mit Teleskopvisier oder
Raketenwerfer haben den Anschlag in eine Distanztat verwandelt. Der Täter hinterlegt den Sprengsatz in einem Brief oder
Gepäckstück, in einem Auto oder Lüftungsschacht und verläßt
den Tatort. Im sicheren Versteck kann er abwarten. Die Bombe
trifft nicht nur das ausgewählte Opfer, sondern meist auch Un-
beteiligte, die sich zufällig am Explosionsort aufhalten. Sie
wirkt blitzschnell und wahllos. Sie hat den Meuchelmord in ein
Massaker verwandelt.

Moderne Terrorakte rufen oft ein öffentliches Echo hervor.
Die Gewalt ist eine Sensation, eine Geste, die Publizität erheischt und Angst verbreiten soll. Sie will ein Zeichen setzen,
ein Zeichen entschlossener und unberechenbarer Schlagkraft.
Die Gefahr des Terrors scheint allgegenwärtig. Keiner weiß, wo

er erneut zuschlagen und wen es als nächsten treffen wird. Je wahlloser die Gewalt und je größer das Blutbad, desto tiefer reichen Angst und Konfusion. Für die nächste Zeit bleibt der Alltag überschattet von Unruhe und Beklemmung. Welches Flugzeug, welche U-Bahn-Station, welches Kaufhaus ist noch sicher? Das öffentliche Bekenntnis der Täter verstärkt noch die Befürchtungen. Denn wie unangreifbar müssen sie sich fühlen, wenn sie sogar ihre Identität im Untergrund preisgeben können? Was sie als symbolischen Akt glorifizieren, ist für die Menschen auf der Straße eine unwägbare Gefahr. Dieser Nebeneffekt ist keineswegs unerwünscht. Denn zuletzt bezweckt der Terror nicht den Tod eines einzelnen, sondern die kollektive Angst, die dem Täter seine Wirkungsmacht beweist. Das Attentat dient der Selbstbestätigung des Attentäters. Er wähnt sich als Stellvertreter einer realen oder fiktiven Opposition. Indem er viele andere in Angst versetzt, schüttelt er selbst das Gefühl der Hilflosigkeit ab. Der Schrecken der anderen ist sein Triumph. Daher die Faust mit dem Siegeszeichen, die er nach der Verhaftung der Kamera entgegenstreckt.

Dennoch liegt der Tat ein rationaler Kalkül zugrunde, eine Abwägung der Kräfte. Der Täter will den Kampf vermeiden. Er sucht zu verschwinden, bevor die Gegenseite zurückschlagen kann. Die Zeitwaffe der Plötzlichkeit soll fehlende Kampfkraft ausgleichen und eigene Verluste vermeiden. Dies trägt ihm nicht selten den Vorwurf der Feigheit und Heimtücke ein. Gleichwohl ist Überraschung für den Mindermächtigen häufig die einzige Waffe, um aus der Passivität der Unterwerfung herauszukommen und einer Übermacht Paroli zu bieten. Allein das Selbstmordkommando verzichtet auf den Kalkül der Selbsterhaltung. Der Bombenleger, der sich selbst in die Luft sprengt, ist Attentäter und Märtyrer in einem. In seiner Person vereinigt er die beiden Formen des radikalsten Widerstands. Indem er sein Opfer tötet, bringt er sich selbst zum Opfer. Dafür wird er von seinen Gesinnungsgenossen verehrt und gefeiert. Ihnen gilt er als Held, weil er der Übermacht mit dem höchsten Einsatz getrotzt hat, den ein Mensch aufzubringen vermag, mit dem Einsatz seines Lebens.

Oftmals bedarf der Überraschungsschlag aufwendiger Vorbereitung und, falls es sich um eine kollektive Aktion handelt, der Organisation und Arbeitsteilung. Waffen sind zu beschaffen und Sprengkörper anzufertigen, sichere Fluchtorte müssen sondiert, das Umfeld des Opfers muß erkundet, ein Plan ausgearbeitet werden. Je gewissenhafter die Vorbereitung, desto geringer das Risiko. Doch kennt auch der Anschlag Friktionen, die den Tatplan außer Kraft setzen und zur Improvisation zwingen. Vor Überraschungen ist der Täter keineswegs sicher. Das Fahrzeug des Opfers nimmt unerwartet eine andere Route, der Tatort ist strenger bewacht als vorausgesehen, Kontrollen erschweren den Zugang, das Schußfeld ist versperrt, die Bombe zündet nicht. Solche Zwischenfälle verlangen vom Täter Geistesgegenwart, Mut, ja Verwegenheit. Gibt er auf, wartet er ab, oder nimmt er das erhöhte Risiko in Kauf? Augenblicke entscheiden hier über Leben und Tod, es geht um Sekunden und Zentimeter. Um sicherzugehen, behelfen sich Verschwörer daher manchmal mit Alternativplänen und mit der Taktik des Doppelanschlags. Statt einer Waffe werden mehrere eingesetzt, ein zweiter Tatort wird präpariert, weitere Trupps stehen als Reserve bereit. Je unübersichtlicher das Umfeld, desto mehr Ressourcen müssen in Anschlag gebracht werden, und desto mehr gleicht die Gruppe einer generalstabsmäßig zentralisierten Einheit.

Verschwörer handeln unter dem Schutz der Anonymität und des Geheimnisses, das sie in Anspannung hält und zugleich aufs äußerste gefährdet. Die Gruppe ist bedroht von Wankelmut und Verrat. Einerseits bindet das Geheimnis jeden an die Gruppe, andererseits kann jeder die Gruppe auffliegen lassen, falls ihm als Judaslohn die Straffreiheit winkt. Dagegen geht die Gruppe vor. Sie überwacht Haltung und Gesinnung des einzelnen, und sie verteilt das Wissen so, daß keiner zuviel weiß. Manchmal erkennen die Attentäter einander erst am Tatort an zuvor vereinbarten Zeichen. Innere und äußere Konspiration sind erforderlich, damit sich die Gruppe öffentlich bekennen kann. Umgekehrt verleitet aber das Geheimnis selbst zur Gewalt. Nur die Tat macht die untergründige Tötungsmacht sichtbar. Sie beweist den Zuschauern und den Mitgliedern, daß die Gruppe überhaupt existiert. Tod, Entsetzen und Angst sind für das geheime Tatkollektiv eine Bestätigung seiner selbst. Außen- und Binnenwirkung sind mithin direkt miteinander verschränkt. Durch den Angriff bestärkt die Gruppe sich selbst. Bleibt sie zusammen, wird sie diese Erfahrung ihrer Existenz entweder in eine Legende, in einen politischen Mythos verwandeln oder aber bald erneut zuschlagen.

Razzia

Zuerst hört man die Motorräder und Lastwagen näher kommen, dann quietschen Bremsen, das Geräusch genagelter Stiefel, die auf die Straße springen; Befehle, Hundegebell, Gewehrkolben schlagen gegen die Tür, Gebrüll, die Tür knallt gegen den Dielenspiegel über der Kommode, überall Männer mit Helmen, im Flur, in den Zimmern, umgestoßene Stühle, im Schlafraum schlägt einer mit dem Gewehrkolben ins Federbett, ein Mann in Zivil will die Papiere sehen, er hat eine Liste mit Namen dabei, eine Nachfrage, eine Kopfbewegung, dann geht alles noch schneller. Die Soldaten treiben die Bewohner aus dem Haus, sie dürfen nichts mitnehmen, nicht einmal eine Jacke. Auf der Straße: Uniformen, schwarze Personenwagen, die Lichtbündel der Scheinwerfer. Sobald die Ladefläche mit Menschen aufgefüllt ist, fährt der Lastwagen davon.

Die Razzia ist ein Überfall. Nach wenigen Minuten ist das Quartier umzingelt. Aus dem umschlossenen Ort gibt es kein Entkommen. Die Razzia beginnt mit der Errichtung einer Grenze, die das Gebiet von der Umgebung hermetisch abriegelt. Verkehrswege werden gesperrt, Wachposten umstellen den Ort, Patrouillen überwachen die Zwischenstrecken. All dies geschieht in Windeseile. Noch ehe die Einwohner reagieren können, sind die Auswege blockiert, sind sie von fremder Hilfe abgeschnitten. Durch diese Barriere ist bereits alles entschieden. Die Häscher können frei agieren, die Eingeschlossenen sitzen in der Falle. Ihrer Bewegungsfreiheit beraubt, sind sie jedem Übergriff ausgeliefert.

Nach der Umzingelung beginnt die Treibjagd. Die Verfolger schlagen Schneisen durch das Gebiet, um es ganz in Besitz zu nehmen. Sie stürmen durch die Straßen, dringen in die Behausungen ein, durchkämmen Zimmer um Zimmer, den Keller, den Dachboden. Niemand soll ihnen entgehen. Die zivilen Reservate und Intimbereiche sind mit einem Male getilgt. Jeder Winkel wird durchsucht, übergroß erscheinen die Häscher in den Zimmern, nicht wegen ihrer Zahl, sondern weil sie mit Brachialgewalt einen Raum erobern, der bislang unverletzbar schien. Auf den privaten Wert der Dinge nehmen sie keine Rücksicht. Sie demolieren, was ihnen im Wege steht, zerstören manchmal mutwillig, was den Bewohnern lieb und teuer ist. Die Menschen werden erfaßt, man überprüft ihre Identität, gründlich oder flüchtig. Handelt es sich um eine summarische Verhaftungsaktion, reicht ein kurzes Durchzählen. Die augenblickliche Tilgung aller Territorien des Selbst bewirkt prompte Einschüchterung. Die Illusion von der Unverletzlichkeit der Person, welche den zivilen Verkehrsformen zugrunde liegt, ist auf einmal zerschlagen. Widerstand ist aussichtslos. Viele ergeben sich, scheinbar gefaßt gehen sie mit, nur wenige wagen zu protestieren oder um sich zu schlagen. Alle ahnen sie, daß sie auf nichts mehr werden vertrauen können.

Noch vor der physischen Verletzung ist im Eindringen und Ergreifen die Macht hautnah gegenwärtig. Plötzlich ist sie da. Raum, Sinne und Empfindungen werden von ihr besetzt. Stets geht die Razzia mit Geschrei und Gebrüll einher, mit Befehlen, Schmähungen, Flüchen, mit dem Hohngelächter der Überlegenheit. Der Lärm dringt den Menschen durch Mark und Bein und versetzt sie in ohnmächtigen Schrecken. Denn der Übergang vom akustischen Übergriff zum physischen Zugriff ist nur kurz. Die Körper werden nach Waffen oder Wertsachen abgesucht, Widerspenstige werden zusammengeschlagen oder gefesselt, man packt die Menschen an Armen oder Schulter, treibt die Wehrlosen mit Gewehrkolben aus ihrer Wohnung.

Daß der Verletzung der Distanzgrenzen die Gewalt folgt, ist in der Aktionsdynamik der Razzia angelegt. Sie öffnet den Häschern Tür und Tor. Indem sie die Einwohner ihrer Freiheit be-

rauben, gewinnen sie selbst an Freiheit. Sie besetzen den fremden Raum, dehnen sich darin aus, füllen ihn mit ihrer Macht.
Je geringer die Gegenwehr, desto größer ihr Machtgefühl.
Wenn die individuellen Schutzrechte außer Kraft sind, ist die
Hemmschwelle ohnehin überschritten. Aber die Razzia tendiert
selbst dazu, die Regeln und Konventionen zu sprengen. Jeder
neue Übergriff, jede weitere Verhaftung verschafft den Häschern das Gefühl, ungehindert agieren zu können. Während
der Razzia dürfen sie mehr als sonst. Diese Freiheit hat ihren
eigenen Reiz. Sie spornt zur Willkür an. Nicht selten arten Razzien zu einer Prügelorgie, wenn nicht zu einem Gemetzel aus.
Sie erzeugen einen Überschuß an Gewalt, der mit dem offiziellen Auftrag oft nichts mehr zu tun hat. Einige füllen sich die
Taschen, entreißen den Menschen Uhren oder Schmuck. Es
kommt zu Vergewaltigungen, zu mutwilliger Quälerei, deren
einziger Sinn die Quälerei selbst ist, die Lust an den Freiheiten
der Gewalt.

Die Razzia ist eine Operation der Ordnungskräfte, der Polizei oder des Militärs. Ihr Ziel ist zunächst nicht Vernichtung,
sondern Fahndung, Durchsuchung, Verhaftung. Entweder
wird gezielt nach Verstecken und verdächtigen Individuen ge-
sucht, oder aber wahllos nach Außenseitern, Geiseln oder politisch Verfolgten. Im ersten Falle ist die Razzia eine begrenzte
Aktion der sozialen Kontrolle, im zweiten Falle eine summarische Terrormaßnahme, eine organisierte Form kollektiver Verfolgung. Vor allem Besatzungsregimes bedienen sich dieses
Mittels. Razzien richten sich gegen wirkliche oder vermutete
Regimegegner, gegen einzelne Gruppen oder gegen die ansässige Bevölkerung insgesamt. Sie dienen zur Vergeltung, zur
»Säuberung«, zur systematischen Verunsicherung oder zur pe-
riodischen Demonstration der Besatzungsmacht. In ihrer radikalsten Ausprägung jedoch gilt sie allen, die auf der Proskriptionsliste eines Vernichtungsprogramms stehen. Der Weg der
Gewalt beginnt mit der Razzia, und er endet entweder in den
Folterkellern des lokalen Stützpunkts, in den Lagern oder aber
sogleich in einem Hinterhof, einem nahen Waldstück, einer
Kiesgrube. Nicht die Steigerung der Macht ist hier das Ziel,

nicht Angst und Gehorsam der Unterworfenen, sondern deren
Ausrottung.

Die Razzia ist ein Prozeß rascher Bemächtigung. Während
der Augenblick des Anschlags die Zeit durchbricht, dauert die
Razzia an. Das Attentat währt Sekunden, die Razzia Stunden,
wenn nicht Tage. So eilig es die Häscher zuweilen haben, das
Durchsuchen, Überprüfen und Verhaften braucht Zeit. Razzien
machen Arbeit: Verfolgungsarbeit. Häuserblock um Häuserblock, Straßenzug um Straßenzug muß kontrolliert werden.
Zügig, aber ohne Hast gehen die Verfolger vor. Im Bewußtsein
der Überlegenheit handeln sie mit Routine und Gelassenheit.
Nach der raschen Umzingelung wird der Auftrag schrittweise
erledigt. Dabei kommt es zu Tempowechseln, Verzögerungen,
wiederholten Durchsuchungen desselben Ortes, sofern sich ein
neuer Hinweis ergibt. Absprachen und Verhöre verlangsamen
das Tempo, Pausen unterbrechen die Verhaftungsarbeit.

Die Zeit der Häscher ist nicht die Zeit der Verhafteten. Was
für jene Arbeit und Wiederholung, das ist für diese ein Überfall. Während sich jene in der Gewißheit ihrer Macht bewegen,
werden diese abrupt ihrer Alltagssicherheit entrissen. Noch bevor das Kommando in die Wohnung eindringt, hören sie das
Nahen der Gefahr. Hinter zugezogenen Vorhängen oder herab-
gezogenen Rolläden warten sie, bis sie an der Reihe sind. Eindringen, Verhaften und Hinausjagen geschehen im Eiltempo,
bis am Sammelpunkt eine neue Wartezeit beginnt. Der Wechsel
des Zeitrhythmus ist selbst eine Technik der Verunsicherung.
Vor dem »Abtransport« harren die Menschen ihres Schicksals,
ausgeliefert den Launen und Schikanen der Bewacher, hin- und
hergerissen zwischen Verzweiflung und Hoffnung, zwischen
Ungläubigkeit, Beklemmung und Angst.

Dauer und Geschwindigkeit der Razzia variieren mit der
Übersichtlichkeit des Gebietes, der Zahl der Bewohner und
dem Umfang des Auftrags. Je summarischer der Befehl, desto
rabiater die Durchsuchung, und desto schneller ist alles zu
Ende. Soll nur ein leerer Raum zurückbleiben, müssen gar keine Individuen überprüft werden. Alle werden ergriffen, deren
man habhaft wird. Ist eine vorbestimmte Anzahl festzunehmen,

schafft jede Patrouille so viele Personen zum Sammelpunkt, wie
sie auftreiben kann. Ist das Soll erfüllt, wird die Razzia abge-
blasen. Gilt die Aktion jedoch Einzelpersonen und birgt das
Gebiet zahlreiche Verstecke, muß alles gründlich abgesucht,
müssen Informationen gesammelt, Denunzianten gewonnen
oder Aussagen erpreßt werden. All dies verzögert den Ablauf
und erhöht den Bedarf an Koordination und Überwachung.
Willkür dagegen spart Zeit, und Gewalt erspart Arbeit.

Daß die Razzia in physische Gewalt übergeht, hat mehrere
Ursachen: die Zerstörung der symbolischen Distanzen, der An-
reiz der Willkür, die Wahllosigkeit des Auftrags, die Effektivität der Verfolgungsarbeit sowie die situative Dezentralisierung
der Macht. Zwar wird die Razzia zuvor geplant, das Gebiet
wird in Abschnitte unterteilt, die Aufgaben werden den Streifen, Wach- und Jagdtrupps zugewiesen, der Zeitablauf wird fixiert und die Zielgruppe markiert. Aber auch wenn die Operation zentral geleitet wird, ergeben sich vor Ort erhebliche
Freiräume. Rahmenbefehle geben lediglich das Ergebnis, nicht
aber das Verfahren vor. Was in den einzelnen Häusern und
Zimmern vor sich geht, entzieht sich der Aufsicht. Die Turbulenzen der wechselnden Situationen zwingen die Häscher zu
Flexibilität und Improvisation. Nicht bürokratischer Schema-
tismus bestimmt die Razzia, sondern Willkür und rasche
Anpassung an die Umstände. Die Vollstrecker agieren als selb-
ständige Rollkommandos, deren soziales Band nicht die Hierarchie, sondern die Kameraderie ist. Deshalb gefährdet die
Razzia die Disziplin des Verbandes. Doch ist die Aktion um so
erfolgreicher, je weniger Vorschriften einzuhalten sind und je
weiter die Lizenz zur Gewalt gefaßt ist. Gewalt verzögert nicht
die Aktion, sondern beschleunigt sie. Selbst excessive Übergriffe, welche die Operationslinie zeitweise außer Kraft setzen,
widersprechen nicht dem Kalkül der Verfolgungsarbeit. Sie
steigern das Engagement der Häscher und versetzen die Überlebenden in lähmende Gefügigkeit. Sie bieten den Häschern
Abwechslung und gehorchen zugleich dem Zeitgesetz des Terrors: der Unwägbarkeit und Plötzlichkeit des Übergriffs.

Todesmarsch

Der Todesmarsch ist eine langsame Form der kollektiven Vernichtung. Die Opfer sind ganz in den Händen von Wächtern
und Aufsehern. Sie werden von Ort zu Ort getrieben, ohne zu-
reichende Verpflegung, Kleidung und Unterkunft, oftmals auch
ohne genaues Ziel. In seiner reinsten Form ist der Todesmarsch
eine ziellose Bewegung. Die Menschen sollen nicht irgendwo
ankommen, sie sollen sich zu Tode marschieren. Manchmal ist
der Bestimmungsort eine ferne Einöde, ein Sumpfgelände, eine
Geröll- oder Schneewüste, wo die Überlebenden ausgesetzt
oder in einem letzten Massaker getötet werden. Aber auch,
wenn ein Zielort festgelegt ist und die Menschen in Viehwaggons oder Lastkähnen transportiert werden, kommt es auf baldige Ankunft nicht unbedingt an. Tagelang werden die Züge
oder Konvois unterwegs festgehalten, ohne daß die Einge-
pferchten mit Wasser oder Nahrung versorgt werden. Den Deportierten ist das Ziel ohnehin meist unbekannt. Sie fahren
oder marschieren ins Ungewisse. Und weil der Transport Tage
und Wochen dauert, verliert die Zeit ihre Richtung. Der Weg
ist keine Strecke von Ort zu Ort, der Zeit fehlt ein sinnhaftes
Ende. Sie dehnt sich zu reiner Dauer, unterbrochen nur von
Ausbrüchen der Panik, von Augenblicken willkürlicher Gewalt.

Der Todesmarsch gehört zu den undeutlichsten Formen kollektiver Gewalt. Gewiß läßt sich der gesellschaftspolitische
Rahmen bestimmen. Der Todesmarsch rechnet zu den modernen Techniken der Deportation und Massenvernichtung. Staat
und Gesellschaft sollen in eine homogene Gemeinschaft verwandelt werden, aus denen alle Fremden und Feinde entfernt
werden. Zu den Opfern zählen ethnische oder religiöse Minderheiten, Kriegsgefangene, Außenseiter, politische Gegner
oder all diejenigen, welche das Regime als überflüssig definiert
hat. Um der Aktion den Anschein der Legitimität zu geben,
wird als Zielort gelegentlich eine Arbeitsstelle angegeben. Aber
Marsch und Transport widersprechen jeder wirtschaftlichen

Zweckmäßigkeit. Ob die Überlebenden noch arbeitsfähig sind, ja, ob überhaupt jemand den Bestimmungsort lebend erreicht, ist zuletzt ohne Bedeutung. Weshalb aber werden die Opfer nicht sofort getötet, sondern über Hunderte, wenn nicht Tausende von Kilometern verfrachtet, um unterwegs zugrunde zu gehen? Um rasche Techniken der Massentötung waren staatliche Verfolgungsorgane nie verlegen. Weshalb aber diese Strapaze, deren Ende die Auszehrung, die Erschöpfung, der Tod ist? Es ist, als sei der Todesmarsch eine Gewalt im Selbstlauf; jenseits aller Rationalität von Zwecken und Zwängen, jenseits auch der Rationalität der Macht und des Tötens.

Der Todesmarsch ist eine Kombination von indirekter und direkter Vernichtung. Die Verfahren der allmählichen Auszehrung sind altbekannt: Erschöpfung, Verelendung, Demoralisierung, Zerstörung der seelischen und körperlichen Lebenskräfte. Ihre Mittel sind Hunger und Durst, das Klima, Seuchen, der Prügel und die Schußwaffe, schließlich die Zeit selbst.

Die Spedition beginnt mit der Verladung. Unter Gebrüll und Kolbenhieben werden die Gefangenen in die Waggons getrieben. Keiner soll zur Besinnung kommen oder an Flucht denken. Widerstreben wird sofort mit größter Brutalität gebrochen. Obwohl das Personal in der Minderzahl ist, haben die Deportierten keine Chance zur Gegenwehr. Den Aufsehern ist der Ablauf vertraut, ihre Waffen sind eine tödliche Drohung. Tempo und Hetze brechen den Willen des Gefangenen. Seine Aufmerksamkeit konzentriert sich auf die Angehörigen, die Habseligkeiten, einen Platz im Waggon, der ihn vor den Hunden, den Stockhieben und Geschossen schützt.

Sind die Wagen vollgepfercht, werden die Türen verriegelt oder zugenagelt. Die Seitenluke ist mit Eisenstäben oder Stacheldraht vergittert. Ineinandergekeilt stehen die Menschen im Halbdunkel, der Ellbogen des einen ist in die Rippen oder den Magen des anderen gepreßt. Damit einer beide Füße auf den Wagenboden stellen kann, muß sein Nebenmann ein Bein hochziehen. Bald beginnen die Knie zu schmerzen, rundum hört man keuchendes Atmen. Der Weg zum Abortkübel in der Ecke ist durch die Masse der Leiber versperrt. Daher verrichten viele ihre Notdurft an Ort und Stelle. In der stinkenden Enge droht der Erstickungstod. So müssen die Menschen tagelang ausharren, gepeinigt von Angst und Sterbensqual. Die Fahrt scheint endlos, in dem Halbdunkel zerfließt der Zeitsinn, verzweifelte Müdigkeit ergreift den Körper. Da kein Wasser verteilt wird, trocknet der Leib aus, Kehle und Zunge schwellen an. Falls mehrere auf einmal zusammenbrechen und dabei andere zu Boden reißen, entsteht im Waggon eine Panik, so daß die Gefallenen zu Tode getrampelt werden. An heißen Sommertagen heizt sich das Wagendach auf, so daß in der stickigen Hitze viele in sich zusammensinken. In kalten Wintermonaten frieren die Leiber aneinander fest. Erreicht der Zug den Zielort, müssen Hilfskräfte eine gefrorene Masse aufrecht stehender Menschenkörper auseinanderbrechen, um noch Überlebende zu finden.

Auch der Schiffstransport arbeitet nach dem Vernichtungsprinzip der verdichteten Zwangsmasse. Entweder stehen die Häftlinge Mann an Mann gedrängt, oder sie liegen in »Sardinenlage« übereinandergeschichtet: die eine Reihe mit dem Kopf zur Bordwand, die andere mit den Füßen. Licht fällt in den Bauch des Lastkahns nur über einen schmalen Luftschacht. Das Faß mit dem Unrat muß über eine steile Treppe hinaufgehievt werden. Die Gefangenen urinieren in Glasdosen, die von Hand zu Hand gereicht werden. Zu essen gibt es nur, was die Stärkeren von dem knappen Proviant übriglassen: verschimmeltes Brot, salzigen Fisch vielleicht, Trinkwasser ist immer rar. In dem Schiffsrumpf wimmelt es von Läusen, das Betreten des Decks ist verboten. Tagelang, wochenlang dauert das Sterben in dieser Finsternis. Wie in den verriegelten Waggons werden die Gefangenen sich selbst überlassen. Die Wachen brauchen lediglich die Deckausgänge im Auge zu behalten. Eine Geschoßgarbe verhindert, daß einer den Kopf herausstreckt, um nach Luft zu schnappen. Die Gewalt der Verelendung wirkt, ohne daß sie eine Hand zu rühren brauchen. Sie martern und töten durch Unterlassung, durch gezielte Gleichgültigkeit.

Bei Fußmärschen ist die Eskorte ständig sichtbar. Aufseher umlauern die Kolonne, laufen an ihr entlang und treiben sie

brüllend voran. Die Marschgeschwindigkeit ist ein Instrument
der Gewalt. Je schneller das Tempo, desto rascher sind die
Kräfte verbraucht. Noch die geringste Beschleunigung kostet
lebenswichtige Energie. Solange Widerstandswille und Solidarität noch nicht zerbrochen sind, versuchen die Gefangenen
noch zu bremsen. Aber dieser Kampf um das Tempo ist bald
verloren. Wer an das Ende der Kolonne zurückfällt oder einige
Meter zurückbleibt, gerät in tödliche Gefahr. Bluthunde fallen
den Erschöpften an, Stockschläge prasseln auf ihn hernieder.
Wer den Anschluß ganz verliert, hat sein Leben verwirkt. Ein
Aufseher bleibt stehen, die Kolonne marschiert weiter, keiner
dreht sich um, nach einer Minute das Rattern des Feuerstoßes,
kurz darauf ist der Wachposten wieder da, ohne den Häftling.

Um das eingeschlagene Tempo durchzusetzen, töten die Wachen auch im voraus. Nach und nach greifen sie sich diejenigen
aus der Kolonnenmitte heraus, deren Kräfte gerade zu erlah-
men beginnen. Ein kurzes Stolpern, ein paar schleppende
Schritte, irgendeine Auffälligkeit stempelt den einzelnen zum
Todeskandidaten. Er wird »herausgefischt«, bleibt am Straßen-
rand stehen, die anderen ziehen vorbei, horchen auf den Augenblick, da hinter ihrem Rücken die Schüsse fallen. Nur an
der Spitze der Kolonne ist man vorläufig in Sicherheit. Daher
versuchen viele, so weit wie möglich nach vorne zu kommen.
So treibt sich die Marschkolonne selbst an. Einer sucht den anderen zu überholen, um kurzfristig dem Tod zu entkommen.
Aber indem er den anderen hinter sich läßt, liefert er ihn dem
sicheren Untergang aus. Zusammen sind sie einem tödlichen
Dilemma ausgeliefert. Um der Exekution zu entgehen, müssen
sie alle verbliebene Kraft aufwenden. Je größer aber die An-
strengung, desto rascher ist es zu Ende. Einer nach dem anderen kann nicht mehr mithalten und wird von den Wachen erschossen.

Diese tödliche Rivalität währt jedoch nicht lange. Auf Dauer kann das Anfangstempo unmöglich gehalten werden. Ohnehin ist die Geschwindigkeit nichts als eine tödliche Schikane.
Mit jedem Kilometer schwinden Kraft und Überlebenswille.
Apathie durchdringt die Marschkolonne. Die Hoffnung auf

Schonung zerplatzt. Jederzeit können die Wachen zuschlagen. Wer heraustritt, um seine Notdurft zu verrichten, und zu lange hocken bleibt, wird von ihnen erschlagen. Keineswegs sortieren sie nur die Erschöpften heraus. Jeder kann ausgesondert werden, und oftmals entscheidet der Zufall, wen es gerade trifft. Verzweiflung breitet sich aus. Stumm schleppen sich die Menschen dahin. Das Band der Kameradschaft zerreißt, auch das Notbündnis zu zweit, das in extremer Gefahr Menschen eine Weile zusammenhalten kann. Jeder ist für sich allein. Was mit den anderen geschieht, wird gleichgültig. Die Menschen vergessen einander; sie verlieren die Kraft zu sprechen. Jeder kämpft nur mehr gegen sich selbst, gegen seinen Körper. Der Rücken beugt sich, die Muskeln versteifen, noch gehen die Beine automatisch, dann wollen die Füße nicht mehr. In einer Marschpause liegen die Menschen zusammengekrümmt am Boden und rühren sich nicht. Viele wollen nicht mehr aufstehen. Sie haben sich selbst aufgegeben.

Der Marsch ist eine Tortur in Etappen. Der Kampf gegen den Körper ist aussichtslos. Die Täter beschleunigen seine Zerstörung durch Hetze und Gewalt. Bis zuletzt beobachten sie aufmerksam, wie sich die Menschen allmählich in wankende Skelette verwandeln, wie sie sich vergeblich aufzubäumen versuchen, wie sie dahinsterben. Dieser Todeskampf wird gleichmütig registriert, mit Schadenfreude vielleicht, mit Machtlust und Triumphgefühl. Mancher Schütze erprobt seine Schießkünste. Einzelne machen sich einen Spaß daraus, einen Entkräfteten bei lebendigem Leibe verscharren zu lassen. Der Todesmarsch ist eine willkommene Gelegenheit für die Freuden des Exzesses, der kollektiven Marter. Weniger der Tod ist sein Sinn als die Ausdehnung des Leidens, das langsame, qualvolle Sterben. Dazu benötigt die Grausamkeit jedoch Zeit. Sie will sich entwickeln und steigern. Würde man alle Opfer sofort töten, hätte sie keine Chance, sich zu entfalten. Kein Täter könnte sich an der Pein der Opfer weiden, könnte ausprobieren, was ihm gerade gefällt. Dauer und Langsamkeit des Todesmarsches aber gewähren ihm die freie Zeit, um die Gelüste des Quälens zu befriedigen.

Beim Treiben der Grausamkeit pflegen sich Menschen hervorzutun, Männer ebenso wie Frauen, die der Mitte der zivilen Gesellschaft entstammen. Ein Regime der Gewalt hat nie das Problem, willige Gehilfen und Vollstrecker zu finden. Die Verwandlung normaler Menschen in Massenmörder benötigt wenig Zeit und Überwindung. Denn sie erlernen die Gewalt im Prozeß der Gewalt selbst. Der Täter gewinnt seine Freiheit, indem er sie sich nimmt, indem er die Grenze überschreitet, die ihm der Befehl eröffnet. Ist die Lizenz erteilt, kann er tun, was er will. Unterwegs ist er dem Kontrollblick der Herrschaft entzogen. Die Zentrale ist weit. Dennoch handelt er ganz selbständig in ihrem Sinne, nicht aus blindem Kadavergehorsam, sondern weil der Gewaltprozeß selbst die Neigungen hervorbringt, die er befriedigt. Die Gemeinschaft der Gewalt hat ihren eigenen Reiz. Hier regieren nicht Ideologie und Hierarchie, sondern Willkür und Schrecken. Die Solidarität der Spießgesellen beruht nicht auf dem Prinzip des Helfens und Teilens, sondern auf der Erfahrung gemeinsamen Quälens und Tötens. Es ist die Gewalt, die sie miteinander verbindet, gegenseitig befreien sie sich von den Bürden der Moral. Für die Täter ist der Todesmarsch ein seltener Ausnahmezustand absoluter Freiheit.

Die Zeit des Terrors weist mehrere Formen auf: Da ist die Plötzlichkeit, der Augenblick, welcher die Kontinuität der Zeitlinie durchbricht. Da ist die Überraschung des Überfalls und die zügige Stetigkeit der Razzia. Und da ist die Dauer, die Langsamkeit der Marter, die Endlosigkeit der Grausamkeit. Zwar hat jede Gewaltform eine konstitutive Zeitform, die ihre Grundstruktur bestimmt. Aber die Gewalt verläuft selbst in der Zeit, die Situationen wechseln und damit auch ihre Zeitmodi. Manchmal geschieht dies abrupt. Inmitten des Gewaltablaufs schlägt die Zeit um. Der Plötzlichkeit der Explosion folgt der Moment des Entsetzens, dann der anhaltende Bewegungssturm der Panik. Bei der Razzia wird das Gebiet zuerst mit hohem Tempo umzingelt und abgeriegelt und erst dann allmählich besetzt, wobei die Schnelligkeit des Ergreifens mit Zeiten angstvollen Wartens abwechselt. Die Deportation beginnt mit der schnellen Verladung der Menschen. Sind die Räume verriegelt, setzt sich bald die ziellose Dauer des Transports durch. Der Todesmarsch startet im Eiltempo, bis die Bewegung schrittweise erlahmt, unterbrochen jedoch von den Übergriffen und Quälereien der Aufseher.

Terrorzeit ist keine gemeinsame Zeit. Was dem Beobachter als einheitliche Zeitform erscheint, ist in Wahrheit ein radikaler Antagonismus. Der sozialen Asymmetrie der Gewalt entspricht die Asymmetrie der Zeit. Die Zeit der Tat ist eine ganz andere als die Zeit des Leidens. Der Attentäter bereitet den Anschlag gründlich vor, er wartet geduldig den Zeitpunkt ab, schlägt blitzartig zu und verschwindet. Die Opfer hingegen sind im Nu überwältigt. Wer überlebt, benötigt lange Zeit, um zu begreifen, was geschehen ist. Die Häscher umzingeln eilig das Gebiet und verrichten dann stetig ihre Verfolgungsarbeit. Die Eingeschlossenen jedoch sind überrumpelt und müssen in Angst und Ungewißheit ausharren. Die Aufseher der Transporte vertreiben sich die Langeweile mit allen erdenklichen Martern. Die Gefangenen jedoch existieren in einer andauernden Gegenwart der Angst, der Apathie, des Sterbens. Terror zerspaltet mithin die Sozialität der Zeit. Terrorzeit ist antagonistische Zeit. Zwischen Täter und Opfer besteht eine Kluft, die sich tiefer kaum denken läßt. Dennoch bedingen Tatzeit und Leidenszeit einander, nicht im Sinne sozialer Reziprozität, sondern mechanischer Kausalität. Plötzlichkeit bewirkt Entsetzen und Panik, der Überfall erzeugt Angst und Ohnmacht. Die Hetze und Dauer des Transports treibt die Menschen Schritt für Schritt in einen Zustand der Agonie, der Zeitlosigkeit.

Unter den Opfern vernichtet die Gewalt jegliche Gemeinsamkeit. Der Anschlag treibt sie in Panik auseinander. Ungewißheit und Verzweiflung am Sammelpunkt werfen jeden auf sich selbst zurück. Gewalt dissoziiert und atomisiert. Sie stößt die Menschen auf ihre nackte Leiblichkeit zurück. Schmerz, Angst, Panik und Verzweiflung sind innere Überfälle, die jedes Weltverhältnis, jeden Abstand zur Welt austilgen. Die Zerstörung des Zeitsinns ist eine zentrale Wirkung akuter Gewalt. Sie hat die vollständige Desubjektivierung zur Folge. Das Widerfahrnis des Terrors ist von absoluter Präsenz. Sie komprimiert die Zeit zur Jetztzeit ohne Horizont, zum Augenblick außerhalb der Zeit. Das Opfer ist außerstande, das Widerfahrnis im Licht der Vergangenheit oder Zukunft einzuordnen und dadurch Distanz zu gewinnen. Es kann sich nicht mehr zur Situation verhalten, und deshalb kann es sich auch nicht mehr zu sich und zu anderen verhalten. Noch vor dem Tod wirft Terror den Menschen in eine Zeit jenseits der sozialen Welt.

III. Krieg

7. Kriegsgesellschaften

Im »Daily Mirror« vom 5. Januar 1915 ist ein denkwürdiges Foto abgedruckt. Es zeigt britische und deutsche Soldaten, aufgestellt für einen Schnappschuß. Eingehüllt in Mäntel und Schals, die Hände in den Taschen vergraben, stehen sie da. Einige haben noch das Koppel samt Patronentaschen umgeschnallt, einer hält, die Zigarette im Mundwinkel, der Kamera eine kleine Stoffpuppe entgegen. Es sind unbekannte Soldaten. Die Gesichter gleichen sich, nur Mütze und Pickelhaube lassen erkennen, welcher Armee einer angehört. Das Bild stammt aus den Tagen der Verbrüderung im ersten Kriegswinter in Flandern. Um die Weihnachtszeit trafen sich die Soldaten im Niemandsland oder besuchten einander in den Gräben. Auf den Brustwehren tauchten Kerzenlichter auf, statt Handgranaten warf man Wurst oder Schokolade über den Drahtverhau. Die Männer sangen Weihnachtslieder, führten Gauklerstücke auf, tauschten Tabak und Abzeichen. Beim Handel zeigten die Deutschen eine besondere Vorliebe für britische Marmelade und Rindfleisch. Es war weniger fett als die deutschen Konserven. Einem schottischen Schützenbataillon gelang es, gegen ein paar Büchsen zwei Fässer deutsches Bier einzuhandeln. Legenden rankten sich um diese Zeit der inoffiziellen Waffenruhe. Irgendwo soll es zu einem Fußballspiel gekommen sein; an einem Abschnitt fand eine Schlacht mit Schneebällen statt. Dabei wurde der Sportsgeist etwas strapaziert, als ein Deutscher einen Stein in einen Schneeball steckte und einen Tommy damit am Auge traf. Nach lauten Protesten entschuldigte sich der Missetäter.

Brüderlichkeit ist im Krieg naturgemäß der Ausnahmezustand. Krieg ist zuallererst kollektives Töten und Getötetwerden. Dennoch wiederholte sich die Episode ein Jahr später, wenngleich in geringerem Umfang. Noch 1916 arrangierten die Russen zu Ostern und Weihnachten eine Waffenruhe an der Ostfront. An den »inaktiven« Frontabschnitten im Westen, in den Vogesen, dem belgischen Bergbaugebiet, den Argonnen, herrschte monatelang eine Feindschaft mit Kampfesruhe. Das stillschweigende Abkommen wurde nur von übereifrigen Offizieren durchkreuzt, die durch nächtliche Stoßtrupps oder Granatwerferbeschuß ihren Abschnitt »aktiv« halten wollten. Erfahrene Soldaten bevorzugen immer Ruhestellungen, wo das Prinzip gilt: »Leben und leben lassen«. Schon auf der Krim und während des amerikanischen Bürgerkriegs bei Peterburg, sogar in Stalingrad kam es zeitweise zu solchen lokalen Vereinbarungen. Episoden der Waffenruhe und friedlichen Wortgefechte hielten die Soldaten freilich nie davon ab, Stunden oder Tage später erneut aufeinander einzuschlagen. Zwischenzeiten des sozialen Austauschs heben mitnichten die Feindschaft auf, die den Krieg regiert.

Bis zur weihnachtlichen Gefechtspause 1914 waren die Verluste bereits immens. In den ersten fünf Kriegsmonaten verzeichneten die Deutschen über 800 000 Ausfälle, davon 240 000 Tote, die Franzosen hatten rund 300 000 Gefallene und 600 000 Verwundete oder Vermißte, von den 160 000 Berufssoldaten des britischen Expeditionskorps waren die allermeisten tot. Österreich-Ungarn hatte bis zur Jahreswende 1,2 Millionen Soldaten verloren, das russische Feldheer, das bei der Mobilmachung im Juli 3,5 Millionen Mann gezählt hatte, war auf zwei Millionen zusammengeschmolzen. Die »Urkatastrophe« des 20. Jahrhunderts zeichnete sich bereits ab, obwohl die »Blutmühlen« von Verdun, Arras oder Passchendaele noch bevorstanden. Mit gutem Grund hat man das letzte Jahrhundert das »Säkulum der Lager« genannt. Nicht ohne Recht könnte man es auch das »Jahrhundert der Kriege« nennen. Der Massentod durch Kriegsgewalt bestimmt die Signatur der Epoche ebenso wie der millionenfache Tod durch Verfolgungsterror. Der 30jährige Weltkrieg der ersten Jahrhunderthälfte kostete etwa 55 Millionen Menschen das Leben. In der zweiten Hälfte fielen schätzungsweise weitere 40 Millionen Menschen dem Krieg zum Opfer.

Angesichts des Massentods erscheint es widersinnig, von »Kriegsgesellschaften« zu sprechen. Nach der Entzauberung der Welt ist der Begriff des Sozialen allein für die Lebenden reserviert. Aber gibt es nicht die imaginären Gesellschaften, welche einzig und allein in der Vorstellung existieren und dennoch das Verhalten der Menschen lenken? Nationen, Gemeinschaften oder Institutionen sind imaginäre Gebilde ohne materielle Substanz, aber in ihren Folgen von handgreiflicher Wirklichkeit. Die Gesellschaft des Krieges – ist das nicht die Masse der Toten, der Verkrüppelten, der spurlos Verschwundenen? Die Hälfte der Gefallenen des Ersten Weltkriegs konnte nie bestattet werden. Ihre Körper wurden niemals gefunden oder waren nicht mehr zu identifizieren. Granaten hatten sie zerfetzt, sie lagen begraben in eingestürzten Unterständen oder verwesten im aufgerissenen Erdreich. Monumente für den unbekannten Soldaten waren die letzten Zeichen, welche die Lebenden für die stumme Gesellschaft der Toten errichten konnten. Ist es nicht der Zweck des Krieges, diese unsichtbare Gesellschaft der Toten ständig zu vergrößern? Mit jedem Kriegstag wächst der Leichenberg an. Solange der Krieg andauert, sind die Lebenden darauf aus, die Zahl der toten Feinde zu steigern. Was immer als Kriegsziel ausgegeben wird, der letzte Grund der Feindschaft liegt in dem Antagonismus zwischen Toten und Lebenden. Das Prinzip der Vernichtung ist keine moderne Erfindung. Es ist das Kriegsprinzip schlechthin. Jeder möchte zu den Überlebenden gehören und deshalb möglichst viele Feinde töten.

Dennoch ist das Zerstören von Menschen und Dingen ein gesellschaftlicher Vorgang. Der Krieg bringt Formen des Sozialen, der Ver- und Entgesellschaftung hervor, die nur ihm eigen sind. Diese Kriegsgesellschaften sind geprägt von Schmerz, Elend und Tod. Sie sind nicht zu verwechseln mit jenen militarisierten Gesellschaften, welche sich für den nächsten Waffengang rüsten und ihren Kriegern den höchsten Status zuerkennen. Und sie haben auch nichts zu tun mit einer bürgerlichen

Nationalgesellschaft, die gerade ihre Truppen ins Feld geschickt hat. Kriegsgesellschaften sind vielmehr jene Sozialformen, aus denen der Krieg selbst besteht. Es sind antagonistische Doppelkollektive. Die Parteien sind einander Feinde: die Kombattanten auf dem Schlachtfeld, die Belagerer und Belagerten, die Verfolger und die Flüchtenden, die Besatzer und die Besetzten. Im Krieg stehen sich keine Gegner gegenüber. Diese Redeweise ist pure Beschönigung. Es ist das direkte Gegeneinander der Feindschaft, die während des Krieges alle anderen Sozialformen durchherrscht: die Machtverhältnisse ebenso wie die Strukturen der Verwandtschaft, der Arbeit oder der Gemeinschaft. Daher sind Kriegsgesellschaften dem eigenen Untergang geweiht. Feindschaft will den anderen aus der Welt schaffen. Der Tod ist kein Mittel zu einem politischen oder ökonomischen Zweck. Er ist der Zweck des Krieges schlechthin. Auf die Vernichtung des Feindes richten sich die intensivsten Wünsche und Vorstellungen. Den Krieg zu denken bedeutet mithin nichts anderes, als Gesellschaft von ihrer potentiellen Zerstörung, von ihrem Nullpunkt, vom Tod des Sozialen aus zu denken.

Gefecht, Belagerung

Krieg ist nicht nur Kampf und Tod. Die Kriegszeit kennt Pausen, in denen die Gewalt stillsteht. Es gibt Orte der Ruhe und Sicherheit, Regionen, in denen das Alltagsleben unverändert fortzudauern scheint. Nicht jeder Krieg erfaßt die gesamte Bevölkerung, nicht jeder Krieg ist ein totaler Krieg. Auch wenn das zivile Hinterland regelmäßig bombardiert wird, geht in der Zwischenzeit der Alltag weiter. So unverwüstlich ist das Prinzip der Alltäglichkeit, daß es den widrigsten Bedingungen standhält. Kaum ertönt die Sirene, streben die Einwohner dem nächsten Bunker zu, ohne Hast, ohne Panik, Nacht für Nacht, Woche für Woche, Monat für Monat – bis zur Stunde des Feuersturms. Hat sich der Krieg zu einem stationären Patt festgefahren, ist die Feuerzone strikt von der zivilen Welt geschieden. Trotz der extremen Verluste war der Erste Weltkrieg daher noch auf eigentümliche Weise begrenzt. Im Westen verlief die Stellungslinie von der Schweizer Grenze bis zum belgischen Nieuwpoort. Aber sie bestand nur aus einer rund zehn Kilometer breiten Zone der Verwüstung aus Gräben, Schlammlachen, Trümmerhaufen, Baumstümpfen. Außerhalb der Reichweite der schweren Artillerie blieb die Landschaft nahezu unberührt. Während in der Gefechtszone Hunderttausende starben, florierte im Hinterland die Kriegswirtschaft der Läden, Cafés und Bordelle. In die Zeltstädte, Feldlager und Barackensiedlungen kehrten die Überlebenden zurück, um nach kurzer Erholungszeit wieder in die vorderste Linie zu wechseln. Die Etappe diente der Reproduktion der Destruktivkräfte. Die ansässige Bevölkerung führte, falls sie nicht durch Requirierungen belastet war, ihren zivilen Alltag weiter und profitierte von der neuen Kundschaft.

Die Gesellschaft, welche am deutlichsten das Bild des Krieges prägt, ist jedoch die Gesellschaft des Kampfes. Ihr Territorium ist das Schlachtfeld. Hier treffen die Feinde direkt aufeinander, seien es Staatsarmeen, Söldnerhaufen, Milizen oder Banden. Zu Recht kann man fragen, wo die Grenzen dieses Gewaltraums heutzutage verlaufen, wenn sich die Fronten auflösen, wenn Fernwaffen Hunderte von Kilometern überbrücken und Flächenbombardements die Zerstörungszone ins Zentrum der Zivilgesellschaft verlagern. Wie man weiß, kann mittlerweile der gesamte Globus innerhalb weniger Minuten in ein Schlachtfeld verwandelt werden.

Trotzdem finden noch immer lokale Schlachten und Scharmützel statt, zu Land, zu Wasser und in der Luft. Die Gesellschaft des Gefechtes unterscheidet sich von allen anderen Kriegsgesellschaften durch ihre extreme Dramatik. Der Kampfgraben ist ein anderes Territorium als der zivile Schutzbunker, die Panzer- oder Helikopterbesatzung eine andere Sozialgruppe als die Familie im Keller, der taktische Kriegskörper ist von anderer Art als eine zivile Körperschaft. In der Gesellschaft der Schlacht ist der Tod allgegenwärtig. Binnen einer Sekunde kann er Hunderte von Menschenleben auf einmal auslöschen. Man-

che Schlachten haben über das Schicksal ganzer Völker entschieden und den Gang der Weltgeschichte in eine andere Bahn
gelenkt, doch die allermeisten Gefechte sind Episoden, die nur
einen Sieger kennen: den Tod. Worin ihre strategische Bedeutung auch liegen mag, immer ist die Schlacht dazu da, dem Tod
das Feld zu bereiten. Das Gefecht ist die gesellschaftliche Ver-
anstaltung, deren Hauptziel die Dezimierung der Lebenden ist.
Unangefochten regiert hier der Gott des Krieges, jener große
Goldwechsler, der das Leben der Menschen nimmt und dafür
Urnen mit Asche zurückgibt.

Doch was geht im Nebel der Schlacht tatsächlich vor sich?
Ohrenbetäubend ist der Krach. Geschrei und Geschützdonner
besetzen das Gehör, beißender Qualm, Erdfontänen, Rauchschwaden verdunkeln das Sichtfeld. Woher die Geschosse kommen, ist kaum auszumachen. So geordnet der Aufmarsch vor
sich gegangen ist, mit dem Überschreiten der Feuerlinie ändert
sich alles. Ordnung, Disziplin, Hierarchie brechen auseinander.
Die Verbindungen reißen ab, Nebenleute bleiben liegen, viele
sind plötzlich auf sich allein gestellt. Das Soziale wird zersprengt, die Primärgruppen werden auseinandergerissen. Unter
dem Druck der Turbulenzen zerspalten sich die sozialen Mole-
küle in ihre Elemente. Gefühle überwältigen die Novizen des
Krieges: Wut und Entsetzen beim Anblick der ersten Toten,
Ekel angesichts der verkohlten oder verstümmelten Körper,
Verzweiflung, dann die erregte Begeisterung beim Gelingen eines Durchbruchs, bis nach Stunden die innere Anästhesie ein-
setzt, jene bleierne Erschöpfung, die jedem alten Krieger zur
Genüge bekannt ist.

Mehrmals wechseln während des Gefechts die affektiven
und sozialen Aggregatzustände. Zwischen Angriff und Verteidigung, Kohäsion und Dissoziation brennt die Schlacht allmählich ab. Zwar enden manche Waffengänge unentschieden,
doch ein Sieg bedeutet stets eine soziale Transformation. Es ist
nicht nur der Verlust an Boden, an Kampfmoral und physi-
scher Widerstandskraft, an Kriegern und Kanonen, es ist der
Prozeß sozialer Auflösung, der am Ende den Ausschlag gibt.
Der Feind ist geschlagen, sobald die Glieder des taktischen

Körpers in verschiedene Richtungen streben. Abstimmung und Konzentration der Kräfte werden unmöglich. Die Vorgesetzten finden keine Folgebereitschaft, Befehle keinen Gehorsam, die Überlebenden suchen das Weite, auch der Versuch, sich in einem geordneten Rückzug zu retten, schlägt fehl. In dem Maße, wie unter den Besiegten die Ordnung zerfällt, treibt der Triumph die Sieger an. Ihre Schlachtordnung löst sich in einzelne Meuten auf, die im Bewußtsein des sicheren Erfolgs die Verfolgung aufnehmen. Sie sind ganz auf Tod und Beute aus. Dieser soziale Wandel ist in staatlichen Armeen gefürchtet. Er bedroht die Disziplin und unterhöhlt die Autorität der Offiziere. Ist die Gefahr vorüber, löst sich die Anspannung, die den sozialen Körper formiert hatte. Die Solidarität, Nothilfe, Kameradschaft der Kampfgenossen weicht nun der Beutegemeinschaft und Rivalität der Plünderer und Leichenfledderer.

Weit weniger dramatisch verläuft die Belagerung. Die belagerte Gesellschaft ist von den Ressourcen des Überlebens weitgehend abgeschnitten. Sie wird vorwiegend von Zivilisten bevölkert, nur an den äußeren Linien leisten Kampfeinheiten Widerstand. Die moderne Kriegsgeschichte kennt zwar weniger Belagerungen als frühere Zeiten. Aber man denke an Sewastopol oder Vicksburg, an Lüttich 1914, an Kabul 1929 oder Madrid 1936, an Tobruk, an die 900 Tage von Leningrad, an Goražde oder Sarajevo. Der jüngste Krieg in Bosnien wurde nicht nur durch den Terror der »ethnischen Säuberung« bestimmt, sondern auch durch die Belagerung der größeren Städte.

Ringsum von Feinden umzingelt, sind den Belagerten die Fluchtwege versperrt. Unberechenbar ist der Beschuß durch Haubitzen, Mörser oder Heckenschützen, die für ihre Trefferquoten gestaffelte Abschußprämien erhalten. Manchmal ist das Feuer gezielt, manchmal ganz ungenau. Auf den Kampf von Haus zu Haus, der zahlreiche Verluste kosten würde, haben es die Belagerer nicht abgesehen. Anstatt die Stadt zu erobern, verbreiten sie Angst und Schrecken. Im Mittelalter, einer Blütezeit des Belagerungskrieges, war es nicht unüblich, Leichenteile von Seuchenopfern oder Exkremente in belagerte Orte zu schleudern, um das Trinkwasser zu vergiften oder die Pest zu verbreiten. Jeder Einwohner muß damit rechnen, daß es ihn jederzeit und überall treffen kann. Der Terror soll die Menschen zermürben und schließlich zur Kapitulation zwingen. Schon bald erobert der Schrecken alle Nischen der Gesellschaft. Der Alarmzustand wird zur neuen Normalität. Wo und wann Granaten einschlagen, ist nicht voraussagbar. Ein Gang über die Straße kann lebensgefährlich sein. Die Einwohner hasten an den Häuserwänden entlang, springen über die Kreuzungsschneisen, wenn das trockene Geräusch eines Projektils zu hören ist. Wo sitzen die Heckenschützen, wo ist man in Sicherheit, wo verläuft die Schußlinie? Ein merkwürdiger Aberglaube greift um sich. Wer sich gerade daranmacht, seinen Platz zu wechseln, glaubt sicher zu wissen, daß an der Stelle, die er gleich verlassen wird, demnächst, in einer Minute vielleicht schon, eine Granate einschlagen wird.

Die älteste Waffe der Blockade ist jedoch nicht die Kanonade, sondern der Hunger. Ohne Entsatz ist die belagerte Gesellschaft dem Elend preisgegeben. Die Not beherrscht den Alltag. Nach und nach fällt die materielle Infrastruktur aus: die Elektrizität, die Busse und Straßenbahnen, die Wasserversorgung, die Kanalisation. Es gibt keine warmen Zimmer, kein Licht, keine Straßenbeleuchtung, kein Trinkwasser, keine Straßenreinigung. Anfangs behelfen sich die Einwohner noch mit Karren oder Schlitten, um Brennholz zu transportieren und die Toten wegzuschaffen. Trotz der Gefahr bilden sich vor den Geschäften lange Warteschlangen. Gerüchte treiben die Menschen zu den Läden, wo es gerade Brot oder Zucker geben soll. Gedämpfte Unruhe verbreitet sich in der Menge. Wer als erster kommt, erhofft sich noch eine Chance. Um so größer sind Wut und Enttäuschung, wenn der Laden leer ist. Je länger aber der Hunger andauert, desto stiller wird es auf den Straßen. Die Menschen ziehen sich in die Keller, Bunker und Ruinen zurück. Apathie legt sich über die zerstörten Quartiere. Die Stadt wirkt wie gelähmt. Die meisten Menschen auf der Straße sind abgemagert, wirken leicht erregbar, nörglerisch. Sie bewegen sich langsam und unsicher, vielen sind die Knie angeschwollen.

Manche Gesichter sind dunkel und aufgedunsen, andere bleich-grün mit aufgerissenen, leblosen Augen. Das einzige Gesprächsthema ist das Essen, der Leimkuchen, das Fleisch der Hunde und Katzen, der Ratten. In den Hauseingängen liegen Tote. Oft sind die Menschen zu schwach, um noch längere Wege auf sich zu nehmen. Die Familien schicken die Kräftigsten zum Einkauf oder »Organisieren«. Solange einer noch gehen kann, bleiben die anderen, welche die Bettstellen nicht mehr verlassen können, am Leben. Aber wenn auch der letzte nicht mehr laufen kann, ist für die ganze Familie das Ende gekommen.

Obwohl die Not regiert, ist die belagerte Gesellschaft keine egalitäre Gesellschaft. Vor dem Hunger sind nicht alle gleich. Diebe und Plünderer treiben ihr Unwesen, organisierte Banden kontrollieren den Schwarzmarkt, rauben die Wohnungen aus. Der Nachbar wird getötet, um an Brot oder Karten zu gelangen. Krasse Unterschiede durchziehen die belagerte Gesellschaft, Unterschiede auf Leben und Tod. Die Gesellschaft geht zugrunde durch Verelendung, Dissoziation, Apathie und den Überlebenskampf eines jeden gegen jeden anderen. Es ist eine fortschreitende Auflösung, eine Serialisierung des Sozialen, von der am Ende auch die Kernstrukturen der Verwandtschaft befallen werden.

Nicht immer ergeht es den Belagerern auf der anderen Seite des Walls sehr viel besser. Woche für Woche müssen sie vor den Befestigungen ausharren, im Glacis sind sie direktem Feuer ausgesetzt, im Belagerungsring drohen ihnen die Ausfälle der Eingeschlossenen und die Entlastungsangriffe der Entsatzkräfte. Eigene Attacken scheitern an der Übermacht der Defensive. Sie kosten hohe Verluste. Es ist ein Anrennen gegen eine Mauer aus Feuer, Eisen und Beton. Bastionen und Bunker, unsichtbare Kampfstände und Laufgräben, Minensperren und getarnte Artilleriestellungen machen den Befestigungsgürtel nahezu uneinnehmbar. Zur Verteidigung müssen sich die Angreifer selbst eingraben und sich allmählich an den Sperrgürtel vorarbeiten. Belagerungskrieg heißt zuerst Schanzarbeit, Aushub von Grabensystemen und Stollengängen. Neben dem Hunger und der

Kanone ist die dritte Hauptwaffe der Belagerung der Spaten. Über Jahrhunderte, bis zum Grabenkrieg an der Westfront, gehörte die Plackerei des Stellungsbaus zum täglichen Dienst der europäischen Soldaten.

Kriegsarbeit ist langwierig, mühselig, zermürbend. Ob Söldner oder Soldat, die Belagerer müssen ernährt und versorgt werden. Belagerungen halten den Vormarsch auf und binden Truppen, welche für die Offensive dringend benötigt werden. Je weiter die Festung von den Zentren des eigenen Nachschubs entfernt liegt, desto gefährdeter ist der innere Zusammenhalt. Nur notdürftig vermag die militärische Disziplin das Virus der Selbstauflösung aufzuhalten, das in Belagerungsarmeen endemisch ist. Tod, Verwundung, Epidemien, Auszehrung, Absonderung oder Fahnenflucht lassen die Streitkraft zusammenschmelzen. Das Umland ist bald ausgeplündert, die Aussicht auf Beute schwindet, Ablösungs- und Ersatzkräfte bleiben aus, der Nachschub gelangt nicht an seinen Bestimmungsort und verschwindet irgendwo in einem Zwischenlager, die Rationen werden herabgesetzt, Krankheiten verbreiten sich, Skorbut, Infektionen, die Cholera. Nur notdürftig sind die provisorischen Feldlazarette ausgestattet. Die Kranken liegen auf Brettern oder auf dem Boden, dort, wo ihre Kameraden sie abgelegt haben. Es gibt kaum Medikamente, es fehlt an den einfachsten Gerätschaften. Seite an Seite liegen die Toten neben den Lebenden. Während in der belagerten Stadt die vorhandene Infrastruktur ausfällt, kann für das Feldlager nicht einmal das Nötigste herangeschafft werden. Mit jedem Tag verringert sich die Truppenstärke, die Sterbenden werden vom Verbandsplatz zum nächsten Stützpunkt gebracht, auf Karren, Packpferden, Maultieren.

Flucht, Besatzung

Die Belagerung zwingt die Menschen an Ort und Stelle. Diese Gesellschaft ist stationär. Auf der Flucht dagegen sind alle in Bewegung. Mit jeder Stunde wechselt die Gesellschaft ihren

Standort. Die Menschen fliehen aus der Feuerzone, vor der heranrückenden Front, vor Bombenangriffen, vor den Verfolgern. Auch durch Vertreibungsterror kann eine Fluchtwelle ausgelöst werden. Aus Sicht der Verfolger ist die erzwungene Flucht ein sparsames Mittel der Vertreibung. Sie brauchen dann nicht mehr jeden einzelnen eigenhändig über die Grenze zu jagen. Im Gegensatz zur Deportation, die unter der Aufsicht einer feindlichen Übermacht steht, sind die Flüchtenden sich selbst überlassen. Deportierte sind ganz in der Hand der Häscher, Flüchtlinge nicht. Das schließt Übergriffe einer Soldateska nicht aus, doch können solche Attacken die Flucht nur beschleunigen, solange die Flüchtenden nicht eingefangen werden.

Die Massenflucht hat eigene Bewegungsgesetze. Nicht immer sind Weg, Richtung oder Ziel klar auszumachen. Oft wissen Flüchtlinge nicht, wohin sie sich wenden sollen; sie wissen nur: weg von der Gefahr, so schnell wie möglich. Die Todesangst treibt sie in die Berge, in die Wälder, in unwegsames Gelände, das trügerische Sicherheit verspricht. Dem tragenden Affekt entspricht die Größe der Zahl. Je mehr sich dem Zug anschließen, desto größer erscheint die Gefahr. Auch wer bis zuletzt ausgeharrt hat, packt schließlich das Notwendigste zusammen, wenn der letzte Nachbar nebenan aufbricht. Eine Zeitlang hat die Massenbewegung noch eine egalisierende Wirkung. Die Gefahr bedroht nicht nur den einzelnen, sondern eine Vielzahl. Jeden kann es treffen. Die Angst verteilt sich auf viele, die Gegenwart der anderen gibt Hoffnung. Wer stürzt, wird aufgerichtet, wessen Kräfte zu erschöpfen drohen, wird von den anderen gestützt. Die Bewegung der vielen stiftet Solidarität jenseits der individuellen Selbsterhaltung.

Doch dieser Zusammenhalt währt nicht lange. Mit der Not schwindet die Hilfe. Am längsten halten noch die Bande der Dorfgesellschaft, der Verwandtschaft und Familie. Dann setzt sich unerbittlich das Gesetz des Stärkeren durch. Die Gesellschaft der Flucht stößt diejenigen aus, die nicht mehr mithalten können. Es ist ein brutaler Akt der Auslese. Wer zurückfällt, wird sich selbst überlassen; wer zu Boden sinkt, bleibt liegen, wer im Wege steht, wird zur Seite gestoßen. Die Langsamen

werden überholt, die Entkräfteten zurückgelassen, ein bedau-
ernder, geringschätziger Blick, dann hat die Marschkolonne
nur noch Gleichgültigkeit für die Verlorenen. An Orten des
Schreckens zieht der Zug vorüber: rauchende Trümmer, aufge-
rissene Pferdeleiber, ein zerschossener Lastwagen, herumliegen-
des Gepäck, das jemand durchstöbert hat, das Stöhnen eines
Verstümmelten. Die Überlebenden schleppen sich vorüber, ihr
Gang verlangsamt sich zusehends. Untergründig wirkt der Anblick des Schreckens nach und zerstört die Hoffnungen. Am
Ende flüchtet nur mehr jeder für sich selbst. Ohne den Blick
noch einmal zur Seite zu wenden, stiert er vor sich hin.

Die Flucht gelingt, falls die Menschen in ein Gebiet gelangen, das Schutz vor feindlichen Angriffen bietet. Man weist ihnen provisorische Unterkünfte zu, notdürftig gezimmerte Baracken, rasch aufgestellte Zelte. Doch nicht immer wartet Hilfe
jenseits des Schlagbaums. Nicht selten werden die Flüchtlinge
zurückgetrieben, direkt vor die Gewehrmündungen ihrer Verfolger. Oder man läßt die Erschöpften einstweilen auf einer nas-
sen Wiese ausruhen, bevor man sie in ein Lager sperrt und sich
selbst überläßt. Wer überlebt hat, wird unter den Tausenden
nach seinen Angehörigen suchen oder sich gleich bei der Gruppe junger Männer verdingen, die für Gegenleistungen Schuhe
und Lebensmittel beschaffen. Aus der Gesellschaft der Flucht
entwickelt sich das Flüchtlingslager, ein soziales Provisorium,
das vielerorts zur bleibenden Einrichtung wird, ein Hort neuer
Ungleichheit, Macht und Rache. Mit den Einheimischen kommen die Fremden zunächst kaum in Kontakt. Die Flüchtlinge
bilden eine Gesellschaft am Rande der Gesellschaft. So werden
im Lager die ersten Pläne erdacht, wie man zurückkehren und
den Feind aus der besetzten Heimat vertreiben könnte.

Wer im Lande bleibt, muß sich nach der Niederlage mit den
fremden Eroberern arrangieren, mit dem Regime der Besatzung. Die Stadt, der Landstrich sind vom Feind in Besitz genommen, die offiziellen Streitkräfte haben kapituliert, wurden
entwaffnet, gefangen oder getötet. Nun müssen sich die Überlebenden den Siegern unterwerfen. Doch beginnt die Besatzung
keineswegs erst nach der offiziellen Kapitulation oder der Un-

terzeichnung des Waffenstillstands. Noch während des Vormarschs entsteht in der Etappe eine besetzte Gesellschaft. Im wilden Krieg der Marodeure gibt es ohnehin keine Trennung zwischen Krieg und Frieden, zwischen Kampfgebiet und Zivilgesellschaft. Hier sind es die eigenen Leute, welche das Land aussaugen, Raubzüge unternehmen und die Einwohner drangsalieren. Die Grenzen zwischen Okkupationsgebiet und Operationsfeld, zwischen irregulärer und geregelter Besatzung verschwimmen, wenn keine Frontlinie mehr auszumachen ist und die Landkarte einem Flickenteppich kleiner Gebiete gleicht, auf die jeweils ein anderer Kriegsherr Anspruch erhebt.

Die Ziele der Besatzungsmacht sind oft widersprüchlich. Den Einheimischen erscheinen die Maßnahmen unberechenbar und willkürlich. In dem Machtvakuum streiten sich mehrere Behörden um die neuen Kompetenzen. Die Soldaten, die gerade dem Feuer entronnen sind, haben es vor allem auf sexuelle Beute, auf Kleinodien, Geld und Lebensmittel abgesehen. Die nachrückenden Zivilisten sind eher an der Ausbeutung der Minen und Arbeitskräfte interessiert. Staatsvertreter betreiben die Annexion des Gebiets, errichten eine neue Verwaltung und suchen eine neue Ordnung zu installieren. Intellektuelle Besatzer denken eher an Maßnahmen der kulturellen Hegemonie. Und die Schergen der Besatzungsmacht durchkämmen das Gebiet und vollstrecken die Todesurteile an Ort und Stelle. Mit dem Waffenstillstand muß die Gewalt keineswegs beendet sein. Wird ein Feldzug als Vernichtungskrieg geführt, beginnt nach dem Kampf der Verfolgungsterror, die Jagd auf Sklaven und »Überflüssige«, die Eliminierung der besetzten Gesellschaft. Das mehrwöchige Massaker in Nanking 1937, dem vermutlich mehr als 100 000 Menschen zum Opfer fielen, geschah erst nach der Eroberung der Stadt durch die Japaner. Die Vernichtung der polnischen Intelligenz und der Völkermord an den Juden erfolgten nach der Niederlage Polens und der Besetzung Europas durch die deutsche Wehrmacht.

Besatzung ist eine illegitime Form der Macht. Die alten Institutionen werden zerschlagen, aufgelöst, ersetzt oder aber zu Hilfsorganisationen umgewidmet. Zunächst stützt sich das Regime auf seine Bajonette. Denn es fehlt an Zustimmung und Einwilligung. Feindschaft ist nicht von einem Tag auf den anderen aufzuheben. Die Geschlagenen hadern noch mit ihrem Schicksal, suchen nach Sündenböcken in den eigenen Reihen, verweigern die Mitarbeit. Doch früher oder später muß illegitime Macht in Herrschaft verwandelt werden. Neben Drohungen und willkürlicher Gewalt stehen dem Regime vielerlei bewährte Praktiken der Machtsicherung zur Verfügung: drakonische Strafaktionen, Begnadigung und Privilegierung loyaler Kollaborateure, Ausschluß und Inhaftierung der Unbotmäßigen, Einrichtung von Lagern, Gründung intermediärer Organisationen und Verwaltungen, Umerziehung, Gehirnwäsche oder politische Propaganda. Dauerhafte Fügsamkeit erlangt die Besatzungsmacht freilich erst, sobald die Unterworfenen zumindest eine ambivalente Haltung einnehmen, eine Haltung zwischen Ängstlichkeit und Kollaboration, Vorteilnahme und Resignation. Diese Haltung der Besiegten findet ihren Ausdruck in einer breiten Skala des Verhaltens. Sie reicht vom Rückzug in die Privatsphäre über opportunistische Anpassung und demütige Mithilfe bis zu passiver Resistenz oder aktivem Widerstand gegen die Okkupationsmacht.

Besatzungsmacht überformt das Soziale und die Verteilung des Reichtums. Oft entwickelt sich eine Schattenwirtschaft, die von fremden und einheimischen Kriegsgewinnlern beherrscht wird. Wer gute Verbindungen zu den Okkupanten hat, kann an gefragte Güter gelangen, an Konzessionen, Passierscheine und Transportmittel, um den Schwarzmarkt zu beliefern. Die Handelsgewinne sind beträchtlich, obwohl nur die Besatzer und ihre Helfershelfer über größere Währungsbeträge verfügen und die hohen Preise bezahlen können. Die Leitung der Produktion übernehmen zunächst die Fachleute der Besatzungsmacht oder private Nutznießer in ihrem Gefolge, Arbeitskräfte werden oft zwangsweise rekrutiert oder für kärglichen Lohn übernommen. Produziert wird weniger für die eroberte Gesellschaft als für die Siegermacht, gehört doch die Beute von jeher zu den vordringlichsten Kriegszielen. Hierzu zählt die Arbeitskraft ebenso wie die Reparationszahlung oder die Demontage all dessen, was nicht niet- und nagelfest ist. In dem neuen System der Ausbeutung und Umverteilung sind rasante Auf- und Abstiege gang und gäbe. Alte Eigentümer werden enteignet, Eliten ausgetauscht, neue Besitzer per Dekret ernannt.

Auf das eigene Personal allein kann sich die Besatzungsmacht auf Dauer jedoch nicht verlassen. Sie benötigt einheimische Hilfskräfte, Dolmetscher und Denunzianten, Polizisten und Beamte, Vorarbeiter und Vereinsvorstände. Doch zuverlässige Kräfte sind rar, da sich anfangs nur wenige mit der Siegermacht einlassen wollen. Erst wenn sie die Vorteile nicht mehr ablehnen können, verdingen sich die Einheimischen bei den Fremden. Denn sie müssen fürchten, von den eigenen Landsleuten verachtet, geschnitten, schikaniert oder in einer nächtlichen Racheaktion gelyncht zu werden. Der Kollaborateur ist ein genuines Produkt der besetzten Gesellschaft. In ihm konzentriert sich das Dilemma des Besiegten. Er bewegt sich im Niemandsland zwischen Privileg und Verrat, zwischen alter Loyalität und neuer Anpassung. Seine soziale Existenz ist höchst prekär. Verstoßen ihn die Okkupateure, ist er der Rache seiner Landsleute preisgegeben. Werden die Besatzer wieder vertrieben, wird er zum bevorzugten Opfer des Volkszorns. Um zu überleben, muß er entweder mit den Okkupanten ziehen oder aber seine Identität wechseln und seine verwerfliche Tätigkeit über Jahre geheimhalten. Auch wenn die Sieger auf Dauer im Lande bleiben, wird man ihm immer nachtragen, vorzeitig mit ihnen gemeinsame Sache gemacht zu haben. Zwar pflegen die Menschen es früher oder später immer mit der Macht zu halten. Sie folgen demjenigen, den sie fürchten müssen, teilen seine Gedanken, schätzen die Ordnung, die er garantiert. Doch ist Konformismus stets auch eine Frage des Zeitpunkts. Dem Kollaborateur der ersten Stunde vergißt man nie, zum Feind übergelaufen zu sein. Der Geruch der Treulosigkeit, des Vaterlandsverrats bleibt an ihm haften. Als der Krieg noch im Gange war und noch nicht alle Hoffnung dahin war, hat er sich schon mit dem Feind verbündet, nur um eines schnöden Vorteils willen. Man sah ihn schon mit den Feinden zusammenstehen, als die allermeisten den Kontakt noch mieden, man sah ihn dunkle Geschäfte abschließen, Nachrichten übermitteln, Beute verteilen. So ergeht es dem Kollaborateur am Ende wie jedem Verräter. Seine Auftraggeber benötigen ihn nicht mehr, und seine Landsleute hassen ihn für die Untaten, die sie selbst nicht zu begehen wagten.

Die Besatzung verändert schließlich auch die Verteilung des Wissens. Die Öffentlichkeit zieht sich auf die Hinterbühne zurück. Nicht auf dem Marktplatz, im Hauseingang und Hinterhof kursieren die Nachrichten und Gerüchte. Die zugelassenen Medien sind ohnehin zensiert. Über die Kriegslage berichten sie nur, was dem Besatzungsregime genehm ist. Eine untergründige Angst durchzieht die besetzte Gesellschaft, die Angst vor der nächsten Razzia, vor den unbekannten Denunzianten in der Nachbarschaft, im Haus, in der Familie. Wer Verfolgung zu fürchten hat, bleibt im Versteck. Mißtrauen verseucht die sozialen Beziehungen. Am Ende durchdringt die Macht auch das Selbstverhältnis der Menschen. Die Verfolgten können nur leben, indem sie ihre Identität mit einer Legende versehen – mit »Lügen in Zeiten des Krieges«.

Die Gesellschaften des Krieges sind Sozialformen sui generis. Dies wird häufig übersehen, da man sich an die Illusion zu klammern wünscht, der Frieden sei durch wirtschaftliche und demokratische Entwicklungen garantierbar. Es war historisch immer schon kurzsichtig, den Begriff der Gesellschaft an den modernen Nationalstaat und dessen innenpolitische Befriedung zu knüpfen. Aber Frieden und Krieg sind der harte Stoff der Geschichte, nicht Sinn, Symbol und Kultur, sondern das Leben, Überleben und Leiden der Menschen. Krieg ist organisierte Zerstörung und Tötung, und er ist unermeßliches Elend, auf dem Schlachtfeld, auf der Flucht, in den Zonen der Belagerung und Besatzung. Die Kriegsgesellschaft ist bestimmt von Todfeindschaft. Tausende, Hunderttausende, Millionen verlieren im Krieg ihre Gesundheit oder ihr Leben. Kriegsgewalt tilgt ganze Gruppen, Kollektive, Völkerschaften aus. So groß ist die Zahl der Toten, daß viele liegenbleiben und verwesen. Deshalb beginnt die Zeit jenseits des Krieges mit dem Begraben der Toten. Fraternität gilt zunächst den Toten. Während der Weihnachtstage in Flandern kam es nicht nur zu Tauschgeschäften und sportlichen Wettkämpfen. Im Niemandsland zwischen den Gräben taten sich da und dort Briten und Deutsche zusammen und begruben gemeinsam die Toten. Geistliche verlasen einen Psalm, das Lied der Klage, zuerst auf englisch, dann auf deutsch.

8. Die Gewalt des Krieges

Schulter an Schulter schleppten sich die jungen Soldaten über das Niemandsland. Das Bajonett aufgepflanzt, einen halben Zentner Gepäck auf dem Rücken, beugten sie sich beim Vormarsch leicht nach vorn, um dem Ansturm des schweren Feuers zu trotzen. Sofort nach dem Verlassen des schützenden Grabens war die Siegesgewißheit in taube Gleichgültigkeit umgeschlagen. Ungerührt stapften sie vorwärts, ohne Deckung, ohne Sicht. Das Ohr vernahm kaum das nahe Tacken der Maschinengewehre. Mit jedem Schritt lichteten sich die Reihen, rechts und links fielen die Kampfgefährten, niedergemäht von den Garben der Maschinengewehre. Verwundete krochen in die Trichter, hüllten sich in ihre Decken und starben. Überrascht blickten die deutschen Verteidiger auf dieses Schauspiel sinnlosen Opfermuts. Manche muß das Gemetzel so angeekelt haben, daß sie das Feuer einstellten, damit die leichter Verletzten zu ihren Stellungen zurückkriechen konnten.

Die erste Stunde der Schlacht an der Somme ist eine Urszene des modernen Krieges. Von den 100 000 Briten, die am 1. Juli 1916 das Niemandsland betraten, kehrten 20 000 nicht wieder, 40 000 wurden verwundet zurückgetragen. Ganze Bataillone verschwanden spurlos in der Wüstenei. Es waren die höchsten Verluste in der britischen Kriegsgeschichte. Die Deutschen verzeichneten an diesem Tag nur ein Zehntel der britischen Ausfälle: 6000 Tote, Vermißte und Verwundete. Nach mehreren Wochen war das Verhältnis jedoch wieder ausgeglichen. Die Kampagne an der Somme kostete die Deutschen rund 650 000 Gefallene und Verletzte, die Briten bezifferten ihre Verluste auf rund 420 000, die Franzosen auf 194 000 Mann.

Nicht umsonst heißt der Erste Weltkrieg in Westeuropa bis heute der »Große Krieg«. Jede größere Schlacht dezimierte die beteiligten Heere um die Bevölkerung einer Großstadt. Bei Verdun wurden bis zum Kriegsende rund 420 000 Soldaten getötet und 800 000 verwundet. Bei Gallipoli verloren die Alliierten 265 000 Mann, darunter viele Australier. Die siegreichen Türken machten sich erst gar nicht die Mühe, ihre Toten zu zählen. Die elfte, vorletzte Gefechtsrunde im Tal des Isonzo kostete die Italiener 100 000 Mann. Bei Kriegsende hatte Deutschland zwei Millionen Tote zu beklagen, Frankreich und Rußland jeweils 1,7 Millionen, das Habsburgerreich 1,5 Millionen und das Britische Empire rund eine Million.

Keine Gewalt ist so verheerend wie die Gewalt des Krieges. Sie hinterläßt Millionen Tote, Verstümmelte, Gezeichnete. In der Universalgeschichte des Homo sapiens gehört der Krieg zu den beliebtesten Aktivitäten. Offenbar hat die menschliche Spezies Gefallen am Krieg. Ob aus Abenteuerlust oder Freiheitsdrang, aus Blutdurst, Ehrsucht oder Pflichtgefühl, viele wollen dabeisein, wenn die Trompeten erschallen. Sowenig man die Untaten einer Diktatur allein der Person des Tyrannen anlasten kann, so wenig ist der Massentod im Krieg auf dem Schuldkonto einiger Feldherrn zu verbuchen. Wie der Terror willige Gehilfen findet, so folgen Bürger und Bauern bereitwillig dem Lockruf des Krieges. Ohne den Diensteifer der Soldaten wäre eine Armee nichts als eine leere Hülse, ohne ihre Mitwirkung wäre jede Disziplin dahin, ohne die Leidenschaft des Tötens und ohne den Mut, das eigene Leben preiszugeben, dauerte ein Krieg kaum länger als ein paar Tage. Doch die Kriegszeit ist die einzige Zeit, in der das Überleben durch eigenhändiges Töten jeden Tag gefordert wird.

Von der hohen Warte der Politik aus ist Krieg lediglich ein strategisches Mittel, um dem Feind den eigenen Willen aufzuzwingen. Doch einmal in Gang gesetzt, emanzipiert sich der Krieg rasch von politischen oder ideologischen Zielen. Er schafft selbst die Bedingungen für seine Fortsetzung. Auch wenn die Lage längst aussichtslos geworden ist und die Verluste alle Kalkulationen übertreffen, werden Kriege manchmal weitergeführt bis zum bitteren Ende. Die Gewalt wird Selbstzweck, sie erzeugt selbst den Willen zum Töten. Der Krieg erschafft den Krieger und die Gesellschaft, die ihn trägt. Läßt man alle Erläuterungen und Sinnstiftungen beiseite, so zeigt sich eine einfache Tatsache: Der Krieg wird um des Krieges willen geführt.

Woher aber rührt der verbissene Kampfgeist, die zähe Standhaftigkeit, die selbstmörderische Opferbereitschaft? Der Erste Weltkrieg gibt ein drastisches Beispiel für den Selbstlauf eines Krieges, in dem kaum einer mehr recht wußte, warum und wofür er kämpfte. Wertvolles Beutegut hatten die Soldaten kaum zu erwarten, Gefangene waren nichts wert, die Kombattanten fochten weder für eine Religion noch für das Vaterland, nicht einmal zum Schutz der eigenen Familie. Die vielfach beschworene Ehre war im Morast schon nach kurzem untergegangen. An die wohlfeilen Parolen von der Rettung der Kultur oder Zivilisation, der Demokratie, der Nation, des Kaisers oder des Zaren dürfte kein Fußsoldat in vorderster Linie lange geglaubt haben. Warum aber verließen die Soldaten den schützenden Graben, um sich über das Niemandsland vor die Mündungen der feindlichen Maschinengewehre zu schleppen? War es der Zwang der Schlachtpolizei, Fatalismus, Selbstverleugnung, Treue, Tapferkeit, blinde Zuversicht, Übermut? Obwohl sich der Jubel der ersten Wochen, der in den großen Städten vornehmlich junge Männer bürgerlicher Herkunft ergriffen hatte, an der Front rasch legte, hielten die Überlebenden weiter durch. Und die Neulinge, welche die Lücken in den Regimentern wieder auffüllten, kletterten ebenso siegesgewiß über die Brustwehr wie ihre Vorgänger.

Es ist ein rationalistischer Fehlschluß anzunehmen, mit der Zahl der Opfer schwinde zwangsläufig die Kampfmoral. Der Kalkül von Kosten und Nutzen mag die Buchhalter in den Stäben beschäftigen. Doch ist der Krieg stets eine gigantische Vergeudung von Energie, Leben, Wissen und Opfermut. Je größer Leid und Zerstörung, desto entschlossener der Kampfeswille. Keiner der vielen Toten soll umsonst gefallen sein. Weil die zahllosen Opfer nicht vergeblich gewesen sein dürfen, müssen die Lebenden weiterkämpfen. Jeder neue Tote beglaubigt das Opfer der zuvor Gefallenen. Und jeder neue Gefallene zeigt an, daß der letzte Grund des Krieges der Tod selbst ist.

Gestützt wird Opferbereitschaft durch die Verbundenheit mit den Kameraden, vor allem aber durch jenes Unvermögen, das Menschen schon immer für ihre Torheiten benötigt haben: durch blanke Unkenntnis. Die Rekruten, die man ins Feuer schickte, hatten nicht die geringste Ahnung, was sie erwartete. Geradewegs stürmten sie in den Tod. Zur nächsten Offensive rückten daher wieder andere Novizen an ihre Stelle, die ebenso nichtsahnend in die Blutmühle gerieten. Die Veteranen wiederum, die bereits mehrere Schlachten überstanden hatten, setzten darauf, auch den nächsten Angriff zu überleben. Das Überleben nährt die Illusion der Unsterblichkeit, und diese widersteht noch der direktesten Anfechtung. Alte Soldaten glauben fest daran, niemals zu sterben. Zur Meuterei, Revolution und Massenflucht kam es erst, als sich das Gefühl verbreitete, »jetzt selbst dran zu sein«. Sobald der eigene Tod nicht mehr zufällig, sondern höchst wahrscheinlich ist, schlägt Opfermut in Panik um. Die Armeen brachen auseinander, als die Zahl der Toten in etwa der aktuellen Zahl der Frontsoldaten entsprach.

Das Desaster des Weltkrieges zersprengt die Illusion eines Duells zwischen Gleichen, eines Waffenganges für Sieg und Ehre. Schon immer hat die Idee des Wettkampfs zu den Waffen gelockt. Das todernste Spiel mit ungewissem Ausgang zieht den Krieger in seinen Bann. Er sucht die Gefahr, weil sie ihm ein Lebensgefühl verspricht, das im Alltag nirgends zu haben ist. Das Gefühl von Freiheit und Abenteuer, der Nervenkitzel des Kampfes, der selbstvergessene Rausch im Gefecht, all dies sind Erfahrungen des Kriegssports, in denen die Bürde der Alltagswirklichkeit aufgehoben scheint.

Mit einem Wettkampf hatte die Realität des Weltkrieges indes wenig gemein. Der Sportsgeist britischer Offiziere, die allein mit einem Stöckchen bewaffnet das Niemandsland betraten, erwies sich binnen Sekunden als tödliche Narretei. Die Franzosen meinten anfangs noch, mit Messinghelmen, krapproten Hosen, Brustharnischen oder, wie die Armée d'Afrique, in himmelblauen Uniformen in den Krieg ziehen zu können. Das blanke Kochgeschirr, das sie auf der Gepäckpyramide trugen, bot unter Sonnenlicht eine treffliche Zielscheibe. Daß patriotischer Elan gegen Schnellfeuer nichts auszurichten vermag, mußten deutsche Freiwillige in der ersten Schlacht bei Ypern erfahren. Das »Kindermassaker bei Langemarck«, über das später Heldensagen vom nationalen Gesang unter Feuer kursierten, war nichts als eine taktische Idiotie. In geschlossenen Schützenlinien rückten die Deutschen, darunter auch Studenten und Gymnasiasten ohne militärische Erfahrung, vor und wurden von den Gewehrkugeln britischer Berufssoldaten reihenweise niedergestreckt.

Es ist irreführend, den Begriff der Kriegsgewalt an der Vorstellung des Zweikampfs auszurichten. Krieg ist kein Duell zwischen Kollektiven. Was von oben wie ein Zweikampf von Nationen, Staaten oder Söldnerhaufen aussehen mag, ist für die Menschen vor Ort häufig eine Situation vollständiger Ohnmacht. Auf dem modernen Schlachtfeld müssen die allermeisten Soldaten ausharren und sich beschießen lassen, ohne den Feind zu Gesicht zu bekommen. Niemals war das Schlachtfeld nur ein Terrain des kollektiven Kampfes. Es war immer auch ein Gelände des Abschlachtens. Das Modell des Agon unterstellt eine triadische Struktur. Wettkämpfe zielen auf den Gewinn einer Trophäe, welche dem Sieger am Ende von einem Dritten überreicht wird. Der Krieg jedoch kennt keine Schiedsrichter. Die Trophäe des Krieges ist der Kopf des Feindes. Das Luftgefecht zweier Kampfpiloten ähnelt noch einem persönlichen Ehrenhandel zwischen »Rittern der Lüfte«. Das Feuerduell zweier feindlicher Batterien gleicht noch einem Zweikampf auf Distanz. Das Trommelfeuer aus mehreren Kilometern Entfernung jedoch ist eine einseitige Attacke gegen wehrlose Infanteristen. Der Sturmangriff in breiter Frontlinie wiederum, der von wenigen Maschinengewehrnestern aus niedergemäht wird, hat mit einem Kampf nichts zu tun. Er führt geradewegs in ein Massaker.

Krieg ist der organisierte Einsatz kollektiver Gewalt zwischen sozialen Großgruppen, seien dies reguläre Staatsarmeen,

Horden, Banden, Milizen, Freischärler oder Bürgerwehren. Die Gewalt wird nicht gelegentlich, sondern mit einer gewissen Regelmäßigkeit von beiden Seiten ausgeübt. Trotzdem ergibt sich im Verlauf eines Krieges eine Vielzahl asymmetrischer Konstellationen. Denn es ist das Ziel des Krieges, den Feind zu schwächen, ihm seinen Willen zu rauben, ihn zu vernichten. Auch wenn anfangs noch ein relatives Gleichgewicht der Streitkräfte herrscht, so sind doch beide Parteien darauf aus, die Oberhand zu erlangen und den Sieg zu erringen. So früh wie möglich wollen sie den verlustreichen Kampf in ein Massaker überführen, das die Gegenseite zur Aufgabe zwingt.

Der Begriff der Kriegsgewalt umfaßt daher eine Vielzahl von Aktionsformen, welche keineswegs aufeinander reduzierbar sind. Kriegsgewalt kann wechselseitig ausgeübt werden wie in allen Formen des direkten Kampfes. Sie kann aber auch einseitig geschehen wie bei Fernbombardements, bei Massakern oder Verwüstungen. Überfälle, Attentate oder langwierige Belagerungen, Scharmützel oder Schlachten, »Säuberungen« von Stellungen und Verfolgungsjagden, Land- oder Luftbombardements, Vergewaltigungen und Plünderungen – all dies sind Erscheinungsformen der Gewalt des Krieges.

Angriff auf die Sinne

Von ferne erstrahlt es wie ein Feuerwerk: funkelnde Sterne, rote Strahlenbündel, Lichterbäume, grauweiße Federbüsche aus Rauch, die aus dem Boden hervorwachsen und langsam vergehen, am Himmel kleine Wölkchen, weiß, gelb oder schwarz, Rauchpilze, graugrün oder kupferrot, Bälle aus schwarzem Staub. Jedes Kaliber hat seine eigene Farbe und Form. Das dichte gelbgrüne Watteknäuel entstammt einer Chlorgasgranate.

Wo die Geschosse niedergehen, ist der Krach extrem: ein Gewitter dumpfer Schläge, kreischendes Pfeifen, ein stetiges Gellen und Heulen, dazwischen das Zwitschern der umherfliegenden Zünder, das scharfe Zischen der Splitter, zerplatzende

Schrapnells, das Flattern der Minen. Lufttorpedos wühlen sich in die Erde. Wenn sie explodieren, wanken die Wände der Unterstände. Von allen Seiten stechen die Geräusche ins Gehör. Es ist, als würden sich die Geschoßbahnen planlos kreuzen. Herkunft und Ursache der einzelnen Schläge sind für das ungeübte Ohr nicht auszumachen. Unter den Füßen dröhnt und bebt die Erde, Fontänen wirbeln auf, die Druckwelle schleudert Menschenkörper gegen die Grabenwand, der Lunge fehlt die Atemluft. Das Krepieren einer Granate überwältigt alle Sinne gleichzeitig. Im Augenblick der Detonation schlägt ein Knall ins Ohr, schneidet ein Blitz ins Auge, dringen die Pulvergase in die Nase. Geistesgegenwärtig muß sich der Soldat in den Schlamm werfen, sein Mund ist voll Dreck. Liegt der nächste Schuß weiter voraus oder zurück, weiter rechts oder links?

Tagelang liegt das Trommelfeuer auf den Stellungen. Immer wieder kehrt die Feuerwalze zurück, ihr endloses Heranfluten und Abebben zerrüttet die Nerven. Kurz vor dem Sturmangriff schwillt der Lärm zu einem Brüllen an, dann schlägt er in ein wildes Getöse um, das nicht mehr zu hören ist. Im schützenden Bunker, Stollen oder Unterstand hockt man wie in einer Falle. Mehrere Meter Erdreich und mehrere Lagen von Baumstämmen oder Betonplatten liegen über dem Kopf. Bei jedem Treffer erzittert die Erde, rieselt es von der Decke herab. Wie ist es, inmitten der Erde zu ersticken, der Körper zusammengepreßt von der Last, so daß weder Arme noch Beine zu bewegen sind, der Druck auf den Brustkorb, jeder Atemzug saugt Dreck in den Mund, in die Nasenlöcher, der Würgereiz, die Hitze der Todesangst? Eine Scholle löst sich von der Wand und klatscht zu Boden. Vor der Vernichtungskraft der Geschosse haben sich die Krieger in unterirdische Festungen zurückgezogen. Dort warten sie auf den nächsten Treffer. Die Luft riecht nach Salpeter, Schweiß, Chlor. Ein Volltreffer kann die Höhle verschütten und die ganze Gruppe lebendig begraben. Eine Detonation bläst die Kerzen aus, Geschrei, Taschenlampen streichen über die verzerrten Gesichter, gehetzte, weit hervorspringende Augen mit glasigem Blick. In der Ecke sitzt einer starr da, ballt und öffnet abwechselnd die Fäuste, man hört seine Zähne aufeinanderschlagen, plötzlich springt er auf, will hinauf zum Ausgang. Als ihn drei Kameraden zurückreißen, schlägt er um sich, die Panik verleiht ihm wütende Kraft. Wenn sie ihn loslassen, stößt er den Kopf im Takt gegen den Pfeiler, als wollte er das Gehirn betäuben, um nichts mehr hören und fühlen zu müssen.

Die Attacke auf die Sinne widerlegt mancherlei Erwägungen über die aktive Sinnestätigkeit des menschlichen Subjektes. Gewiß lernten Soldaten rasch, die Flugbahn der diversen Geschosse an den Geräuschen zu erkennen. Wer die Feuertaufe überstand, hatte die Gefahr bald im Ohr und wußte, wie die Granaten streuten und wie man sich schützte. Mit der Zeit gewannen die Menschen ein animalisches Körpergefühl für das Gelände, für die Bewegung hinter der Deckung, für das Überwinden gefährlicher Schneisen, für das Anschmiegen an die Erde. Doch sie mußten dies in einer Umgebung lernen, in der jeder Fehler fatale Folgen hatte.

Gleichwohl ist die Überwältigung der Sinne im Krieg ein Widerfahrnis eigener Art. Sie stößt den Menschen auf schiere Passivität zurück. Noch vor der physischen Verletzung ist er einem Ansturm auf seine Organe ausgeliefert, dem kein Schutzfilter standzuhalten vermag. Die Ohren lassen sich nicht schließen. Die Offenheit seines Leibes wird dem Menschen zum Verhängnis. Die Ereignisse durchschlagen den Reizschutz, dringen direkt ein in Nerven und Gehirn. Es gibt kein Entrinnen. Der Angriff fegt jeden Abstand zur Situation hinweg. Oft ist es unmöglich, die gewohnten Wahrnehmungsmuster überhaupt noch anzuwenden. Der sinnliche Überdruck schiebt das Bewußtseinsfeld zusammen und löscht den Horizont aus. So okkupiert der Krieg die Sinne. Er fährt dem Menschen in die Glieder, zerrüttet das Empfinden und die motorische Kontrolle. Die äußeren Erschütterungen durchbeben den Körper. Es ist, als würde die Haut dünner und dünner, als würde sie in Stücke zerreißen, wenn der Leib von dem inneren Getöse zerplatzt.

Die eigenen Stollen und Unterstände waren auch unter Beschuß noch vertrautes Gelände. Die Höhlenbewohner kannten die Entfernungen, die Biegungen, Gänge, Sperriegel, Wider-

standsinseln, Feuerstellungen. Auch wenn das Trommelfeuer
die Wehren und Gräben einebnete und die Frontlinie auflöste,
so blieb die Kraterlandschaft doch der eigene Bewegungsraum.
Ganz anders erging es den Angreifern im Niemandsland. Vor
dem feindlichen Sperrfeuer, das sich vor ihnen auftürmte, gab
es keine Deckung. Vor Gewehrkugeln konnte man sich in einen
Trichter werfen, vor Granaten nicht. Wer auf der Sturmleiter
aus dem Graben geklettert war und nicht sogleich niedergemäht wurde, fand sich plötzlich auf freiem Gelände dem Feuer
ausgesetzt. Schutzlos stand er da, taumelte durch den Schlamm
von Trichter zu Trichter. Regen und Verwesung hatten die Krater in schleimige Kloaken verwandelt. Manche bemerkten zum
ersten Mal den süßlichen Gestank. Knöcheltief sank man ein
im Morast, hier und da blieb einer stecken, versank tiefer und
tiefer, bis nichts mehr von ihm zu sehen war.

Plötzlich bricht das Sperrfeuer los. Rauchfahnen verdecken
die Sicht, die Soldaten wollen sich aneinander festhalten, Krater öffnen sich, im Wasser zischt glühendes Eisen auf, ein Split-
terhagel fegt am Kopf vorbei, Erdklumpen prasseln herab, es
sticht in den Schläfen, das brennende Licht eines Schrapnells,
eine rotgelbe Feuerwand, es dröhnt in den Ohren, die Augen
tränen, glühend heiß ist es, dort sticht das Mündungsfeuer eines Maschinengewehrs hervor. Vor der Mauer aus Rauch, Erde,
Eisen und Feuer ist nicht zu erkennen, woher die Kugeln und
Granaten kommen. Durch diese todbringende Wand mußten
die Angreifer hindurch, wollten sie überhaupt in die Nähe der
feindlichen Stellungen gelangen.

Auf die sinnliche Überwältigung reagiert der Organismus
mit Selbstbetäubung. Die angstvolle Anspannung vor dem Angriff schlägt in einen dumpfen, hypnotischen Zustand um. Sobald der letzte Schutzschild vor dem Tod zerschlagen ist, erstarren Sinne und Geist. Das Bewußtsein zieht sich auf einen
einzigen Gedanken zusammen: weiter, vorwärts! Fast mecha-
nisch stapften die Angreifer weiter. Minutenlang wußten sie
nicht, wo sie waren und was sie tatsächlich taten. Es war nicht
die fröhliche Gleichgültigkeit dessen, der mit allem abgeschlossen hat, und es war auch nicht das nervöse Fieber angesichts

der Gefahr, das die Angreifer weiter vorrücken ließ. In höchster
Not lenken blinde Reflexe die Fortbewegung. Diese Verwandlung der Person in eine Körpermaschine schützte vor dem Überfall der Panik. Aber sie setzte den Körper tödlichem Feuer aus.
Die Leitfunktion des Auges war ausgeschaltet, ebenso die Willkür über die motorischen Impulse. Erst vor dem feindlichen
Graben schlug dieser Zustand erneut um: in die Wut des Gra-
benkampfes.

Sturmlauf

Nur eine Handvoll Männer erreicht den Drahtverhau vor den
feindlichen Gräben. An vielen Stellen ist er noch intakt. Sie suchen ihn zu umgehen oder warten in einem Trichter auf Verstärkung. Bis auf Wurfweite sind sie schon vor der Brustwehr.
Aber von der zweiten und dritten Angriffswelle kommen noch
weniger vorne an. Weite Lücken hat das feindliche Sperrfeuer
in die Angriffslinien gerissen. Als das Pfeifsignal zum Rückzug
ertönt, stolpern die Überlebenden erschöpft zurück. Manche
verlieren die Orientierung und laufen in die Breite des Nie-
mandslands. Schwerverwundete bleiben liegen, kauern sich in
einem Krater zusammen. So endeten viele Massenangriffe mit
einem Fehlschlag.

Die Ursache für die wiederkehrenden Katastrophen war
nicht nur der erbitterte Widerstand der Verteidiger. Trotz Giftgas, Panzer oder zielgenauem Sperrfeuer lag im Belagerungskrieg an der Westfront der Vorteil stets bei der Defensive. Die
Verteidiger kannten den Wirrwarr ihres Grabensystems, und
sie hielten den Kontakt zu ihrer Artillerie, während die Angreifer regelmäßig die Verbindung zu ihren Batterien verloren.
Über Sieg und Niederlage entschied außer den ungleichen industriellen Kapazitäten der beteiligten Staaten auch ein takti-
sches Dilemma. Um die eigene Infanterie durch Artilleriefeuer
zu schützen, wurden Schlachten nach vorab festgelegten Feuer-
plänen geschlagen. Das rigide Zeitraster erlaubte keine Varia-
tion vor Ort. Für rasche Reaktionen auf Friktionen, auf unvor-

hergesehene Ereignisse, fehlten die Kommunikationskanäle. So führte der starre Schlachtplan geradewegs ins Verderben. Was zum Schutz der Streitkraft gedacht war, erhöhte die Verluste. Erst nach Stunden erfuhr der Divisionsstab, was mit den einzelnen Regimentern geschehen war. Die Kommandostäbe konnten ein Chaos entfesseln, steuern konnten sie es nicht.

Gemeinhin gilt die Industrialisierung der Kriegsgewalt in der »Materialschlacht« als die wichtigste Neuerung des Ersten Weltkriegs. Repetiergewehr, MG und Rohrrücklaufgeschütze steigerten die Feuerrate immens und verwandelten das Töten in eine stetige, mechanisierte Aktivität. Dem entspricht die populäre Vorstellung, im modernen Krieg gebe es kaum mehr direkte Kampfsituationen. Gewiß gehört das alte Duell mit Degen oder Bajonett im Zeitalter der Geschütze, Panzer und Mörser der Vergangenheit an. Dennoch gilt bis zum heutigen Tag der alte Erfahrungssatz: Ein Terrain wechselt erst dann den Besitzer, wenn der Eroberer seinen Fuß darauf setzt. Stalingrad war eine Schlacht zwischen Infanteristen, ein unerbittlicher Kampf Straße für Straße, Haus um Haus, Stockwerk um Stockwerk. Dien Bien Phu, Ia Drang, Goose Green oder Grosny wurden allesamt am Boden ausgefochten. Auch wenn sich die Kampfdistanz auf Wurf- und Schußweite vergrößert hat und die Feinde nur noch selten persönlich, Auge in Auge, aufeinanderstoßen, sind die alten Gesetze der direkten Gewalt mitnichten außer Kraft. Bis heute ist der Kampf Mann gegen Mann der Kulminationspunkt des Gefechts, auch wenn der Feind hinter einer Deckung oder einer Panzerplatte anonym und unsichtbar ist. Es genügt zu wissen, daß er dort ist, daß von ihm eine tödliche Gefahr ausgeht.

Nach dem tagelangen Trommelfeuer und der Ohnmacht im Niemandsland setzte der Sprung in den feindlichen Graben plötzlich eine ungeahnte Aktionswut frei. Viele waren gefallen, viele Überlebende zu Tode erschöpft. Doch jetzt waren die Angreifer an der Reihe. Der Grabenkampf war der entscheidende und gefährlichste Moment der Attacke. Granaten und MG-Garben trafen eher zufällig und wahllos. Bei der direkten Konfrontation jedoch war der einzelne als Ziel klar erkennbar. So kam alles darauf an, diesen Augenblick der Krise für sich zu nutzen und so rasch wie möglich das fremde Terrain zu säubern.

Die Eroberung des Grabens gleicht einem Sturmlauf. Mit angeschliffenen Spaten, Karabinern und Handgranaten werden die Gänge gestürmt. Alles geht in Windeseile. Im Vorbeilaufen fliegen Gasbomben und geballte Ladungen in die Unterstände. Die Angreifer rutschen über glitschige Bretter, stolpern über weggeworfene Waffen, Zeltbahnen, Kochgeschirre. Widerstrebend tritt der Fuß auf die weichen, nachgebenden Körper der Toten. Vor dem Eingang eines Unterstandes liegt ein Kranz von toten Feinden. Angesichts der tödlichen Ungewißheit sind die Sinne aufs äußerste geschärft. Der Geist ist ganz gegenwärtig. Die Wahrnehmung richtet sich nur auf die akute Gefahr, auf den Moment des nächsten Sprungs, des Ausweichens, Werfens oder Feuerns.

Das Labyrinth der Parallelen und Sappen war alles andere als übersichtlich. Um die Wirkung des Feuers zu begrenzen, waren die Lauf- und Kampfgräben in Zickzacklinien angelegt. So konnten sich die Feinde hinter den seitlichen Schulterwehren sehr nahe kommen, ohne einander sehen zu können. Trotz kürzester Distanz war das Duell mit den Handgranaten vollkommen anonym. Die Wurfgeschosse wurden von Mann zu Mann nach vorn zum Führer des Trupps gereicht. Dabei war derjenige im Vorteil, der von unten nach oben blicken konnte, denn nur gegen den hellen Hintergrund des Himmels zeichneten sich die Eisenkugeln hinreichend scharf ab, um ihnen rechtzeitig ausweichen zu können. Wer den Kopf über die Deckung hob, riskierte einen Kopfschuß. Wer nur die Lehmwand anstarrte, bemerkte die Kugeln nicht, die lautlos über die Deckung gerollt wurden. So blieb nur die energische Attacke, um das Patt aufzulösen und dem stockenden Angriff wieder Schwung zu geben. Besonders Leichtsinnige oder Mutige wählten den Weg »oben über Deckung«. Vorsichtigere sprangen nach dem Wurf der Handgranate sofort um den Grabenzacken, um nach der Explosion sofort da zu sein.

Die vibrierende Wachheit beruht auf den Automatismen des Körpers. Die Motorik des Sturmlaufs ist antrainiert, durch

Drill in »Fleisch und Blut« eingegangen. Weil der Körper wie
von selbst agiert, sind Auge und Ohr frei für die Witterung der
Gefahr. Das Ausräuchern der Stollen, das Werfen und Springen
geschahen nahezu selbsttätig, aber mit extremer Konzentration. Dieser Bewegungssturm verwandelte den Angreifer erneut. Nun existierte er ganz in der Aktion, in einer Art mecha-
nischem Gewaltexzeß. Daher kannte er auch keine Moral und
kein Pardon. Er feuerte auf alles, was sich bewegte. Gefangene
wurden frühestens nach dem Sturmlauf gemacht. In der Hitze
der Schlacht gelten keine Konventionen. Kapitulation und Fest-
nahme verlangen einen willkürlichen Eingriff in den Selbstlauf
der Aktion, einen Wechsel der Situation und des Bewußtseins-
zustandes.

Der Ansturm beflügelt die Angreifer. Sie überwinden den
Widerstand, verschaffen sich freien Raum. Die Wut der Vernichtung steigert sich mit der Zahl der Getöteten und der Ausdehnung des eroberten Terrains. Aber der Moment des Sieges ist ein
höchst gefahrvoller Zeitpunkt. Im Augenblick des Überlebens,
der Erleichterung, des Triumphs ist der Angreifer genötigt, sich
sofort in einen Verteidiger zu verwandeln. Auf dem Höhepunkt
der Aktion muß er sich umsehen, die Richtung des Gegenan-
griffs ausmachen, seine Deckung ausbessern, günstige Feuerstellungen festlegen. Die Sieger müssen sich neu organisieren,
sie hören von Kameraden und Freunden, die getötet oder verwundet worden sind. Die Wirklichkeit der Schlacht kehrt zurück und ertränkt die Euphorie des Überlebens in neuer Todesangst.

Wunden

Während der Attacke bemerkte kaum jemand, wie sich die Reihen lichteten. Die Gefährten fielen, doch der Sturmlauf ging
weiter, ließ die Toten und Verwundeten hinter sich. Solange die
Schlacht andauerte, wußte keiner, wer noch am Leben war.
Unerbittlich geht der Krieg über seine Opfer hinweg. »Ausfälle« sind militärisch ohnehin wertlos. Für die Führung eines

Krieges sind nur Gesunde tauglich. Dies ist der Grund, weshalb über viele Jahrhunderte den Verwundeten keinerlei Beachtung geschenkt wurde. »Wer gefallen ist, der bleibe liegen«, lautet ein altes Gesetz des Krieges. Erst seit das Personal knapper und die Aussicht auf Hilfe für die Kampfmoral unerläßlich geworden ist, investieren moderne Armeen in die medizinische Versorgung. Dennoch kann auch heute das Sterben auf dem Schlachtfeld Stunden dauern. Obwohl Erste Hilfen und Abtransport der Verwundeten ungleich besser organisiert sind, sterben auch heute Soldaten auf dem Gefechtsfeld, ohne weiter beachtet zu werden. So erging es auch zahllosen Verwundeten des Ersten Weltkriegs, die in einem Granattrichter Zuflucht suchten, um qualvoll in Schlamm, Blut und Verlassenheit zu sterben.

Die Toten waren im Grabenkrieg allgegenwärtig. Wolken von Fliegen ließen sich auf den Kadavern nieder, riesige, von Menschenfleisch gemästete Ratten bevölkerten die Höhlen. Der Gestank der Verwesung lag über der Front. Aufgespannte Zeltplanen verdeckten abgetrennte Körperteile im Lehm der Grabenwände. In den Sandsäcken der Brustwehr fanden sich Leichenteile voller Maden wieder, welche die Arbeitstrupps beim Schanzen versehentlich mit eingefüllt hatten. Der Granatbeschuß zerwühlte die Erde und brachte immer wieder abgerissene Beine, Schädel, Knochenreste zum Vorschein. Der Vormarsch über das Niemandsland war gesäumt von den Überresten der Toten früherer Angriffe. Der Sprung in die Deckung eines frischen Trichters endete manchmal direkt neben einem gerade hochgepflügten Torso. Dutzende von vermodernden Leichen konnten auf engstem Raum im Erdreich verborgen liegen und durch einen Volltreffer wieder ans Tageslicht zurückkehren. Vor den eigenen Stellungen lagen noch die Toten der letzten Monate, leere Augenhöhlen, der braunschwarze Schädel auf dem Rücken, die Beine merkwürdig verdreht.

So eintönig die Wüstenei und der Grabenalltag, in der Erfindung von Todesarten ist der Krieg ungewöhnlich einfallsreich. Der Tod auf dem modernen Gefechtsfeld ist anders als der Tod auf historischen Schlachtfeldern. Hieb- und Stichwaffen verur-

sachen andere Wunden als Minen, Giftgas oder Gewehrgrana-
ten. In früheren Kriegen gingen mehr Menschen an Seuchen,
Hunger und Entbehrung zugrunde als an den Folgen direkter
Gewalt. Erst mit der technischen Potenzierung der Destruktiv-
kräfte gewann die Kultur der Waffen die Oberhand über die
Heimsuchungen der Natur. Noch während des amerikanischen
Bürgerkriegs lag die Zahl der durch Krankheit und Not Ver-
storbenen doppelt so hoch wie die Zahl der Gefallenen. Der
Erste Weltkrieg markiert auch hier eine historische Zäsur. Seine
Verluste gingen größtenteils auf das Konto willentlicher Tö-
tung von Menschenhand.

Gräßliche Wunden richteten die Explosivwaffen an. Schrapnells waren scharf wie Rasierklingen, verloren zwar rasch an
Geschwindigkeit, wirbelten aber stets bündelweise durch die
Luft und konnten so mehrere tiefe Wunden gleichzeitig aufrei-
ßen. Granatsplitter waren unregelmäßig geformt und konnten
ganze Glieder abreißen, das Gesicht zerfetzen oder einem Menschen den Kopf abtrennen. Drangen noch Teile der Kleidung
oder andere Fremdkörper in das blutende Gewebe ein, war eine
Infektion unausweichlich. Der Luftdruck allein konnte einen
Überdruck im Körper erzeugen und so Embolien verursachen
oder die Lunge oder Baucharterie zerreißen, so daß das Opfer
an inneren Blutungen starb, ohne daß dies von außen sichtbar
war. Ein Volltreffer konnte einen Menschen im Bruchteil einer
Sekunde spurlos vernichten. Die Explosion zerriß seinen Körper, so daß nirgendwo etwas von ihm übrig war. Die Hilfe-
schreie verstümmelter Minenopfer waren für die Kameraden
eine besondere Belastung. Während dem Verletzten Schuhe,
Kleidung und Fleisch von den Knochen gerissen waren, konnten sie nichts tun. Die extreme Hitze der Detonationen führte
zu schweren Verbrennungen, zuerst an Lippen, Mund und Ra-
chen, dann an den Händen und Armen, schließlich an allen
Gliedmaßen und Körperzonen, die durch die brennende Kleidung versengt waren.

Kugeltreffer verursachen andere Wunden. Wenn ein Projektil
mit hoher Geschwindigkeit in Fleisch eindringt, entsteht eine
Art Schockwelle, die binnen Bruchteilen einer Sekunde durch

das Muskelgewebe und die Organe fegt. Im Körper entsteht ein Hohlraum, ein relatives Vakuum, das verschmutzte Kleiderfasern und Bakterien ansaugt. Die Haut um die Wunde ist meist verschmutzt. Unmittelbar nach der Verletzung beginnen die Muskelfasern abzusterben, wodurch sich die Gefahr der Infektion nochmals erhöht. Im besten Fall hinterläßt die kegelförmige Kugel einen glatten Durchschuß. Trifft sie jedoch auf Knochen, wirkt sie im Körper wie ein Querschläger. Knochensplitter zerstören als sekundäre Geschosse weiteres Gewebe. Werden Gehirn, Herz oder eine Hauptarterie direkt getroffen, tritt der Tod sofort ein. Lungen- oder Bauchschüsse führen dagegen oft zu einem qualvollen Sterben. Treffer in den Unterleib verursachen innere Blutungen und Bauchfellentzündungen, falls das Opfer nicht umgehend behandelt wird. Bauchschüsse sind stets an den schmerzvoll zusammengekrümmten Körpern zu erkennen. Ist die Lunge durchbohrt, entsteht eine Saugwunde. Werden Ein- und Austrittslöcher nicht sofort abgedichtet, saugt der Getroffene mit jedem Atemzug weitere Luft in die Brusthöhle, so daß sich der Raum für die Ausdehnung der Lunge verkleinert. In Panik vor dem Erstickungstod fängt er zu hecheln an und verschlimmert dadurch seine Lage noch. Die Ruhe, mit den eigenen Händen die Wunden zuzuhalten, läßt ihm die Atemnot nicht.

Die Verwundeten sterben an raschem Blutverlust, am Schock, an Infektionen. Im Augenblick der Verletzung empfindet der Getroffene einen dumpfen, oft schmerzlosen Schlag in den Leib. Die Beine knicken weg, die Muskeln verkrampfen, dann folgt die erste Woge des Schmerzes, ein tierischer Schrei, wenn der Verletzte die Wunde erkennt, die Beine beginnen zu zittern, trommeln auf den Boden. Er versucht, an die Stelle zu greifen, wo das Blut hervorschießt, ein Schwindelstoß, rasendes Trommeln im Ohr, die Kehle ist zugeschnürt, Schweiß überzieht die graue Haut. Die Panik erzeugt immer neue Schmerzwellen. Dann fällt er plötzlich ohnmächtig in sich zusammen.

Die Destruktivkraft des Krieges hält sich nicht an die Gestalt des menschlichen Körpers. Sie zerstückelt und entstellt. Den Angehörigen wurde nicht selten versichert, der Gefallene habe nicht lange leiden müssen, und sein Gesicht sei unversehrt geblieben. Offenbar tröstet die Vorstellung, der Kriegstote sehe wie ein verstorbener Zivilist aus – in milden Zügen sanft entschlafen, allenfalls ein winziges Loch in der Herzgegend. Nichts davon ist wahr. Die meisten Opfer waren verstümmelt: abgerissene Nasen, weggeschossene Unterkiefer, die Schädelplatte zertrümmert, so daß die weißliche Gehirnmasse herausfloß. Überall kann der menschliche Körper getroffen werden, im Bauch und im Rückenmark, in den Nieren, im Becken, im Hals. Verwundete, die den Krieg überlebten, bevölkerten als Krüppel die Nachkriegsgesellschaft. Manchen fehlten beide Beine, anderen war ein Arm amputiert. Die Male am Rumpf waren unsichtbar, doch viele Gesichter waren entstellt durch Brandnarben, Löcher im Fleisch, Verätzungen auf der Stirn, leere Augenhöhlen. Eine Zeitlang gehörten die Stigmata der Kriegsgewalt zum gewohnten Straßenbild. Dann verschwanden die Zeichen nach und nach, bis eine neue Generation sich anschickte, ihre eigene Erfahrung mit der Gewalt des Krieges zu machen.

9. Der wilde Krieg

Nach dem Ende der welthistorischen Erzählungen sind nur mehr zwei Kurzgeschichten in Umlauf. Die eine trägt den Titel »Globalisierung« und schildert, wie die Finanzzentren zusammenrücken, wie Bilder und Nachrichten durch den Äther huschen und die Kultur von Sony und Coca-Cola die Sinne der Menschheit besetzt. Die andere Geschichte erzählt von Chaos und Anarchie, von Kriegen des Zerfalls, von Wasserknappheit und Malaria, von Hunger und Überbevölkerung. Die erste spielt in London, Tokio, Singapur und Budapest, die zweite in Grosny, Vukovar, Freetown oder Jolo. Bis vor kurzem gab es zwischen beiden Geschichten kaum eine Verbindung. Die Sicherheit der reichen Länder des Nordens schien durch den Niedergang der Peripherie kaum bedroht. Mit dem Ende des Kalten Krieges hatte sich das strategische Interesse an den Elendsgebieten verflüchtigt. Alles Gerede vom »globalen Dorf«, von der »Einheit der Weltgesellschaff kaschierte nur den Riß, welcher den Erdball durchzieht. Mittlerweile jedoch hat die Gewalt die Hemisphären neu verknüpft. Im globalen Terrorkrieg liegen New York und Kabul, Washington, Islamabad und Kandahar in unmittelbarer Reichweite nebeneinander. Agenten aus der Peripherie bedrohen die Bewohner der Ersten Welt, die Bomber der größten Weltmacht vertreiben die Einwohner afghanischer Städte aus ihren Behausungen, während ihre Suchkommandos die Bergwüste durchkämmen.

Ein Jahrzehnt lang flogen Diplomaten, Experten oder Handelsvertreter um den Globus, übernachteten in Luxushotels und glaubten, daß alle Welt Englisch spricht und nichts anderes zu tun hat, als Nachrichten, Güter oder Ideale auszutauschen. Sie betrachteten alles in einer globalen Perspektive, also von oben herab. Hätten sie jemals das abgeschirmte Hotelgelände verlassen, so wären sie rasch an die Grenzen der bürgerlichen Ordnung geraten. Daran hat sich nichts geändert. Vielerorts herrscht chronischer Kriegszustand. Hier regieren nicht Recht und Staat, sondern Not und Grausamkeit. Verwegen dreinblickende Gesellen lungern an den Straßenecken herum, abtrünnige, verwahrloste Soldaten, Milizionäre, Söldner, Halbwüchsige. Diese Vorkämpfer des wilden Krieges sind nicht darauf aus, die Staatsmacht zu erlangen, die Grenzen der Nation zu verrücken oder eine politische oder ethnische Identität zu verteidigen. Der wilde Krieg wird um seiner selbst willen geführt. Denn er ernährt diejenigen, die ihn führen. Krieg ist ihr Leben, und ihr Leben ist der Krieg. Der Frieden brächte sie um die Grundlage ihrer Existenz.

Bei der Wahl ihrer Methoden sind die Krieger wenig wählerisch. Einige Gewaltformen entstammen dem Kampf der Partisanen oder der Antiguerilla, andere dem Krieg der Kulturen und Religionen, dem Vertreibungsterror oder der Tradition des Bandenkrieges. Der wilde Krieg kennt weder die Regeln militärischer Klugheit noch die Normen soldatischer Ehre und Disziplin. Ein zentrales Kommando sucht man vergebens. Jeder führt diesen Krieg auf eigene Faust. Die Gewalt ist privatisiert. Es ist ein Krieg, der an die Zeit vor dem modernen Staat erinnert, und doch bestimmt er die Gegenwart und Zukunft vieler Regionen. Nach dem Krieg der Revolutionäre, der Nationen und der Techniker beherrscht nunmehr der Krieg der Marodeure und Kommandos den Globus.

Von geringer, aber stetiger Intensität ist dieser Krieg, angezettelt von Gruppen, die den Vertretern der westlichen Staatsordnung als Terroristen, Guerilleros, Banditen oder Räuber gelten. Sie folgen dem Charisma eines Anführers, sind getrieben von Beutegier, manchmal auch von religiösem Fanatismus oder männlicher Abenteuerlust. Nicht auf offenem Feld werden die »Schlachten« geschlagen, sondern in Wäldern und Dörfern, auf Plätzen, an Straßensperren, in Botschaftseinfahrten, U-Bahn-Schächten oder im Handelszentrum der Weltstadt. Überfälle,

Attentate, Scharmützel auf der Straße, Vandalismus oder Massaker sind die Erscheinungsformen dieses Kleinkriegs ohne Fronten. Die Trennung zwischen Krieg und Frieden, zwischen Militär und Zivilisten, zwischen Krieg und Verbrechen ist aufgehoben. Die Armee der Staatsmacht, welche das Gewaltmonopol zu wahren trachtet, vermag gegen die Straßenkämpfer, Waldläufer und Selbstmordpiloten nur wenig auszurichten. Polizeiarbeit ist dem Soldaten seit je verhaßt. Und die schweren Waffen taugen nicht zur Eroberung von Berghöhlen oder zum Scharmützel an der Straßenecke. Reguläre Streitkräfte, die gegen einen unterlegenen Gegner ihre technische Übermacht ausspielen, erleben früher oder später den Niedergang ihrer Moral. Wer aus einem Panzer oder befestigten MG-Nest auf jugendliche Steinewerfer feuert oder einen Halbwüchsigen erschießt, der mit seiner Zwille auf die Besatzungsmacht losgegangen ist, der verliert zuerst das Gefühl für Gerechtigkeit, dann den Glauben an seinen Auftrag, die Selbstachtung, schließlich den Krieg.

Die Rückkehr der Marodeure

»Ich wollte immer schon legal töten, ich wollte immer schon jenes Gefühl haben. Ich weiß, ich kann überleben, wenn ich genauso werde wie das, was ich bekämpfe. Kein Mitgefühl, keine Emotionen. Keine Liebe im Krieg. Totale Gnadenlosigkeit. Ich werde töten ohne Mitgefühl für meinen Feind, auch wenn's Frauen sind. Dieses Feeling will ich, das ist besser als jede Droge.«

Die Auskunft des britischen Söldners, der auf kroatischer Seite gegen die Serben kämpfte, ist von drastischer Offenheit. Nicht für eine Idee, eine Nation oder für Geld zog er in den Krieg, sondern für das Erlebnis schierer Gewalt. Er war nicht der einzige, der dem Lockruf des Krieges folgte. Hunderte von Ausländern verdingten sich für einen Hungerlohn bei den Parteien des jugoslawischen Bürgerkriegs. Manche gehörten zum Stammkorps der Berufssöldner und hatten zuvor in Westafri-

ka, Surinam, Sri Lanka, Afghanistan oder im Sudan gedient,
andere kamen aus regulären Armeen, der französischen Fremdenlegion oder der ostdeutschen Volksarmee. Die meisten jedoch waren Zivilisten, denen das heimische Leben zu langwei-
lig geworden war und die sich vom Krieg den entbehrten
Nervenkitzel erhofften.

Von ihren einheimischen Kampfgenossen unterschieden sich
die fremden Söldner nur wenig. Alle trugen sie die internationale Uniform der Marodeure: Tarnanzug, Patronengurt, Sonnenbrille, Wollmütze oder Stirnband. Das Image der Verwegenheit pflegten auch die Milizionäre, die kurz zuvor noch Tür
an Tür mit ihren Todfeinden gelebt hatten. Kaum hatten sie
die Kluft übergezogen, verwandelten sie sich in gefürchtete
Mordbrenner. Sie zerstörten die Häuser ihrer Nachbarn, vertrieben sie aus der Region oder schossen sie nieder, vergewal-
tigten die Frauen und verstümmelten die Toten bis zur Unkenntlichkeit.

Westliche Beobachter haben den »Ausbruch« kollektiver
Gewalt im ehemaligen Jugoslawien auf den Niedergang des
Zentralstaats und die Polarisierung der Eliten, auf alte Feind-
bilder, ethnische Gegensätze oder aufflackernden Nationalismus zurückgeführt. Doch dies hieße, die Ursache mit der Wirkung zu verwechseln. Der Marodeur kümmert sich wenig um
Propaganda, ideologische Begründungen oder alte Traditionen.
Er ist kein Glaubenskrieger, benötigt weder einen ideellen Vor-
wand noch eine politische Überzeugung. Zu wem er gehört,
beweist er, indem er einen Feind ins Visier nimmt. Er schafft
sich seinen Gegner, indem er auf ihn losgeht. Es ist die Praxis
der Gewalt, die ihm zu neuer Identität verhilft. Denn Gewalt
zersprengt alte Verbindungen und zieht eine unüberwindbare
Frontlinie zwischen früheren Schulfreunden oder Arbeitskollegen. Sie klärt die sozialen Verhältnisse und hält persönliche
Zweifel nieder. Keine Sprache ist eindeutiger als die Sprache der
Gewalt. Sie schafft selbst die Tatsachen, mit denen sie gerecht-
fertigt wird.

Wie wenig dem Marodeur irgendein politisches Ziel gilt,
zeigt die Auswahl der Opfer. Er verschont nicht einmal die Zi-

vilisten, die seiner eigenen Volksgruppe angehören. Während der Partisan im Schutz der Bevölkerung operiert, die er auf seine Ideale zu verpflichten sucht, kennt der Marodeur nur die Bande seiner Spießgesellen. Gegen die Gefolgsleute anderer Kriegsherren geht er mit derselben Brutalität vor wie gegen die Zivilisten, die ihm im Wege sind. Marodeure schlachten auch die Bauern und Stadtbewohner ab, die sie angeblich befreien wollen; sie jagen Krankenhäuser in die Luft und metzeln ihre Insassen nieder, ob es Landsleute sind oder nicht. Alle Wehrlosen wollen sie aus der Welt schaffen: die Kinder, Frauen, Greise, die Kranken und Invaliden. Marodeure sind nicht darauf aus, ein Gebiet von fremder Herrschaft zu befreien. Sie wollen darüber entscheiden, wer auf ihrem Territorium überhaupt leben darf. Wer kein Messer, keine Machete, keine Maschinenpistole besitzt, ist für sie nichts als Schlachtvieh.

Bandenkrieger findet man überall auf dem Erdball: in Guatemala und Kolumbien, Somalia und Sierra Leone, in Zaire und Ruanda, in Tadschikistan, Burma oder Neuguinea. Der Marodeur ist die Leitfigur eines Weltkrieges, der nicht zwischen Nationalstaaten, sondern zwischen lokalen Kriegsherren, Drogenbaronen, Clanverbänden oder privaten Milizen ausgefochten wird. Auch wenn anfangs reguläre Streitkräfte beteiligt sind, fällt im Kriegsverlauf die Trennmauer zwischen Militär und Mörderbande. Die Hierarchie löst sich auf, die Disziplin zersetzt sich, die Kompanie wird zur Meute, der Soldat zum Marodeur. Er bezieht seinen Sold nicht mehr aus der Staatskasse, sondern holt ihn sich direkt aus dem Land. Wegelagerer überwachen die Straßen, erpressen Schutzzölle, bedienen sich aus den Gütern, die von internationalen Hilfsorganisationen ins Land geschickt werden. Der Marodeur lebt und ernährt sich vom Krieg. Er liebt die Willkür, und er hat Zeit. Am Frieden hat er kein Interesse. Deshalb dauern die Kriege der Gegenwart oft Jahre, wenn nicht Jahrzehnte.

Bewaffnete Banden vermeiden es, in blutiger Schlacht eine Entscheidung zu suchen. Mit den strategischen Kalkülen des Militärs haben sie ebensowenig im Sinn wie mit den Konventionen moderner Kriegsführung. Sie machen keine Gefangenen, es sei denn, um Lösegeld zu erpressen; und sie machen keinerlei Unterschied zwischen Kombattanten und Zivilisten. Sofern sie überhaupt kämpfen, bevorzugen sie die Gefechtsweise der Irregulären: Geplänkel, Hinterhalt, Überfälle, Tretminen. Ihre Gewalttätigkeit ist weder mit der Kriegskunst des Soldaten noch des Freischärlers zu verwechseln. Der Partisan trägt die Maske des Revolutionärs. Er bewegt sich in hinhaltender Defensive, attackiert die Transportlinien der fremden Übermacht, verbreitet Unruhe und Panik, um sogleich wieder zu verschwinden. Die Soldaten staatlicher Massenheere operieren meist auf Befehl in geschlossenen Verbänden, um ihr Feuer zu konzentrieren. Weil sie technisch hochgerüstet sind, benötigen sie ein schwerfälliges System des Nachschubs. Ihr Aufmarsch ist aufwendig, die Massierung der Streitkräfte muß koordiniert, geübt, ständig bewacht werden. Staatsarmeen bewegen sich, trotz der Beschleunigung moderner Transportmittel, wie Dinosaurier. Partisanen gleichen Chamäleons, Marodeure aber heften sich wie Blutsauger an ihre Opfer. Man weigert sich, sie überhaupt als Krieger zu bezeichnen. Denn jeder Krieger, der den Namen verdient, kämpft stets auch gegen sich selbst, gegen Angst, Furcht und Schmerz. Der Marodeur aber kennt keinen Mut und keine Tapferkeit. Er sucht das Erlebnis des Tötens ohne Risiko. Sein Handwerk ähnelt demjenigen des Schlachters und Abdeckers.

An historischen Vorläufern fehlt es nicht. Es sind nicht die Plänkler des amerikanischen Unabhängigkeitskrieges, die spanischen Rebellen gegen die napoleonische Fremdherrschaft oder die Guerilleros des zwanzigsten Jahrhunderts, die im Namen der nationalen Befreiung die Satrapen der Kolonialmächte außer Landes trieben. Auch mit den Freischärlern des Zweiten Weltkriegs haben die neuen Marodeure nichts gemein. Ihre Ahnenreihe reicht viel weiter zurück, in die Epoche vor dem modernen Nationalstaat mit seinem stehenden Heer. Im Dreißigjährigen Krieg zogen Landsknechts- und Söldnerhaufen brandschatzend durch Mitteleuropa und raubten die ansässige Bevölkerung aus. Fernab jeder konfessionellen Bindung wechselten sie die Seite, wenn ein neuer Dienstherr mehr Plündergut versprach. Während des Hundertjährigen Krieges verwüsteten unzählige Gesindelbanden das ländliche Frankreich. Teils von adliger, teils von gemeiner Herkunft, handelten die Glücksritter ganz auf eigene Rechnung. Nicht umsonst hießen sie *écorcheurs* – Leuteschinder.

In den Reihen heutiger Kriegsbanden finden sich nicht wenige Halbwüchsige und Kinder. Weil der Schwächere ohnehin nichts gilt, rekrutieren die Kriegsherren auch Zwölf- oder gar Achtjährige. Auf mindestens 300 000 wird weltweit die Zahl der »Kindersoldaten« geschätzt. »Anwerber« verschleppen sie aus Waisenhäusern, Schulen oder direkt vom Bolzplatz. Dorfvorsteher liefern als Tributzahlung eine festgelegte Anzahl von Kindern aus. Viele Jugendliche melden sich freiwillig, weil das Gewehr ihnen die tägliche Mahlzeit sichert. Man setzt sie als Lastenträger, Kuriere, Wachposten und Spione ein und schickt sie, nachdem man sie mit Drogen oder Alkohol vollgepumpt hat, als lebende Detektoren durch ein Minenfeld. Oder man zwingt sie dazu, die Hinrichtung ihrer Verwandten anzusehen, bringt sie dann ins Nachbardorf und erlaubt ihnen, ihrer Rache freien Lauf zu lassen.

Auf ein militärisches Training wird bei den jugendlichen Hilfstruppen meist verzichtet. Für die Techniken der Selbstverteidigung besteht kein Bedarf, da Marodeure ihre Kinderkompanien lediglich als billiges »Kanonenfutter« betrachten. Allenfalls drückt man ihnen eine halbautomatische Waffe in die Hand und läßt sie ein paar Tage das Laden und Feuern üben. Im Regenwald von Sri Lanka gingen die tamilischen »Tiger-Rebellen« dazu über, junge Mädchen als eine Art »Einwegkämpfer« ins Feuer zu schicken. Ende Januar 1998 wurde eine Truppe von Teenagern, die man zuvor monatelang in einem Dschungelversteck eingesperrt hatte, ausgesandt, um, bewaffnet mit ein paar belgischen Maschinengewehren, die Verteidigungslinie der Regierungstruppen aufzubrechen. Das Militär schlug mit Haubitzen, Granatwerfern und Hubschraubern zurück. Von den neunzig Mädchen überlebte ein einziges.

Wer von den Halbwüchsigen die Mißhandlungen des Patrons und einen Beutezug überlebt hat, steigt rasch in den Rang eines »Sergeanten« oder »Leutnants« auf. Die Mutation des Opfers zum Killer ist schon am Erscheinungsbild ablesbar. Die ausdruckslosen Augen verschwinden hinter den Spiegelgläsern der Sonnenbrille, die Füße stecken in erbeuteten Markensportschuhen, auf dem Kopf tragen sie Baseballkappen, das rote Béret der Fallschirmjäger oder einen alten Stahlhelm. Über dem Muskelshirt baumelt ein Blechadler, eine Kette aus Cola-Dosen oder ein Totenkopf aus Plastik. An der Schulter hängt eine Bazooka, eine Kalaschnikow oder ein Karabiner mit aufgepflanztem Bajonett. Ihre Gestik wirkt betont lässig, cool. Vor den Kameras ausländischer Fernsehteams mimen sie den muskelbepackten Killer amerikanischer Filme, ihre Anführer nennen sich »Superman«, »Mosquito« oder »John Rambo«. Wenn sie sich langweilen, mähen sie das Steppengras mit ein paar Geschoßgarben ab, ballern ziellos in eine Hütte hinein oder probieren die Durchschlagskraft der Panzerfaust an einem abgestellten Fahrzeug aus. Munition zu sparen, wie es jedem Soldaten frühzeitig eingedrillt wird, ist ihnen völlig fremd. Auf dem Weg zum volljährigen Marodeur ist dieser Nachwuchs schon ein gutes Stück vorangekommen. Nicht Mutproben gegen ebenbürtige Gegner verlangt der Initiationsritus des Bandenkriegs, sondern martialisches Outfit und blutrünstiges Gebaren gegen Wehrlose.

Der Kriegsterror der Banden ist eine Gewaltform eigener Art. Der Marodeur streift durch das Land, drangsaliert die Bevölkerung, sucht die handgreifliche Grausamkeit, die ihm das Erlebnis vollkommener Tötungsmacht verschafft. Die Technik seiner Waffen ist primitiv, ein paar Handgriffe reichen, um die Maschinenpistole zusammenzubauen. Er bevorzugt Waffen, die spürbar sein Potenzgefühl steigern: Messer und Macheten, welche Sehnen und Muskelfleisch durchtrennen, Schnellfeuergewehre, Granaten, deren Explosion phallische Energien freisetzen.

Die Gegenwart der Marodeure ist unübersehbar. Sie lauern an der Straßenecke, lungern auf dem Dorfplatz herum, kurven auf einem erbeuteten Motorrad umher, patrouillieren, aufrecht auf der Pritsche eines rostigen Lastwagens stehend, wie in einem Triumphzug durchs Sperrgebiet. Wo sie sich sicher fühlen, errichten sie einen Stützpunkt und bauen ihn zur Festung aus. Von dort überwachen sie das Gelände und verbreiten ein Klima ständiger Unsicherheit. Auch im eroberten Land herrscht kein Frieden, sondern ein Zustand fortwährender Todesgefahr. Für Fleiß ist hier kein Raum, da niemand sich seiner Früchte sicher sein kann. Der wirtschaftliche Ruin der Region ist unvermeidlich.

Der bevorzugte Aufenthaltsort der Marodeure ist die Barrikade. Baumstämme liegen quer über der geteerten Landstraße, eine Wellblechhütte, Abfall, ein paar brennende Autoreifen, der Geruch von Benzol. Die Wächter sind bis an die Zähne bewaffnet, schweißgebadet und wirren Blicks stürmen sie auf den Lastwagen zu, zerren Fahrer und Beifahrer heraus und drücken ihnen die Machetenspitzen in den Rücken. Es ist eine Probe auf die Willenskraft, auf die Beherrschung der Instinkte. Wer zu flüchten oder anzugreifen versucht, hat sein Leben sofort verwirkt. Mit Vorliebe werden an der Barrikade Passanten mit Benzol übergossen und bei lebendigem Leibe verbrannt. Nur wer reglos verharrt, der Drohung standhält und sich keine Blöße gibt, hat eine Chance. Viele Wegelagerer stehen unter Drogen, an der Sperre plagen sie die Hitze und die Langeweile. Auf der Geltung der Dokumente und offiziellen Passierscheine zu bestehen ruft nur höhnisches Gelächter hervor. Die Wächter wollen Geld sehen, Diamanten, Lebensmittel oder Medikamente aus dem Transport. Die Straßensperre ist ein Brennpunkt der Gewalt, und sie dient der Kontrolle der Mobilität und der Finanzierung des Krieges. Hier werden Hilfskonvois ausgeraubt oder mit Wegezöllen belegt, hier wird der Besitz der einheimischen Passanten konfisziert, hier werden Geiseln genommen und Schutzgelder erpreßt. Die Barrikade regelt die politische Ökonomie des wilden Krieges.

Um das ausgepowerte Territorium auszuweiten, benötigen die Kriegsherren die Beihilfe von Attentätern. Der Stützpunkt dient auch als Basis und Zuflucht geheimer Kommandos. Jenseits der spektakulären Anschläge in den Metropolen, welche die Weltmächte auf den Plan rufen, gibt es den alltäglichen Terrorismus des Kleinkrieges, den Anschlag im Umland, gegen ein Polizeibüro, einen feindlichen Konvoi, eine Missionsstation, eine Touristengruppe, gegen einen Händler oder ein Dorf, das den Tribut schuldig geblieben ist.

Attentate auf fremdem Terrain erfordern einen Wechsel des Verhaltens. Die Vorkehrungen sind manchmal aufwendig. Der Anschlag muß geplant, das Ziel ausgespäht, Waffen und Sprengstoff müssen eingeschleust, das Kommando unerkannt an den Aktionsort gelangen. Anders als der Wegelagerer muß der Bombenleger fürchten, vorzeitig entdeckt zu werden. Tarnung und Plötzlichkeit sind daher sein oberstes Gebot. Attentäter handeln oft unter erheblichem Risiko. Ohne Disziplin, Wagemut, ja Opferbereitschaft erreichen sie ihr Ziel nicht.

Gleichwohl sind die Aktivitäten der Banden nicht zu verwechseln mit der altbekannten Propaganda der Tat. Sie sollen kein Fanal des Widerstands und auch kein heiliges Blutzeichen setzen. Es ist ein europäisches Vorurteil, hinter jeder Untat religiösen oder politischen Fanatismus zu wittern. Als benötigten erfahrene Menschenschlächter noch eine Überzeugung, um ein Massaker anzurichten. Mit dem Marodeur teilt der heutige Terrorist die exzessive Militanz und die Verachtung alles Zivilen. Je mehr Tote der Anschlag kostet, desto größer die öffentliche Panik und der Ruhm unter seinesgleichen. Die Bombe soll die Bewohner vernichten oder vertreiben und das Gebiet für den Übergriff freiräumen.

Was ihre Technik anlangt, galten Terroristen lange Zeit als konservativ. »Bomb and gun« waren ihre Werkzeuge. Mittlerweile sind Sprengstoff und Schußwaffen handlicher, leichter und besser transportierbar geworden. Mehr und mehr nutzen die Attentäter, so antiwestlich ihr Feindbild sein mag, die Errungenschaften moderner Technologie: Elektronik, Fotomechanik, Lichtschranken, Raketenwerfer, Plastiksprengstoff, Flugzeuge, Viren und Bakterien. Bauanleitungen und Rezepte entnehmen sie dem Internet.

In den Arsenalen der Großmächte lagern zahllose Nuklearsprengköpfe. Flugzeuge und Schiffe sind mit weitreichenden Raketen bestückt, Satelliten überwachen jeden Landstrich. In den Kasernen stehen Zehntausende gepanzerter Fahrzeuge, an einigen Standorten warten Spezialeinheiten auf den nächsten Alarm: handverlesene Elitesoldaten, die mehrere Sprachen beherrschen und für den schnellen Einsatz trainiert sind. Ihre Erfolgsbilanz jedoch ist mittelmäßig. Sie taugen für einen Handstreich, eine Geiselbefreiung oder die Evakuierung bedrohter Botschaften. Den Kleinkrieg, der vielerorts die Erde verwüstet und Millionen von Menschenleben kostet, kann eine Eingreiftruppe kaum verhindern. Die Geschichte der Kriege nach 1945 war für die regulären Streitkräfte der entwickelten Staaten eine Geschichte der Desaster. Im Bandenkrieg gibt es weder eine Frontlinie, ein Gefechtsfeld noch einen erkennbaren Hauptfeind, der mit strategischen Operationen besiegt werden könnte. Massive Interventionen von dritter Seite können eine befristete Waffenruhe erzwingen oder ein verlustträchtiges Protektorat errichten. Doch dies wird sogleich in sich zusammenfallen, sobald die fremden Truppen wieder abziehen.

Der militärischen Ohnmacht entsprechen die Illusionen der Diplomatie. Verhandlungen benötigen verläßliche Kontrahenten, die sich an Verträge halten und durch Drohungen zu beeindrucken sind. Die Idee des Interessenausgleichs setzt eindeutige politische Ziele und zentralisierte Machtverbände voraus, deren Repräsentanten mit einer Stimme sprechen. Davon kann in der Welt der Marodeure keine Rede sein. Das Gebot strikter Neutralität wiederum, dem Helfer und Unterhändler seit je verpflichtet sind, bedeutet im Kleinkrieg, den Mordbrennern ungewollt Beihilfe zu leisten. Mit allen zu sprechen heißt, den Massenmördern öffentliche Anerkennung zu verschaffen. Aber ohne Tribut an die lokalen Warlords ist kaum eine Hilfslieferung in ein Krankenhaus oder ein Lebensmitteldepot zu bringen. Es ist nicht erstaunlich, daß angesichts des militärischen und diskursiven Dilemmas sich die Weltmächte früher oder später von den Schauplätzen, welche keinen wirtschaftlichen Gewinn abwerfen und strategisch wertlos sind, zurückziehen und den Krieg sich selbst überlassen.

Wo Marodeure, Mordbuben und Bombenleger das Land unsicher machen, regieren die Gesetze des Gemetzels, des

Raubzugs, der Vernichtung. Diese Kriege sind langwierig und grausam. Sie werden andauern, bis die Gesellschaften, in denen sie geführt werden, zerstört sind. Und sie werden immer neue Legionäre und Menschenschinder anlocken, für welche Gewalt die einzig denkbare Lebensform ist.

Gemetzel

30. 12. 1997: Manche der bärtigen Männer, die in der ersten Nacht des Ramadan drei Dörfer in Westalgerien überfielen, trugen die bauchigen Hosen und Jacken der afghanischen Tracht. Sie waren mit selbstgeschmiedeten Säbeln, Spaten und Spitzhacken bewaffnet. Ihre Anführer verständigten sich mit Funkgeräten, teilweise mittels verschlüsselter Codenamen. Die ganze Nacht währte das Blutbad. Am nächsten Morgen lagen auf den Straßen Menschenleiber mit aufgeschlitzten Hälsen, abgeschlagene Köpfe, abgeschnittene Brüste. Viele Leichen waren in Stücke zerhauen, an Hauswänden lagen die zerschmetterten Körper kleiner Kinder. In zwei Häusern fand man 80 Tote. Insgesamt fielen 412 Dorfbewohner aus der Region Relizane dem Massaker zum Opfer.

22. 12. 1997: Die Flüchtlinge in Chenalho, einem Dorf der mexikanischen Provinz Chiappas, waren gerade dabei, in einer behelfsmäßigen Kirche die Messe zu feiern, als die Lastwagen vorfuhren. Sofort umzingelten die Männer das Lager und begannen in die Menge zu schießen. Einige gingen mit Buschmessern auf die Flüchtlinge los und metzelten Frauen und Kinder nieder. Wer sich in den nahen Höhlen versteckt hatte, wurde später aufgespürt und an Ort und Stelle getötet. Das Massaker dauerte fünf Stunden. Am Ende waren 45 Flüchtlinge tot, 34 verletzt. Das Blutbad war in einer Versammlung vorbereitet worden. Eigenhändig hatte der Gemeindepräsident von Chenalho den Männern der Schwadron die Waffen übergeben.

13. 7. 1995: Die serbischen Bewacher der Lagerhalle von Bratunac, unweit von Srebrenica, hatten es vor allem auf die

jüngeren Muslime abgesehen, die vor dem Krieg im Ort gut bekannt gewesen waren. Einzeln holten sie die Männer vor das Tor, trieben sie durch ein Spalier und knüppelten sie mit Brechstangen nieder. Einer hatte sich darauf spezialisiert, den Gefangenen die Axt in den Rücken zu schlagen, ein anderer schnitt ihnen mit dem Messer die Kehle durch. Am Abend waren von den rund 400 Männern, die man tags zuvor in der stickigen Halle eingesperrt hatte, noch 296 am Leben. In der Nacht fuhr man sie in Bussen zu einer Turnhalle und ließ sie einige Stunden warten. Vom Schulhof führte eine schmale Straße zum Exekutionsplatz. Als die Gefangenen dort ankamen, sahen sie Hunderte toter Muslime am Boden aufgereiht. Neben den Leichen warteten fünf Soldaten, ein Bulldozer hob das Massengrab aus.

Es gibt Greuel, die jenseits des historisch Üblichen zu liegen scheinen. Sie lösen Beklemmung aus, Abscheu, Ratlosigkeit vielleicht. Obwohl die Grenzen der Vorstellungskraft weit gesteckt sind, entziehen sie sich dem unmittelbaren Verständnis. Gewiß sind Massaker keine Seltenheit. Im Schwarzbuch der Geschichte sind unzählige verzeichnet. Aber zumeist halten die Menschen das Buch geschlossen und ziehen das Vergessen vor. Doch sosehr sich die Umstände unterscheiden, Massaker ähneln einander in auffälliger Weise. Das Blutbad gehört zu den universalen Formen exzessiver Gewalt. Massenmörder jeder Couleur haben sich seiner bedient, die Häscher des Vertreibungsterrors ebenso wie die Milizen und Marodeure des wilden Krieges.

Jenseits der Grenze gilt nicht der Kalkül der Nützlichkeit, auch nicht die Ökonomie des Tötens. Nachdem der Schlachtplatz, ein Wohnviertel, ein Dorf, ein Gebäude abgesperrt ist, können sich die Schlächter Zeit lassen. Das Gemetzel will ausgekostet werden. Nichts wäre einfacher, als die Opfer kurzerhand zu töten. Doch diese Zerstörungslust wäre nur kurzlebig. So wechseln die Mörder häufig das Tempo. Sie durchstreifen das Gebiet, zerren einzelne heraus nach Zufall und Willkür, weiden sich an der Todesangst der Wartenden. Sie sonnen sich in ihrer Unanfechtbarkeit, stolzieren umher, legen eine Pause ein, um eine Zigarette zu rauchen oder einen Bissen zu essen, stopfen sich, falls es etwas zu erbeuten gibt, die Taschen voll, greifen sich den nächsten, treiben ihn vor sich her, packen ihn erneut und schlachten ihn ab. Nicht Effektivität ist das Maß ihrer Grausamkeit, sondern die Lust am eigenen Tun. Mit ihren destruktiven Mitteln brauchen die Täter nicht hauszuhalten. Denn der Sinn des Exzesses ist nicht Sieg oder Terror, sondern die Tat selbst, das Blutfest.

Nicht selten suchen die Täter die Nähe zum Opfer. Es ist ein frommer Irrtum, dem Menschen eine natürliche Hemmung vor dem Angriff auf den Nächsten anzudichten und ihm als Therapie die intensive Begegnung von Angesicht zu Angesicht zu empfehlen. Jeder Brudermord, jeder Mord im Familien- oder Verwandtenkreis beweist das Gegenteil. Kein Krieg ist grausamer als der Bürgerkrieg, kein Haß reicht tiefer als jener unter Bekannten und Verwandten. Je enger die Beziehung zwischen den Gruppen, desto unerbittlicher ihre Feindschaft. Weil der Alltag so viele Gemeinsamkeiten aufweist, kennt die Gewalt, diese Leidenschaft der Nähe, keine Grenzen. Im wilden Krieg lassen sich trefflich alle privaten Rechnungen der Rache begleichen. In Algerien erkannten Überlebende vielerorts ehemalige Nachbarn unter den Mördern, Freunde, manchmal sogar eigene Verwandte. Bei den »ethnischen Säuberungen« im früheren Jugoslawien wüteten viele Mordbrenner besonders grausam gegen Nachbarn oder Arbeitskollegen aus derselben Ortschaft. In Ruanda hielten die Organisatoren des Völkermords an den Tutsi ihre Milizionäre dazu an, nicht mit automatischen Waffen, sondern mit der Machete zu töten. So nutzten sie die Leidenschaften des Abschlachtens und festigten zugleich den Zusammenhalt unter den Mördern. Nicht Anonymität, die Nähe verleitet zu den ärgsten Untaten. Fern davon, die Hemmschwelle zum Übergriff zu erhöhen, steigert sie die Grausamkeit aus dem Geiste der Nachbarschaft.

Jede Tätergruppe benutzt die Waffen, die ihr vertraut und gerade zur Hand sind. Militärverbände setzen Sprengstoff ein, automatische Waffen, aber auch Kampfmesser oder Gewehrkolben. Die Milizen in Mexiko bevorzugten ebenfalls die Machete, die serbischen und algerischen Schlächter Beile, Äxte, abgesägte Flinten, Eisenstangen, Dolche und Fleischmesser. Es sind dies die Werkzeuge der blutigen Handarbeit auf kurze Entfernung. Nicht auf spurlose Beseitigung ist das Gemetzel aus, sondern auf die Entstellung des Körpers. Wie Schlachtvieh wird das Opfer abgestochen, sein Leib wird in Fleischstücke zerhauen, die Organe der Sexualität werden herausgeschnitten. Sofern der Praxis des Gemetzels überhaupt ein religiöser Sinn zukommt, so ist es nicht irgendeine »fundamentalistische« Gottesidee, sondern die Wiederkehr des archaischen Blutrituals: des Menschenopfers, das die Mördergruppe ihrem Götzen, sich selbst nämlich, darbringt.

Welche Umstände begünstigen die Entfesselung kollektiver Grausamkeit? Die Mörder benötigen weder fanatische Überzeugungen, noch müssen sie langjährige kriminelle Karrieren hinter sich haben. Derlei Vermutungen ignorieren, wie niedrig die Hemmschwelle tatsächlich liegt. Der Exzeßtäter wird zum Exzeßtäter in der Situation selbst. Die Praxis der Grausamkeit erzeugt selbst den Willen zu weiterer Grausamkeit, bis diese schließlich selbst zum Motiv wird. Am Anfang jedoch genügt eine günstige Gelegenheit, damit er tut, was er darf. Von Dritten haben die Schlächter ohnehin nichts zu befürchten. In Chenalho schaute die Polizei tatenlos zu, die staatliche und klerikale Obrigkeit ließ trotz Vorwarnung die Mörder gewähren. In Algerien fanden manche Gemetzel in der Nähe von Armeeposten statt, ohne daß das Militär Alarm geschlagen hätte oder eingeschritten wäre. Der Verdacht, militärische Spezialeinheiten hätten selbst einige der Untaten begangen, um die Repression der Islamisten öffentlich zu legitimieren, war keineswegs unbegründet. Von den verschreckten Nachbarn, die nicht auf der Proskriptionsliste standen, war ohnehin keine Gegenwehr zu erwarten. Passive Zuschauer ermuntern die Mörder, sei es aus Feigheit oder Ohnmacht, aus duldsamer Komplizenschaft, politischer Berechnung oder kulturrelativistisch verbrämter Gleichgültigkeit.

Forciert wird die Grausamkeit durch den Zusammenhalt der Gruppe. Massaker sind stets Gewaltexzesse im Kollektiv. Die Mörder hetzen sich wechselseitig auf. Stolz zeigen sie ihre Trophäen herum. Falls ein Neuling zögert, wird er von den anderen vorangetrieben: ein aufmunterndes Schulterklopfen, ein scherzhafter Rippenstoß, ein Auftrag, den er nicht ablehnen kann. Wer nicht verspottet oder des Verrats bezichtigt werden will, der hat mitzuschlachten, mitzuschießen, mitzulachen. Die Gewalt gilt als Beweis der Zugehörigkeit.

Das Blutbad schafft eine neue soziale Gemeinschaft. Gleichviel, ob die Täter einer Armee, Miliz oder Räuberbande angehören, hinter der Grenze festigt sich ihr Zusammenhalt. Die Solidarität der Schlächter beruht auf der Erfahrung gemeinsamen Quälens und Tötens. Die Einsamkeit des Mörders ist gebannt. Der Exzeß verwirklicht eine der ältesten Formen menschlicher Communitas: das Töten zu gemeinsamer Hand. Ihr Fanal ist das Feuer. In der Nacht zum 5. Januar 1998 fiel ein Kommando über das Bergdorf Had Chekala her. Nachdem die Täter, wie gewohnt, viele Bewohner mit Äxten und Messern niedergemetzelt hatten, setzten sie das Dorf in Brand. Mehr als hundert Menschen verbrannten in den Häusern, nicht wenige bei lebendigem Leib.

Die Waffe der Schändung

Mit Spitzhacken, Vorschlaghämmern und bloßen Händen trugen palästinensische Straßenkämpfer die Mauern des Grabhauses ab. Auf der weißen Kuppel des Josephsgrabs schwenkten sie ihre Fahnen, feuerten Geschoßgarben in die Luft und priesen ihren Gott. Mitläufer durchstreiften die Brandruine und suchten nach Überresten. Aus der Eingangstür brachen sie den verkohlten Davidstern heraus und trugen ihn als Trophäe umher. Dann zerfetzten sie die religiösen Schriften, verstreuten die Buchseiten auf dem Boden und trampelten auf ihnen herum. Einem palästinensischen Zahnarzt gelang es, ein heiliges Buch des Rabbi Isaak Luria, eines Mystikers des 16. Jahrhunderts, vor dem wütenden Mob zu retten.

Das Grab, eine Pilgerstätte radikaler Siedler, war wegen zahlreicher Angriffe in den letzten Jahren zu einer befestigten

Exklave inmitten des Feindeslandes ausgebaut worden. Zu Beginn der neuen Intifada verblutete ein israelischer Unteroffizier
in dem Mausoleum. Fünf Stunden lag er angeschossen in dem
Gebäude. Wegen der Heckenschützen wagte es die angerückte
Verstärkung nicht, den Verwundeten zu bergen. Tage später
räumte die israelische Armee das Gelände und überließ es den
Aufständischen. Nach der Verwüstung wurde die weiße Kuppel mit der grünen Farbe des Islam angestrichen.

Die Entweihung heiliger Orte gehört zu den wirkungsvollsten Waffen des Straßenkrieges. In Bethlehem wurde das Grab
der Rachel zum Brennpunkt von Scharmützeln, in Jericho
steckte der Mob eine antike Synagoge in Brand. Da der Krieg
der Zeichen keine Grenzen kennt, strahlt er bis ins entfernte
Ausland aus. In Frankreich gab es mehr als achtzig Anschläge
auf jüdische Einrichtungen. Begonnen hatte der Aufstand nach
einem Übergriff, der weit mehr war als ein Akt der politischen
Provokation. In den Augen der Muslime war der Marsch ihres
Todfeindes Ariel Scharon zum Haram al-Scharif nichts anderes
als die Schändung ihres Heiligtums. Sofort wurde es mit Flaschen, Stühlen und Steinen verteidigt.

Der Sturz von Denkmälern, das Verbrennen von Flaggen
und Strohpuppen, das Beschmieren von Grab- und Kultsteinen,
das Betreten geweihter Bezirke – der Akt der Entwürdigung
trifft den Gegner in seinem Innersten. Mit der Zerstörung seiner Wahrzeichen soll seine Geschichte ausgelöscht werden. Ob
als Zeichen des Sieges, des Protestes oder des Terrors, nicht der
materielle, der affektive Wert ist das Ziel dieser Tat. Sie will
keine leere Fläche hinterlassen, sie will verunstalten und verun-
reinigen, was dem anderen heilig ist. Da die Schändung nur
kenntlich ist an dem, was sie übrigläßt, darf die Zerstörung niemals vollständig sein. Von der Synagoge muß eine Ruine bleiben, von der Grabstätte die Kuppel, von der Statue der Torso.
Keine Entweihung ohne einen Überrest des Geweihten. Nur
dann erreicht die Schändung ihr Ziel, wenn sie vorzeigt, was
sie zunichte macht.

Das Schänden ist eine preiswerte Waffe. Sie eignet sich daher
besonders zur Offensive der Unterlegenen. Es bedarf keiner

Sprengsätze oder Maschinen, um eine Aura zu demolieren. Es genügt ein Farbbeutel, ein Feuerzeug, ein Meißel. Während die Gegenseite mit Panzern, Hubschraubern und Sichtgeräten ausgerüstet ist, operieren die Pioniere der symbolischen Destruktion mit den dürftigsten Mitteln. Sie brauchen nicht einmal sonderlich viel Mut oder Verwegenheit, um sich an hohen Werten zu vergreifen. Das einzige, was sie benötigen, ist die öffentliche Resonanz: das Gejohle der Zuschauer, die Schadenfreude der Sympathisanten, die Empörung anläßlich des Bildes, welches die Medien weltweit verbreiten.

Obwohl technisch äußerst primitiv, ist die Schändung höchst wirkungsvoll. Mit der materiellen Beschädigung einer Sache hält sie sich nicht auf. Sie kehrt vielmehr die Bedeutung um, welche den heiligen Objekten anhaftet. Mit Füßen wird getreten, was mit Sinn überladen ist, mit Sinn vom Ursprung der Tradition, des Glaubens, der Nation. Das Höchste wird in die Tiefe gestürzt, das Wohlgeformte zertrümmert, das Ganze in Stücke gehauen, das Reine mit Schmutz beworfen. Heilig ist das, was nicht berührt werden kann, ohne verunreinigt zu werden. Achtung und Abstand fordert das Sakrale. Rituelle Vorschriften regeln den Übergang vom Profanen zum Heiligen. Und die Liturgie sagt, wie mit dem Numinosen zu verkehren sei. Wer all dies mißachtet, begeht ein Sakrileg. Er vergeht sich an den höchsten Werten einer Kultur oder Religion.

Die Schändung gleicht einem magischen Akt. So schäbig und profan die Tat erscheint, sie beruht auf einer Imagination, die alle Säkularisierung überlebt hat. Es ist die Vorstellung von der physischen Gegenwart des Heiligen. Im heiligen Objekt wird urplötzlich sichtbar, was sonst unsichtbar ist. Daher stachen einst die Eroberer den Götterstatuen des Feindes die Augen aus. Im Götterbild ist der Gott selbst anwesend. Der heilige Raum ist erfüllt von dem Geist, den die Menschen anbeten, in heiligen Büchern sind die Worte der Götter auf immer niedergeschrieben. Tempel und Altar, die Idole und Fetische, die Bilder und Reliquien, sie sind Teil der Macht, die sie bezeichnen. Der Grabstein ist weit mehr als ein Stein des Gedenkens und der Erinnerung. Der Friedhof, diese Stadt der Toten, beherbergt nicht nur die Gebeine der Vorfahren. Er ist die Wohnstätte der Ahnen, die man durch Ehre, Nahrung und Blumen zufriedenstellt. Wer einen Friedhof schändet, befleckt nicht nur das Ansehen der Toten. Indem er die Ruhe der Ahnen stört, erweckt er die bösen Geister zu neuem Leben.

Die Entweihung der Dinge verschafft kleine Siege, wenn der große Triumph in weiter Ferne liegt. Um so rabiater wird der Mob, wenn er eines lebendigen Menschenkörpers habhaft wird. Die Lynchmorde in Ramallah trugen alle Merkmale des zweiten Totschlags, der Entstellung und Schändung des Getöteten. In der Polizeistation stachen die Mörder auf zwei israelische Soldaten ein und schlitzten ihnen die Körper auf. Dann warfen sie den einen kopfüber durchs Fenster, der Meute zum Fraß. Mit Eisenstäben schlug der Mob auf den leblosen Körper ein und traktierte ihn mit Fußtritten. Schließlich wurde der Leichnam im Staub der Straße zur nächsten Kreuzung gezogen. Nach dem Marterfest tanzten Jugendliche um den Blutfleck herum, wo der Körper des Israeli aufgeschlagen war. Im Wechselgesang riefen sie einander zu: »Hier quetschten wir ihm die Augen aus, hier rissen wir ihm die Beine ab, hier schlugen wir ihm ins Gesicht.«

Kosovo: der Doppelkrieg

Anfangs war es nur die Arroganz der Macht. Politiker wie Militärs glaubten, ein paar Bomben genügten, damit der Tyrann die Kapitulationsurkunde unterzeichnet. Dann währten die Luftangriffe mehrere Wochen, die Verwüstungen waren erheblich, doch die militärische Bilanz war dürftig.

Illusionen sind Treibsätze des Krieges. Sie stützen sich auf Fehlkalkulationen, Wunschträume und den Willen zum Selbstbetrug. Die Trugbilder empfehlen sich dadurch, daß sie unliebsame Einsichten ersparen und statt dessen Befriedigung verschaffen. Es war weniger die Propaganda als das Bedürfnis nach Selbsttäuschung, welches das Sichtfeld der Alliierten eintrübte und dadurch den Krieg forcierte. Wider besseres Wissen glaubte man weiterhin an die Wahrheit dessen, was man sich selbst eingeredet hatte, proklamierte Ziele, welche der Krieg schon nach kurzer Zeit hinter sich gelassen hatte.

Im Kosovo fand ein »Doppelkrieg« statt, der Vorstellungen von einem regulären Krieg zwischen Staaten als obsolet erscheinen ließ. Die Luftattacken ähnelten eher einer Polizeiexpedition am Rande des Imperiums. Sie boten ein Spektakel der Entschlossenheit ohne Risiko. Die Massaker und Deportationen der serbischen Seite gehörten hingegen zum bewährten Repertoire staatlich angeordneten Verfolgungsterrors. Trotz der hohen Gewaltintensität waren direkte Gefechte selten. Schlachten wurden nicht geschlagen, das Bombardement traf auf wenig Gegenwehr, die Bodenkämpfe glichen eher Scharmützeln. Miserabel ausgerüstet und unkundig in den Techniken der Infiltration, liefen die unerfahrenen albanischen Freischärler der UÇK, lebenden Detektoren gleich, in die Minenfelder und wurden zusammengeschossen. Derweil hielt sich die Allianz in sicherem Abstand auf 4500 Metern Höhe und überließ die unteren Etagen des Luftraums den jugoslawischen Kampfjets und Helikoptern. Nicht Gefechte bestimmten diesen »Krieg«, sondern Terror gegen Wehrlose: Zerstörungen, Menschenjagden, Massaker.

Für die Waffenträger und ihre Befehlsgeber war diese Art der »Kriegsführung« ein wohlfeiles Unternehmen. Die Verluste unter den »Kombattanten« waren gering. Raketen, Laserbomben und Marschflugkörper sind ideale Waffen für jede Gesellschaft, die an eine moralische Mission glaubt, dafür aber keinen hohen Preis entrichten will. Sie eignen sich zur Strafaktion und Demolierung der Infrastruktur, demonstrieren vermeintliche Tatkraft und nähren zugleich den moralischen Hochmut. Der Luftkrieg – ein heiliges Werk im Dienst der Zivilisation.

Die Destruktivkraft des Feuerwerks war unübersehbar: rauchende Fabrikruinen, zersprengte Brücken, Häuser, Sendemasten, das Skelett eines Linienbusses; und zwischen den Trümmern abgerissene Arme, Blut, verkohlte Menschenkörper. Dennoch bewirkte das Bombardement das Gegenteil dessen, was beabsichtigt war. Die serbische Militärmacht verließ nach

dem Waffenstillstand die Region ohne nennenswerte Verluste
an Menschen und Material. Die Haltung des Despoten blieb
ungebrochen, das Regime gefestigt, die Loyalität der Bevölkerung gestärkt. Die Hoffnung der Allianz auf demokratischen Widerstand, einen Tyrannenmord oder Militärputsch
entsprang purem Wunschdenken. Offenbar hatte man die Binsenweisheit übersehen, daß Außendruck den Zusammenhalt
innerhalb einer Gesellschaft zu stärken pflegt. Zwar verflog die
trotzige Begeisterung und das nationale Hochgefühl aus den ersten Tagen des Bombardements alsbald. Aber aus der Verzweiflung und Ohnmacht führte kein Weg zum erhofften Umsturz.
Die Fähigkeit der Menschen, im Elend auszuharren, ist nicht
zu unterschätzen. Erst wenn Kräfteverhältnisse sich umzukehren beginnen, erhält eine Revolte Zulauf. Der Luftkrieg schür-
te nur Wut und – Opferbereitschaft. Je größer Leid und
Zerstörung, desto weniger hatten die Serben zu verlieren. Je
weniger sie aber zu verlieren hatten, desto größer ihre Entschlossenheit durchzuhalten, damit ihre Opfer nicht umsonst
waren. Es mußten noch über achtzehn Monate vergehen, bis
nach einer Wahlniederlage der Diktator vor dem Druck der
Straße zurückweichen und abdanken mußte.

Ebenso irrig war das personalistische Feindbild. Verfolgungsterror fällt niemals allein in die Verantwortung eines einzelnen Despoten. Die Zahl der Täter und Gehilfen geht meist
in die Zehntausende, die Zahl der Mitwisser mindestens in die
Hunderttausende. Man sage nicht, die serbischen Untertanen
seien allesamt nur ahnungslose Opfer infamer Verführung gewesen. Als sei das Morden und Vertreiben nicht seit Jahren offizielle Politik gewesen. Als seien die Greuel nicht in der Nachbarschaft, vor der Haustür geschehen. Als hätten sich die
Kriegsherren nicht von dem jubelnden Publikum als neue Helden der Nation feiern lassen. Was spricht für die trostvolle
Mutmaßung, die Schinder entstammten nicht der Mitte der
Gesellschaft, die sie auf ihren Schultern trug?

Es gehört zum Kalkül konventioneller Kriegsführung, frühzeitig Befehlswege zu zerschlagen, um die feindliche Armee zu
zerstreuen. Diese wohlgezielte Taktik trifft jedoch ins Leere,

wenn auf der Gegenseite Mordbrenner am Werke sind, die, nachdem die Lizenz erteilt ist, vor Ort auf eigene Faust agieren. Eine reguläre Partisanenarmee ist auf dezentrale Operationen gedrillt. Das System der Volksverteidigung macht jeden Erwachsenen zum potentiellen Kämpfer und ermuntert zum Rollenwechsel vom Bürger zum Krieger. Die Privatisierung der Gewalt ist in der Demokratisierung der Landesverteidigung angelegt. So verwandelt sich eine Armee rasch in Meuten, wenn sie an ihrer Seite uniformierte Marodeure weiß, denen das Handwerk des Gemetzels längst zu Beruf und Berufung geworden ist. Es ist wahr: Der Luftkrieg verursachte die systematische Massenvertreibung nicht und löste sie auch nicht aus. Aber er beschleunigte den Terror, indem er die Banden aus den Zügeln der Zentrale befreite und ihnen zusätzliche Mordmotive verschaffte: Rache und Vergeltungsdrang. Die etatistische Illusion, einen regulären Krieg zwischen Staaten auszufechten, verlieh der »ethnischen Säuberung« Vorschub und Triebkraft.

Vertreibungsterror benötigt wenig Mut, Munition und Benzin. Er erfordert ein paar Maschinenpistolen, Messer, Handys, Wollmasken, Routine und ein gewisses Maß an Mordlust. Die serbischen Trupps handelten nach bewährter Praxis. Sie war seit Beginn der 90er Jahre bekannt und wurde von der westlichen Politik des Abwartens geduldet. Schon die Intervention in Bosnien erfolgte erst, als mit Srebrenica das moralische Maß übervoll, die ethnischen Säuberungen indes erfolgreich abgeschlossen waren. Der Luftkrieg war nur die Fortsetzung der Politik des Attentismus mit anderen Mitteln. Nicht an Wissen, an Zeugnissen und Bildern fehlte es. Es mangelte an dem Mut zu begreifen, was man wußte, und rechtzeitig die notwendigen Konsequenzen zu ziehen.

Die Methode der Razzien war stets dieselbe. Durch Meetings und Demonstrationen der lokalen Bevölkerung wurden die Emotionen angeheizt. Dann wurde das Areal eingekreist, maskierte Trupps durchkämmten Haus um Haus und trieben die Bewohner auf die Straße. Wortführer und Amtsträger wurden sofort hingerichtet. Anschließend trennte man die Frauen, Kinder und Greise von allen Männern zwischen sechzehn und sechzig. Waren Zeitpunkt und Gelegenheit günstig, fielen die Täter über ihre Opfer her. Die Toten wurden notdürftig verscharrt oder den Aasfressern überlassen, die Überlebenden in den Wäldern ausgehungert, über die Grenze gehetzt oder aber festgehalten, um der Gegenseite kein leeres Schußfeld zu bieten. Am Ende wurden die verlassenen Häuser ausgeplündert, in Brand gesteckt oder mittels einer Gasexplosion in die Luft gejagt. Der Terror verschaffte den Tätern reiche Beute und Festtrophäen der Grausamkeit. Als endlich die Bodentruppen der Alliierten einrückten, war die albanische Gesellschaft des Kosovo eine Gesellschaft auf der Flucht.

Die Allianz bot dem Getriebe des Terrors keinen Einhalt. Wäre es ihr tatsächlich um einen Akt humanitärer Nothilfe gegangen, dann hätte sie nicht nur Feldlazarette vorbereitet, sondern auch sofort Brückenköpfe, Schutzzonen und Fluchtkorridore freigekämpft. Für diesen Einsatz fehlten der politische Entschluß, die militärische Vorbereitung und die gesellschaftliche Unterstützung. Statt dessen reagierte man auf die Fehlschläge des Luftkriegs mit dessen Verstetigung, mit Bomben rund um die Uhr, mit der Raserei der Destruktivkräfte. Und solange der erlösende Anruf des Diktators ausblieb, der die Alliierten aus der Zwangsjacke befreit hätte, vertröstete man sich mit neuen Illusionen.

Da war die Forderung eines einseitigen Waffenstillstands oder Moratoriums, um, wie es hieß, »der Diplomatie eine Chance« zu geben. Die Gegenseite hätte die Feuerpause als Erfolg verbucht, jede Chance zur Reorganisation genutzt und den Terror unbehelligt fortgeführt. Da war das Traumgespinst von künftiger Versöhnung und restlosem Vergessen, der Glaube an die Allmacht der Vereinbarung, des Konsenses, an eine Politik ohne Feinde. Man hoffte auf die baldige Rückkehr der Verjagten und, als sei nichts geschehen, auf ein friedvolles Zusammenleben in multikultureller Eintracht in den alten Grenzen. Um der Staatsräson zu genügen, wollte man den Überlebenden und Flüchtlingen zumuten, sich mit den Mördern ihrer Angehörigen wieder gütlich zu vertragen, die Waffen abzugeben und sich auf Gedeih und Verderb einer internationalen »Schutztruppe« anzuvertrauen, die bis dahin zu ihrem Schutz noch gar nichts riskiert hatte. Der »Frieden«, den die Großmächte schließlich diktierten, ward errichtet auf Massengräbern und dem Schweigen der Überlebenden. Wie nicht anders zu erwarten, ist auch nach Jahren des Protektorats durch fremde Bodentruppen und Polizeikräfte der multikulturelle Frieden ferner denn je. Das Trauma der »ethnischen Säuberung« läßt sich durch unpolitisches Wunschdenken nicht ungeschehen machen. Nach dem Massaker liegt der einzige Ausweg in der Sezession.

Und da war schließlich die Flucht in die höheren Gefilde der Moral. Sie ersparte die Abwägung der Zwecke und den Einsatz der erforderlichen Mittel. Die bestürzte Rhetorik vom Völkermord und plötzlichen Zivilisationsbruch entsprach spiegelbildlich der militanten Rhetorik der Gewaltlosigkeit um jeden Preis, auch um den Preis eigener Unterlassungsschuld. Einmal mehr rangierte die Sorge um Gemüt und Gesinnung vor der Einsicht in die erste Aufgabe jeder Politik, Menschen vor ihren Widersachern zu schützen.

Die einzige moralische Rechtfertigung der Gewalt ist die Nothilfe. Die einzige Rechtfertigung der Kriegsgewalt ist der Sieg. Beides bedarf keiner großen Worte. Je höher die Werte, desto höher der Blutzoll. Wer sich an einem Krieg zur humanitären Nothilfe beteiligt, ohne den Sieg erkämpfen zu wollen, handelt naiv, fahrlässig, verantwortungslos. Krieg setzt nicht nur die Bereitschaft zum Töten voraus, sondern auch den physischen Mut, für andere das eigene Leben zu riskieren, zu leiden, notfalls zu sterben. Gesellschaften, welche diese Tugend nicht aufbringen, sollten schleunigst den Rückzug antreten und sich von der Rhetorik der Menschenrechte verabschieden. Und sie sollten nicht so tun, als sei dieser Verzicht aus Feigheit in Wahrheit ein Akt der Gerechtigkeit.

Terrorkrieg

Bevor im Turm das Kerosin explodierte, war an der Fassade noch die Einschlagstelle des Flugzeugs zu erkennen. Deutlich sah man den Umriß des Rumpfes und der beiden Flügel. Vom Nordturm trudelten Menschenkörper kopfüber in die Tiefe. Die Beine strampelten, die Arme ruderten ins Leere. Endlose Sekunden dauerte der Absturz, Windböen trieben die Körper vom Gebäude ab. Plötzlich verfinsterte sich der strahlendblaue Himmel. Eine Wolkenwand aus Kalk und Asbest wälzte sich durch die Straßenschluchten und füllte die Atemluft mit Staub.

Die Toten sah man nicht, keine zermalmten, verkohlten Körper, keine abgerissenen Glieder oder zerschmetterten Schädel. Es war wie in allen Kriegen der jüngsten Zeit. Bilder der physischen Zerstörung wurden nicht gesendet. In Säcken wurden die Überreste der Leichen entfernt. Die allermeisten Vermißten waren nicht mehr aufzufinden. Sie waren zu Asche verbrannt. Zurück blieb ein Schuttberg, verbogene Stahlgerüste, pulverisierter Beton, ein leerer Ort.

Die Szenerie der Anschläge auf das World Trade Center am 11. September 2001 war aus Filmen und Texten bekannt. Informierte Geheimdienste hatten mit dem Schlimmsten gerechnet. Doch niemand wollte zuletzt daran glauben. So übertraf die Wirklichkeit einmal mehr die Imagination. Niemand hatte die Stille geahnt, die nach dem Angriff für einen Augenblick über der Weltstadt lag, dann dieses dumpfe Grollen, das Geräusch eines fernen Unheils. Niemand hatte sich die Finsternis inmitten der Staublawine und das Ausmaß der Verheerung vorzustellen vermocht, vermutlich nicht einmal die Attentäter.

Dem Beobachter, der in sicherer Entfernung auf die Bilder starrte, blieben Panik und Entsetzen der Menschen am Tatort erspart. Er sah entsetzliche Bilder, aber er erlebte weder eine entsetzliche Realität noch eigenes Entsetzen. Das unterschied ihn vom Augenzeugen, der vom Ereignis direkt affiziert wurde. Die Passanten im Süden Manhattans wurden von Entsetzen erfaßt, als plötzlich das Chaos über sie hereinbrach. Manche wurden leichenblaß, standen gebannt vor dem Geschehen; andere rannten schreiend umher oder wimmerten leise vor sich hin.

Auch von dem Grauen, das den Bergungstrupps Tag für Tag entgegenschlug, war der bestürzte Beobachter Tausende von Kilometern entfernt. Dem Zaungast des Schreckens drohte keine Gefahr. Seine Realität blieb, wie sie war. Das globale Medium hebt die Entfernungen mitnichten auf. Auch Bilder in Echtzeit erschaffen nicht den universalen Augenzeugen. Wenn in der Ferne die Welt aus den Fugen gerät, nebenan aber nichts geschieht, ist das Gefühl der Sicherheit keineswegs in seinen Grundfesten erschüttert. Trotz der diffusen Angst war der Wille zur Normalität unverwüstlich. Der Börsenhandel in Europa wurde fortgeführt, Sportveranstaltungen wurden termingerecht abgehalten, das alljährliche Bierfest fand unter hohen Sicherheitsmaßnahmen statt. Das Gefühl des Unwirklichen währte nur ein paar Stunden, einen Tag vielleicht, bis sich der Alltag wieder in den Vordergrund schob.

Dennoch hinterließen die Anschläge eine untergründige Stimmung der Ängstlichkeit. Terror ist eine unwägbare Gefahr, er hat keinen Namen und keine Adresse. Eine gewisse Erleichterung setzte ein, als die ersten Fotos der Attentäter gezeigt und von gezielten Verhaftungen berichtet wurde. Regierungen dokumentierten Entschlossenheit durch Solidaritätsadressen und überhastete Maßnahmen der sozialen Überwachung. Umgehend wurde das Militär in Alarmbereitschaft versetzt, die Allgegenwart uniformierter Sicherheitskräfte sorgte für eine gewisse Beruhigung.

Den praktischen Maßnahmen entsprach die emotionale Angstabwehr. Alle Aufmerksamkeit richtete sich auf eine geheimnisumwitterte, geradezu mythische Figur in einem fernen Bergland, als sei ein konspiratives Netzwerk selbständiger Terrorteams noch dadurch zu erfassen, daß man ihm ein personales Gesicht gibt. Auch der reflexhafte Appell an die besonnene Diagnose vermeintlicher Ursachen war ein Versuch, die Verstörung in vertraute Denkmuster zurückzulenken. Und schließlich fanden die Menschen, die selbst keinen persönlichen Verlust zu

beklagen hatten, Zuflucht bei Gesten des kollektiven Trauer-
schauspiels, die sich bei technischen Katastrophen oder auch
beim Unfalltod einer englischen Prinzessin bewährt hatten.
Man versammelte sich in Kirchen oder vor den Botschaften,
entzündete Kerzen, suchte die Nähe des anderen, ergab sich
tränenreicher Ergriffenheit. In der Prozession und Andacht
glaubte man einen Anflug von Erhabenheit zu spüren. Wesent-
lich war nicht die gemeinsame Klage, sondern die Gemeinsamkeit der Klage, das Erlebnis paralleler Gestimmtheit in der Gemeinschaft.

Obwohl der gesellschaftliche Alltag allmählich in alte Bahnen zurückkehrte, wirkte der Schrecken nach. Das unbefragte
Vertrauen in den friedlichen Fortbestand der eigenen Lebenswelt war unterminiert. Flugreisen wurden storniert, nicht wenige Menschen mieden öffentliche Plätze. Hinter einer Explosion oder einem Flugzeugabsturz vermutete man zunächst
einen Anschlag. Briefe mit unbekanntem Absender beäugte
man mit Mißtrauen. Auch nach der Dämpfung des ersten
Schocks hielt der neue Krieg die Menschen in Atem. Als die
ersten Attentate mit Biowaffen bestätigt wurden, flackerte erneut die Angst auf. Die plötzliche Bestürzung entsprang auch
der Vergeßlichkeit. Es ist erstaunlich, wie kurz das zeithistori-
sche Gedächtnis ist. Der Anschlag hatte Vorbilder. Im März
1986 wurde der japanische Terrorist Yu Kikimura verhaftet,
der im Auftrag Gaddafis auf dem Weg nach New York war.
Auf dem Rücksitz seines Autos fand man mehrere, mit Sprengstoff und Dachnägeln gefüllte Feuerlöscher. Vor einem Anwer-
bebüro der US-Marine in der Wall Street sollten die Minen
während der Mittagspause gezündet werden. Zahllose Verstümmelte hätte das Attentat gekostet. Die Bombenleger von
1993 beabsichtigten, einen der Zwillingstürme des World
Trade Center auf den anderen stürzen zu lassen und gleichzeitig im zerstörten Turm eine Giftwolke aus Natriumzyanid frei-
zusetzen, die alle Menschen im Umkreis erstickt hätte. Die Zahl
der Verletzten lag damals bei über 1000. Beide Pläne mißlan-
gen, doch der Tatort war bereits markiert – für die Anschläge
am 11. September 2001.

Auch andere Vorzeichen hatte man im Fortgang der Zeit-
läufte zügig vergessen. Im Februar 1993 erschütterten dreizehn
nahezu simultan gezündete Autobomben die Kernstadt von
Bombay. 400 Personen wurden getötet, 1000 verletzt. Im Dezember 1994 entführten algerische Terroristen einen Jet der Air
France. Sie planten, das Flugzeug mit 283 Passagieren über Paris zu sprengen, so daß die brennenden Wrackteile auf die Stadt
gestürzt wären. Das Vorhaben wurde rechtzeitig vereitelt. Den
Attentaten auf die Botschaften in Nairobi und Daressalam fielen 224 Menschen zum Opfer, 4500 wurden verletzt. Der alte
Erfahrungssatz, der Terrorismus wolle mehr Zuschauer und
nicht mehr Tote, war schon lange widerlegt.

Vor dreißig Jahren verließ der Terrorismus seine lokalen Wir-
kungskreise und wurde zu einer globalen Aktivität. Er erwei-
terte seine Ziele, Methoden und Schauplätze. Vollbesetzte Flugzeuge wurden entführt; Diskotheken, Cafés, Kaufhäuser, ein
olympisches Friedensdorf dienten als Aktionsbühne für blutige
Anschläge. Die internationale Zusammenarbeit brachte den
Beruf des Terrorsöldners hervor, der auf Bestellung und gegen
Bezahlung tötete. 1972 verübte ein Kommando der »Japanischen Roten Armee« im Auftrag der »Volksfront für die Befreiung Palästinas« mit Handgranaten und Maschinengewehren
einen Selbstmordanschlag auf den israelischen Flughafen Lod.
80 Personen wurden verwundet, 26 getötet, darunter 16 puer-
toricanische Pilger auf dem Weg ins Heilige Land. Die Täter
waren wohlerzogene Studenten angesehener japanischer Uni-
versitäten. Der einzige Rotarmist, der den Anschlag überlebte,
empfand darüber solche Schmach, daß er während des Prozes-
ses alles daransetzte, seinen Tod zumindest nachträglich herbeizuführen. Er wurde zu lebenslänglicher Haft verurteilt – die
schlimmste Strafe, die man über ihn verhängen konnte.

Heutige Attentäter haben es nicht mehr auf Tyrannen, Kron-
prinzen, Manager oder Gesandte abgesehen. Sie bevorzugen
öffentliche Plätze, Verkehrsmittel, Knotenpunkte, wo Menschen in großer Zahl zu treffen sind. Solche Orte sind leicht
zugänglich und verleihen dem Gewaltakt Publizität. Die japanische Aum-Sekte wählte auf ihrem Weg in die Unsterblichkeit

die U-Bahn Tokios, um dort die Vernichtungskraft des Nervengases Sarin zu erproben. In Luxor wurden ausländische Touristen regelrecht abgeschlachtet, über dem schottischen Lockerbie zündete ein libysches Kommando die Bombe in einer Linienmaschine.

Die Anschlagserie von New York, Washington und Pittsburgh vereinte erprobte Aktionsmuster zu einer bislang singulären Tat. Die entführten Flugzeuge wurden wie zuvor die LKW-Bomben ins Ziel gelenkt, die Attentäter opferten sich selbst, die einzelnen Akte waren exakt aufeinander abgestimmt, die Tatorte lagen zentral, und die Opfer kamen aus aller Herren Länder. 62 Nationalitäten verzeichnet die Liste der Vermißten. Weder der Schauplatz noch die Grausamkeit waren neu, weder die Tarnung des unsichtbaren Feindes noch die Plötzlichkeit des Schreckens. Einzigartig in der Geschichte des Terrorismus jedoch ist das Ausmaß der Verwüstung, die Verzehnfachung der Totenzahl, die Ausbildung der Täter, die politischen Folgen und die Intensität der weltweiten Verstörung.

Das Massaker markiert eine Zäsur in der Geschichte der Gewalt. Es steht am Übergang vom Terrorismus zu einer neuen Form des Krieges. Die alte Logik des Terrorismus ist außer Kraft gesetzt, der Kalkül der Provokation aufgehoben. Das Blutbad ist nicht länger ein Mittel der politischen Kommunikation mit anderen Mitteln. Früher dienten Attentate als Signal, als Fanal, das die Anhänger aus ihrer Ohnmacht reißen und den Feind einschüchtern sollte. Die Propaganda der Tat spekulierte darauf, die Gegenseite zu lähmen oder zu einer repressiven Überreaktion zu verführen, in der sie durch ihr eigenes Gewicht zu Fall kommen würde. Auf einen maßlosen Gegenschlag war die Ökonomie der terroristischen Gewalt berechnet. Dafür genügten meist kriminelle Akte der symbolischen Gewalt, destruktive Aktionen mit Bedeutung.

Gewiß nutzte auch der jüngste Angriff Symbole. Er zielte gegen ein Wahrzeichen der Weltstadt, gegen das Monument des Weltmarktes, gegen die Hybris einer urbanen Kultur, welche ihre Bauwerke bis in Gottes Höhen emportreibt. Das Pentagon ist das steinerne Symbol der Pax americana. Das Flugzeug steht für das Ende der Seßhaftigkeit und die Allgegenwart der verhaßten Kultur. Doch was sollte die Zerstörung der Gebäude und der Massentod vor Augen führen: die Verletzbarkeit der Supermacht, die Vergänglichkeit ihrer Staats-, Wirtschafts- und Lebensform? War der Massenmord als Akt der ausgleichenden Gerechtigkeit gemeint, als Rache für alle Untaten, welche Regierungen der USA jemals begangen haben? War es eine Heldentat des Widerstands, ein religiöser Verteidigungsschlag gegen die Globalisierung? Oder nur eine Ausgeburt des Hasses auf die USA, weil sie die stärkste, reichste und freieste Macht der Welt sind? Der Phantasie der Interpreten sind keine Grenzen gesetzt.

Sinndefizite lassen die Deutungen wuchern. Viele Vermutungen über die Ursachen der Attentate waren im Umlauf. Besonders eingängig war der Hinweis, die Täter rebellierten gegen Elend, Ohnmacht und Unterdrückung. Die Untaten seien nur eine Reaktion auf die Ungerechtigkeiten des globalen Kultur- und Wirtschaftsimperialismus. Wenn die Mörder den Westen hassen, dann muß die Schuld zumindest teilweise beim Haßobjekt selbst liegen – so die bewährte Verkehrung ins Gegenteil, welche die Mittel durch vermeintliche Ursachen entschuldigt und den Ermordeten die Schuld an ihrem eigenen Tod zuschiebt. Weil sie selbst von westlicher Macht oder Kultur terrorisiert worden seien, so die krause Logik, mußten die Täter zu haßerfüllten Terroristen werden. Denn von Natur aus ist der Mensch gut. Einzig die Umstände der amerikanischen Hegemonialpolitik machten die Täter zu Tätern. Gäbe man den Menschen Hoffnung und verbessere man ihre Lebensverhältnisse, dann verhindere man damit auch den Terrorismus. Daß die Attentäter mitnichten aus den Slums von Algier oder Kairo kamen, sondern aus wohlhabenden Familien, störte die Wortführer des Sozialdeterminismus ebensowenig wie die Tatsache, daß nicht Ungerechtigkeit, sondern nur die Wahrnehmung von Ungerechtigkeiten Menschen zum Protest zu veranlassen pflegt. Die Wahrnehmung jedoch kann von vielerlei immateriellen Dispositionen beeinflußt sein, von Groll, Zerstörungswut, Ressentiments, Rachegier oder Fanatismus.

Nicht weniger beliebt war daher der Hinweis auf die Religion. Doch was ist damit erklärt? Von religiöser Inbrunst führt kein direkter Weg in das Cockpit einer vollbesetzten Passagiermaschine, die als Flugbombe ins Ziel gesteuert wird. Um ein Terrorist zu werden, gehört mehr dazu als der Glaube an ein paar heilige Verse oder Parolen. Es gibt Abermillionen strenggläubiger Muslime, von denen kein einziger im Traum daran denkt, jemanden zu töten. Die Naherwartung eines Logenplatzes im Paradies, wo der Märtyrer das Antlitz Allahs erblicken und die Aufhebung der Prohibition genießen kann, bringt niemanden dazu, sich aus Begeisterung gleich selbst in die Luft zu sprengen. Vermutlich halfen rituelle Gebete den Attentätern zur Überwindung der Todesangst, zur Selbstbetäubung in letzter Minute. Doch für Haß und Mordlust ist Fanatismus weder notwendig noch hinreichend. Für antiwestliche Ressentiments bedarf es nicht einmal des Islam. Niemandem waren die Attentäter Rechenschaft schuldig, am wenigsten sich selbst. Welche Handlungshemmung hatten sie zu überwinden? Sie bedurften keiner religiösen Travestien. Den Anschlägen einen heiligen Hintersinn anzudichten, sitzt nur der Propaganda der begeisterten Anhänger auf. Große Verbrechen bedürfen keiner großen Ideen über Gott und die Welt.

Stärker als alle Heilsversprechen wirken erfahrungsgemäß profane Tatsachen: der soziale Loyalitätsdruck unter den Kampfgenossen im Untergrund, der in regelmäßigen Exerzitien verstärkt wurde; das konspirative Klima der Gesinnungskontrolle in der abgeschotteten Kleinwelt der Verschwörer; ferner die Fixierung auf die Autorität einer charismatischen Leitfigur. Am Tag des Anschlags schließlich gab es kein Zurück mehr. Das Aktionsprogramm wurde bis zur letzten Sekunde absolviert, der Handlungskanal ließ keinen Ausweg. Wie auch sonst liegt die effektivste Gegenstrategie nicht in der Aufklärung verblendeter Subjekte, sondern in der Zerschlagung ihres sozialen Netzwerks.

Der Anschlag war keine Wortmeldung im Widerstreit der Kulturen. Ihn als symbolischen Akt des Protestes oder des Fanatismus auszugeben, ist eine glatte Verharmlosung. Die physi-

sche Realität des Massentodes ist nicht mit kulturellem Sinn zu
überhöhen. Die Helfershelfer der Attentäter verzichteten wohl-
weislich auf jeden Kommentar, jedes Bekenntnis, jeden Aufruf.
Das Massaker war keine Provokation, sondern Massenvernichtung. Ein politisches Ziel jenseits der Zerstörung war nicht zu
erkennen. Der Anschlag besagte nichts, er war ein Akt der Destruktion ohne Hintersinn. Das einzige, was die Zerstörung
bezweckte, war eine leere Fläche, eine Tabula rasa. Wo etwas
ist, dort soll nichts sein, lautet die Devise der Destruktion. Wo
Leben ist, soll Tod sein. Terror aber, der auf Zerstörung aus ist,
hinterläßt keine Zeichen. Wer alles dem Erdboden gleichma-
chen will, hat gar kein Interesse, selbst zu überleben, um sich in
seinem Erfolg zu sonnen.

Sobald sich die Gewalt von allen Zwecken emanzipiert,
bleibt nichts als Zerstörung und Grausamkeit zurück. Das Prinzip der Destruktion ist ein Merkmal des neuen Krieges, der seit
Jahren im Gange ist. Der Anschlag war keine Kriegserklärung,
er war eine Episode in der Geschichte eines andauernden Terrorkrieges. Auf Attentate hatten die USA schon in den letzten
Jahren mit Luftattacken auf Libyen, Sudan, Irak und Afghanistan reagiert. Dies waren bereits kriegerische Vorgeplänkel. Die
Wechselseitigkeit der feindseligen Gewalt, welche einen Krieg
konstituiert, war seit Jahren gegeben. Doch die Anschläge und
Gegenschläge waren punktuelle Ereignisse. Dazwischen lagen
Pausen mit verdeckten Aktionen, von denen nie etwas an die
Öffentlichkeit gedrungen ist. So konnten die Einwohner Europas weiterhin die Illusion vom sicheren Frieden pflegen. Sie ver-
buchten die Attentate als einzelne Ereignisse, welche rasch wieder von der politischen Tagesordnung gestrichen werden
konnten. Der Angriff auf Washington und New York hat diesen Krieg nunmehr in die Metropolen getragen.

Der Terrorkrieg will kein Land besetzen, keine Staatsmacht
erobern oder das Missionsgebiet einer Religion erweitern. Er
will keine Gesellschaftsordnung umstürzen und auch keine
Beute erlangen. Er strebt nicht nach Anerkennung oder Bestätigung. Er will Menschen in großer Zahl töten, Schrecken verbreiten, das Leben durch Angst paralysieren. Sein Ziel ist nur

Tod und Verwüstung. Dieser Krieg ist keine Fortsetzung politischer Machtkonflikte mit anderen Mitteln. Die Waffen des Massenterrors heben jede Politik auf.

Terrorkrieg ist kein Krieg zwischen Staaten, Kulturen oder Religionen. Seine Hauptakteure sind Agenten, Kommandos, Geheimzellen. Sie stehen nicht im Sold eines Staates, sondern eines privaten Kriegsherrn, und nicht wenige operieren auf eigene Rechnung. Manchmal werden sie als Söldner von Staaten angeworben und nach der Tat wieder versteckt. Doch ihre Hauptbasis liegt in Gegenden, wo ihnen entweder ein Staat langfristig Unterschlupf gewährt oder das Regime der Kriegsherrn den Zentralstaat bereits entmachtet hat. Von dort aus reicht ihr Aktionsradius rund um die Welt. Mittlerweile agieren die Kommandos nicht nur lokal, sondern global. Unter dem Schirm der Konspiration bilden sie ein locker verknüpftes Netz kleiner Einheiten, die nur für ein Projekt koordiniert werden. Diese supranationale »Untergrundarmee« nutzt die Deckung des Alltags. Daß der Feind unsichtbar ist, besagt nicht, daß es ihn nicht gäbe. Zu jeder Kriegsführung gehört die Aufklärung feindlicher Stützpunkte und die Tarnung der Aktionen, um die Effekte der Überraschung nutzen zu können.

Der neue Krieg kennt keine Fronten und keine Sicherheitszonen. Jeder Ort kann zum Ziel werden. Die Trennlinie zwischen Krieger und Zivilist ist aufgehoben. Die Regeln des Staatenkrieges sind gestrichen. Im Terrorkrieg hat man von Konventionen nichts zu erwarten. Seine Taktik ist nicht Zermürbung, Abnutzung, Durchbruch oder Einkesselung, sondern die Plötzlichkeit des Überfalls. Auch die Feinde der Kommandos, die staatlichen Agenten und Antiterroreinheiten folgen dieser Devise. Schlachten kennt das Duell im Schatten nicht. Die Ressourcen des industriellen Krieges zählen wenig. Die Kommandos behelfen sich mit minimaler Technologie von maximaler Vernichtungskraft. Vor allem stützen sie sich auf altbewährte Destruktivkräfte: das Geheimnis, die Überraschung, Waghalsigkeit und Ruchlosigkeit.

Einst versuchten Terroristen sofort zu entkommen. Mit dem Prinzip der Selbsterhaltung bricht eine Hauptfigur des heuti-

gen Terrorkrieges: der Selbstmordattentäter. In dem Moment,
da er das Dunkel der Anonymität verläßt und die Bühne betritt, ereilt ihn der Tod. Es ist einer der kürzesten Auftritte in
der Geschichte der Gewalt. Nur die Tat verifiziert seine soziale
Existenz. In der Person des Selbstmordattentäters paaren sich
kalte Courage mit schonungsloser Grausamkeit, Haß mit
Selbstlosigkeit. Mit dem Kriegshelden, der bis zum letzten
Atemzug kämpft, teilt er die Zerstörungswut und Todesverachtung; mit dem Märtyrer, der sich für seine Überzeugung töten
läßt, hat er die Inbrunst des Glaubens und das blinde Gottver-
trauen gemeinsam. Und wie der alte Terrorist rebelliert er gegen die eigene Ohnmacht. Er ist heimtückisch, aber nicht feige.
So ist er prädestiniert für den Krieg mit geringer Intensität und
simpler Technologie. Ihm genügt ein Tapeziermesser. Denn seine Hauptwaffe ist er selbst.

Die Preisgabe seiner selbst verleiht eine einzigartige Destruktivkraft. Während der Gegner sein Risiko mit der Gewinnchan-
ce verrechnet, kennt der Selbstmordattentäter keine Rücksicht,
keine Umsicht, keine Vorsicht. Während die Tapferkeit des Soldaten so weit reicht wie die Hoffnung aufs Überleben, geht er
von vornherein bis zum Letzten. Er kennt nur die Rationalität
des Ziels, nicht der Mittel. Alles, was für den Erfolg notwendig
ist, setzt er ein, auch den eigenen Tod. Er ist stark, weil er keine
Grenzen kennt. Er genießt das Gefühl, auf nichts und niemanden achten zu müssen. Fixiert auf sein Ziel, erlaubt er sich alles. Abschreckung schreckt ihn nicht. Wer den Tod nicht fürchtet, dem kann man mit dem Tod auch nicht drohen.

Im Terrorkrieg gibt es keine Schlachten. Man meidet den
Kampf und bevorzugt Überfälle, Attentate, Massenmorde an
Wehrlosen. Zu Unrecht hat man daher die Attentäter von New
York als Kamikaze-Piloten bezeichnet. Die japanischen Piloten
und die Fußsoldaten auf Okinawa, die sich im letzten Sturm-
angriff mit Sprengstoff am Gürtel unter die amerikanischen
Panzer warfen, opferten sich für ihr Land; Selbstmordattentä-
ter wollen sich nur einen vorderen Platz im Paradies sichern.
Die Kriegertradition des alten Japan hatte für solche Illusionen
nur Verachtung übrig. Die Piloten kämpften gegen die überle-

gene Armee der Invasoren, Attentäter kämpfen überhaupt nicht, sie richten ein Massaker an Tausenden Unbeteiligten an. Sie steigern ihren Opfermut, indem sie möglichst viele mit sich reißen. Andere in großer Zahl zu töten mindert die eigene Todesangst.

Zwei Wege führen zum Tatort. Da ist der Halbwüchsige aus dem Elendsquartier, der zuerst in einer Koranschule, dann in einem Trainingscamp monatelang präpariert wird. Militärischen Exerzitien wird er unterworfen, asketischen Übungen und Meditationen. Sein Gehirn wird leergewaschen und mit den Parolen des Geheimordens wieder aufgefüllt. Mutproben und Paraden im kollektiven Takt gliedern ihn ein in die Gemeinschaft der Auserwählten. Kurz vor dem Einsatz lernt der Novize seinen Führungsoffizier kennen. Dessen Autorität verspricht Schutz und Erlösung. Er überprüft seine Belastbarkeit, seine Disziplin und Entschlossenheit, begleitet ihn bei den tagelangen Gebeten, fertigt seine Bombe und schickt ihn los. Die Haare abgeschoren, benommen vom monotonen Rhythmus der Gesänge steuert er, einem Schlafwandler gleich, dem Zielort zu. Unbekannte Helfer fahren ihn über die Grenze, die letzten Schritte geht er allein. Der Blick verengt sich, dumpf klingen die Geräusche wie hinter einer Schallmauer. Das Lächeln ewiger Glückseligkeit überzieht sein Gesicht. Im Augenblick der Explosion wird er im Paradies sein. Ein junger Attentäter, der vor einiger Zeit seinen Anschlag überlebte, weil nur die Zündkapsel explodiert war, glaubte sich schon im Himmel, als er in der Klinik zu sich kam. Er erwachte jedoch unsanft, als ihn die Agenten des Geheimdienstes direkt fragten, ob es in seinem Paradies auch Israelis gäbe.

Da ist ferner der Rekrut aus der Mittelklasse, der nach mehreren Monaten Trainingscamp irgendwo in der Welt einem unauffälligen Alltagsleben nachgeht. Er studiert, verdingt sich als Übersetzer und verwandelt sich nach und nach in einen Agenten. Den Anfechtungen der Umwelt entgeht er durch regelmäßige Exerzitien im Kreis seiner Glaubensbrüder. Ein enger Gefährte hilft ihm über alle Zweifel hinweg. Mit anderen bildet er eine verschworene Gemeinschaft im Feindesland. Nach Jahren vernimmt er die Prophezeiung. Es ist keine Anweisung und kein Befehl, es ist nur die Ankündigung eines Ereignisses, deren Eintreten sich die ferne Autorität herbeiwünscht. Ein unbekannter Mittelsmann überbringt den Auftrag. Er wechselt den Ort, prüft diverse Möglichkeiten für einen Anschlag, absolviert die nötige Ausbildung. Die Nacht vor der Tat sucht er die Todesangst mit Gebeten zu betäuben. Er badet und rasiert sich, memoriert noch einmal alle Details, auf die zu achten ist. Auch im Mietwagen, mit dem er frühmorgens zum Flughafen fährt, wiederholt er leise das Gebet. Es hilft ihm über alle Pausen der Besinnung hinweg, in der Wartehalle, später auf dem Sitzplatz im Flugzeug. Als er mit seinen Komplizen die Schalterhalle betritt, sind alle hellwach und konzentriert, sie haben Mühe, ihre Panik zu vereisen. Auf jeden Zwischenfall müssen sie geistesgegenwärtig reagieren, im Moment des Überfalls droht die Anspannung in blinde Aktion umzuschlagen, überall lautes Gebrüll, Kommandos, Drohgebärden, die Geiseln müssen in Schach gehalten, das Flugzeug ins Ziel gelenkt werden. Vollständig im Sog der Ereignisse folgen sie dem Zwang des Augenblicks – bis zum letzten Gebetsruf beim Aufprall.

Terrorkrieg ist kein Fall für die Strafjustiz, sondern für den Generalstab. Er findet im Zwischenfeld von Militär und Geheimdienst statt. Die Polizei kann im eigenen Lande aufklären und verhaften. Aber sie ist außerstande, einen Kader von Tätern auszuschalten, der global operiert, keine Strafe fürchtet und beim letzten Gefecht alle Mittel aufbietet. Der Ruf nach einer Polizeiaktion beruht auf der Illusion eines Weltstaates. Und er verwechselt den kriegerischen Terrorangriff auf die militärische Kommandozentrale und die Zivilbevölkerung mit einem Akt politischer Kriminalität. Militärische Aktionen wiederum, die als Polizeimaßnahmen angelegt waren, endeten bislang regelmäßig in einem Desaster. Denn das Militär ist ausgerüstet zum Kampf gegen einen militärischen Gegner. Gegen Kalaschnikows jedoch sind Tomahawks völlig ungeeignet. Gegen die Todesverachtung von Tätern mit Teppichmessern helfen weder Tarnkappenbomber noch Luftlandetruppen. Eine Strategie nach dem Lehrbuch des Luftkriegs trifft ins Leere, wenn es außer ein paar Öltanks, Radarantennen, überalteten Flugzeugen und verlassenen Trainingscamps keine Ziele gibt. Die Wege in die Höhlenverstecke der Bergwüste kennen ohnehin nur Überläufer und einheimische Scouts. Gegenschläge, die Massenmord mit gezielten Flächenbombardements auf zivile Wohngebiete beantworten, sind illegitim und obendrein ineffektiv. Sie sorgen nicht für Gerechtigkeit, sondern verschaffen dem Terror Massenzulauf. Sozialreformen mögen manchen Sympathisanten verstummen lassen, einen Krieg oder ein Attentat haben sie noch nie verhindert. Daher ist es unwahrscheinlich, daß der Krieg nach einem längeren Feldzug beendet sein wird.

Gegen die Attentäter im eigenen Land nutzen martialische Gebärden ohnehin nichts. Sie erwecken nur bislang unentdeckte »Schläfer« zu wütenden Rächern. Gegen den destruktiven Einfallsreichtum des menschlichen Gehirns ist jede Gedanken- und Gesinnungskontrolle machtlos. Alle Überwachung bleibt blind gegenüber dem Nachbarn, der die Tarnung des Konformismus nutzt. Gegen die Fähigkeit zur Verwandlung hilft auch kein registrierter Fingerabdruck. So gilt im Ausnahmezustand des globalen Krieges der universale Verdacht: Hinter jedem Gesicht, ob auffällig oder unauffällig, kann sich jemand verbergen, der gerade dabei ist, sich für den nächsten Angriff zu präparieren.

IV. Nachwirkungen

10. Vergeltung

Unerbittlich ist der Geist der Rache. Mit rasender Vergeltungslust entfährt er dem Körper des Toten und sucht sich seine Helfershelfer. Vielen Gestalten kann er seine bösen Absichten
einflößen: Schlangen, Ungeziefer, giftigen Insekten, einem Un-
wetter, welches das ganze Tal in den Fluten ersäuft, einer Plage,
die das ganze Land heimsucht. Vor allem im Schlaf sucht der
Rachegott seine Opfer heim. Nacht für Nacht quält er sie mit
Alpträumen, Schreckensbildern, Ankündigungen künftigen
Unheils. Wer es nicht mehr ertragen kann, folgt dem Ruf des
Verderbens und setzt seinem Leben ein Ende.

Die Rache kennt kein Verzeihen und kein Vergessen. Die
Zeit mag verstreichen, doch behält die Rache ihr Ziel im
Auge. Sie hat ein langes Gedächtnis und kennt keine Verjäh-
rung. Geduldig wartet sie auf den Augenblick der Erfüllung.
Die Erinnerung an die Tat erlischt nicht. Eingebrannt im Gehirn, bringt sie immer neue Obsessionen der Heimzahlung hervor. Anders als die Strafe, die gezähmte Form der Vergeltung,
welche nach Maß und Regel verhängt wird, sind die Phantasi-
en der Rache uferlos. Die Sieger von einst wiegen sich meist
noch in trügerischer Sicherheit, während die Unterlegenen die
Zwischenzeit zur Aufrüstung nutzen. Und plötzlich steigt die
Rache vom Himmel hernieder. Ganz unerwartet trifft sie die
Ahnungslosen, wirft alle zurück auf die Zeit, als die Wunden
noch frisch waren. Die Rache vernichtet Zeit und Geschichte.
Alles, was inzwischen erreicht schien, tilgt sie aus. Wenn die
Stunde gekommen ist, sind Jahrzehnte des Waffenstillstands,
des Friedens, des Einvernehmens auf einmal zunichte. So
mächtig ist die Rache, daß sie die historische Zeit rückgängig

zu machen vermag. Sie stößt die Feinde wieder zu ihren An-
fängen zurück.

Im Fluß der Zeit ist die Rache ein Element der Dauer. Sie
hält die Vergangenheit gegenwärtig, die Niederlage, die Vertreibung, die Unterdrückung, das Verbrechen, den Mord an Freunden, Verwandten, Landsleuten. Die Rache gedenkt der Toten,
sie hält ihnen die Treue. Sie will fortfahren, wo die Toten es
nicht mehr können. Nicht umsonst wird der Schwur auf das
Schwert in den Katakomben oder vor Grabsteinen und Mahn-
mälern abgelegt. Die Rache begnügt sich nicht mit stiller Trauer und frommen Proklamationen. Sie verlangt nach Taten. Der
Waffengang soll die Niederlage rückgängig machen, ausgleichen, umkehren. Er ist ein Sprung aus der Ohnmacht des Leidens in den Stolz des Handelns.

Bis ins dritte und vierte Glied verbindet Rachsucht die Generationen. Die Nachgeborenen setzen nur fort, was die Vorfahren begonnen haben. Immer wieder erneuern sie den Haß ihrer
Ahnen. So rächen sich die Toten durch die Hand ihrer Kinder
und Enkel. Wie ein Bleigewicht lastet das Erbe auf den Nachfahren. Aus dem Alptraum der Geschichte gibt es kein Erwa-
chen. Für die Götter der Rache vergeht die Vergangenheit niemals. Auf Vergeltung zu verzichten wäre Verrat an der eigenen
Herkunft. Die Rache zwingt die Feinde zur Unversöhnlichkeit,
und sie kettet die Nachfahren unwiderruflich an ihre Toten.

Wie die Dankbarkeit gehört die Rache zum moralischen Gedächtnis der Gesellschaft. Freunden ist man dankbar für die
Wohltaten, die sie erwiesen haben; den Feind haßt man für den
Frevel, den man erleiden mußte. Im Guten wie im Bösen sind
die Menschen nachtragend. Diese moralische Qualität ist der
modernen Abwertung der Rache entgangen. Heutzutage haben
Rache und Vergeltung einen üblen Leumund. Man hält sie für
einen atavistischen, niederen Instinkt aus alten Zeiten des
Faustrechts und übersieht dabei ihre bleibende Wirkungsmacht. Denn für die Rache gilt dasselbe universale Prinzip der
Reziprozität wie für den Tausch und die Gabe. Im Gütertausch
besteht die Pflicht, für das, was man erhalten hat, ein gleich-
wertiges Objekt zu geben. In der Vendetta besteht die Schuld

des Mörders darin, das Leben, das er einem anderen genommen hat, mit seinem eigenen Leben zu entgelten. Die Rache ist ein Tausch von Toten. Doch während der Gütertausch vor allem den Schuldner bindet, betrifft die Blutschuld vornehmlich den Gläubiger. Er findet keine Ruhe, ehe er sich Genugtuung verschafft hat. Erst nach dem Gegenschlag ist er so frei wie der Schuldner, der sich mit der Gegengabe seiner Pflichten entledigt hat. Während jedoch der Tausch mit der Bezahlung definitiv beendet ist, lebt die Feindschaft weiter. Denn der Tausch der Toten, die Rache des Gläubigers am Schuldigen, schafft neue Schuld und neue Vergeltungslust.

Mit dem Gegenschlag ist das Übel nicht zu Ende. Wo die Rachegötter regieren, kommt eine Kettenreaktion in Gang, die sich, falls sie nicht durch Regeln oder Interventionen eingehegt wird, endlos fortsetzt. Der Tat folgt die Rache, und die Rache fordert die Widerrache; Schmach antwortet auf Schmach, Schlag auf Schlag, Mord auf Mord. Der Feind wird zum Erbfeind, der Krieg zum Dauerzustand. Alle bleiben an die Kette der ersten Untat gelegt. Immer wieder kehrt die Geschichte zu ihrem Anfang zurück. Wo die Rache regiert, kreist die Zeit in sich selbst. So verleiht die Rache den Toten Unsterblichkeit.

Dennoch ist die Rache ein Prinzip des Rechts. Ihr Sinn ist nicht Besserung, Verhütung oder Abschreckung, sondern Gerechtigkeit. Gleiches wird mit Gleichem abgerechnet. Dies ist der Grundsatz des alten Gesetzes: Auge um Auge, Leben um Leben. In einem Zustand der Gesellschaft, da kein Richter nach Gesetz das Urteil fällt, hat die Strafe stets die Form der Rache. Die Vergeltung obliegt den Geschädigten, der Sippe der Verletzten und Geschändeten. Sie sind zur Revanche verpflichtet, und sie lassen sich diese Pflicht nicht aus der Hand nehmen.

Je stabiler die Institution der Rache, desto weniger bedarf es eines affektiven Antriebs. Es zeugt von zivilisatorischer Arroganz, sich Rache nur als Ausbruch blinder Wut vorstellen zu können. Wo Pflicht und Ehre in Geltung sind, ist die Vergeltung niemals der privaten Neigung anheimgestellt. Der Gedemütigte und Geschädigte ist genötigt, das Leiden zu rächen, ob er will oder nicht, sei es allein, sei es im Verein mit der Gruppe,

die für ihn einsteht. So ist die Rache keineswegs die Handlung
eines subjektiven, partikularen Willens, welcher nur zufällige
Gerechtigkeit hervorzubringen vermag. Nicht das Gesetz des
Staates, sondern das Gesetz der Sitte regelt Grund und Maß
der Rache. Den Überlebenden obliegt es, ihre Toten zu begraben und sodann gegen die Widersacher zu Felde zu ziehen.
Trägheit zieht unweigerlich Verachtung nach sich. Denn wie
sollen die anderen denjenigen achten, der sich selbst nicht zu
achten versteht? So gibt die Rache eine Probe auf den inneren
Zusammenhalt der Gruppe und ihr moralisches Niveau. Rache
ist eine Frage der Ehre. Die Ehre aber wird vor den anderen
gelebt, und jene sind es auch, vor deren Augen sie eingebüßt
wird. Es genügt der Verzicht auf die Rache, um die Ehre ein für
allemal zu verlieren. Wer die Maßstäbe der Gruppe verletzt,
befleckt auch das Ansehen der Gruppe. Und wer von Dritten
beleidigt oder verletzt wird, der wird auch von seiner Gruppe
gerächt, in allen Fragen der Ehre, des Gastrechts, der Familie,
der Sexualität, des Körpers.

Das Gebot der Rache regelt die Verhältnisse zwischen Gruppen, die keinem Staatsjoch unterliegen. Die Fehde der Ritter
und Krieger beruhte auf den Pflichten der Gefährtenschaft,
dem Ehrenkodex des Standes und dem Stolz, keine Schmach zu
erdulden. Gegen Feinde von Stand hielt man sich meist an die
Konventionen, gegen Troß, Fußvolk, Bauern oder Ungläubige
galt das Prinzip der Vernichtung. Der wilde Krieg der Marodeure, Banden und ethnischen Gruppen verdankt seine endlose
Fortsetzung nicht zuletzt der Kultur der Rache. In den Bruder-
schaften junger Männer, welche das Gewaltniveau einer Region
bestimmen, verbinden sich Beutegier und Gruppenloyalität mit
uferloser Rachsucht. Doch sind es nicht mehr die alten Schutz-
güter wie die Clan- und Geschlechterehre, welche die Feldzüge
der Rache rechtfertigen. Der gesamte Besitz der Gemeinschaft
und ihres Kriegsherrn, sei er legal oder illegal erworben, ist mit
Blut gedeckt. Statt Mut, Ehre und Prinzip bestimmen Reich-
tum, Prestige und Waffenbesitz den Status eines Banditen. Alle
Fremden sind Feinde, ihre Güter stehen auf der Raubliste, und

jeder Akt der Verteidigung wird als Angriff auf die Bande ausgelegt, der zur Rache herausfordert.

Auch dem modernen Staatenkrieg und Verfolgungsterror ist das Motiv der Rache mitnichten fremd. Mit dem Verfall der persönlichen Ehre steigt der Bedarf nach einem kollektiven Ersatz. Je weniger man auf sich selbst stolz sein kann, desto verehrungswürdiger erscheint die Gemeinschaft, das Volk, die Nation. Die billigste Art des Stolzes ist seit jeher der Blut- und Nationalstolz. Wer nichts hat, worauf er sich etwas einbilden könnte, hält sich zuletzt an die Nation, der er zufällig angehört. Weil es ihm selbst an Charakter mangelt, möchte er teilhaben an Ehre und Charakter der Nation. Stolz sein will er auf die Geschichte seines Volkes, auf seine Herkunft, seine Kultur, seinen Paß. An den Trugbildern der Gemeinschaft erholt und nährt er sich, sie festigen sein Selbstbewußtsein und stärken ihm das biegsame Rückgrat. Und doch stützt er seine Selbstachtung nur auf das kollektivistische Minimum, auf das, was er mit Millionen anderer gemeinsam hat. Während sich der Patriot seinem Land verbunden weiß und ihm aufrichtige Loyalität entgegenbringt, projiziert der Nationalist seine gesamte Ehrbegierde in den Ruhm der Nation. Er huldigt der glanzvollen Inszenierung nationaler Größe, beklatscht die martialische Parade der Waffen, verläßt mit stolzgeschwellter Brust den Heldenplatz, pflegt das dumpfe Ressentiment gegen die Erbfeinde, gegen die »Verräter des Vaterlands«. Er ist alles andere als harmlos. Er verachtet alle, die anders sind als er selbst. Rachegelüste befallen ihn, wenn er die Fahne besudelt oder ein Ehrenmal verunglimpft sieht, wenn jemand das marode Nest beschmutzt, wenn einer an die vergangenen Verbrechen des nationalen Kollektivs auch nur erinnert. Er empört sich, ist erbittert, entbrennt vor Wut und fühlt sich ganz im Recht. Die Nation ist ihm eine Ehrensache. Für sie zieht er mit der Prügelgarde durch die Straße und mit den Kameraden in den nächsten Krieg. So kann man nie gewiß sein, ob aus den Nationen, welche vorzeiten eine Niederlage zu verbuchen hatten, nicht früher oder später der alte Geist der Revanche wieder auferstehen wird.

»Den Besiegten«, heißt es in Vergils *Äneis,* »bleibt lediglich eine Sicherheit, nämlich keine Sicherheit erhoffen zu können.« Es liegt in der Willkür des Siegers, ob er Rache übt oder nicht, ob er die Wehrlosen tötet, in die Sklaverei verkauft oder aber Milde walten läßt, sie mit Tributzahlungen belastet und die Kollaborateure in seine Reihen aufnimmt. Fürchterlich kann die Rache der Sieger sein. Nach dem Triumphzug werden die Kriegsgefangenen hingerichtet, die Frauen geschändet, die Städte geplündert und eingeäschert. Der Besiegte hat nur die Wahl zwischen Tod und Gehorsam. Mit der Kapitulation legt er sein Leben in die Hände des Siegers, in der Hoffnung auf Milde, Gnade oder Mitleid. Ansprüche stehen ihm keine zu, denn die Kapitulation ohne Konditionen ist kein Vertrag unter Gleichen. Sie ist eine Geste der Unterwerfung. Für den Verzicht auf weitere Gewalt erhält der Geschlagene – nichts.

Die Freiheit des Siegers ist nahezu unbegrenzt. Sie wird allenfalls durch sein Machtinteresse eingeschränkt. Er kann Gnade walten lassen, damit ihm die Besiegten dienen können oder weil Großmut sein Machtgefühl steigert. Amnestien, Gedankenfreiheit oder Hilfsleistungen verpflichten die Besiegten zur Dankbarkeit. Auf immer stehen sie in der Schuld des Siegers, der ihnen großzügig das höchste aller Güter, das Leben, geschenkt hat. Mit drakonischen Vergeltungsschlägen hingegen stillt der Triumphator zwar sein Rachebedürfnis, provoziert jedoch neue Feindseligkeit. Gelegentlich wird dem Unterlegenen noch Tapferkeit attestiert. Ebenbürtige Gegner lassen den eigenen Sieg schließlich in noch hellerem Licht erstrahlen. Aufrührer, Rebellen und Partisanen jedoch trifft die Vergeltung mit aller Härte. Sie haben sich an der Ordnung der Herrschaft vergangen, haben mit List und Tücke gekämpft, mit geächteten Waffen und Methoden. Trotzdem ist das letzte Motiv für die Rache des Siegers nicht die widerrechtliche Kriegsführung des anderen, sondern die Treue zu den eigenen Toten. Für jeden Gefallenen soll der besiegte Feind bezahlen, doppelt, dreifach, hundertfach.

Mit dem Prinzip der Äquivalenz begnügt sich die Rache nicht. Der Übeltäter soll nicht nur leiden, er soll mehr leiden als das Opfer. Dem Verräter wird die Zunge herausgeschnitten, der Leichnam des Mörders wird geschändet, zerstückelt. Rache ist süß, sagt der Volksmund. Sie verschafft Stolz und Genugtuung. Der Rächer fühlt sich im Recht, und deshalb erhöht er das Maß der Gewalt so weit, daß die Heimzahlung in keinem Verhältnis mehr steht zur ersten Untat. Er überspringt alle Riten und Regeln der Einhegung. Die Rache wird zum Exzeß. Im Rausch des Sieges kann er seiner Vergeltungslust freien Lauf lassen. Er versüßt sich den Sieg mit den Wonnen der Rache.

Auch Terror hinterläßt Rachsucht. Es sind weniger die Überlebenden der Lager und Folterkeller, in denen der Haß bohrt. Denn sie sind gezeichnet von Verletzungen, die weder durch Reue noch durch Strafe oder Rache auszugleichen sind. Was ist das Maß der Rache, wenn das Opfer zum Sterben präpariert wurde? Zwar vermögen manche Folteropfer zu überleben, weil der Gedanke an Rache sie am Leben hält. Aber viele der Davongekommenen sind derart in ihrer Konstitution erschüttert, daß die Wunden des Übergriffs nie mehr verheilen. Das Widerfahrnis der Ohnmacht raubt die Energie und Zuversicht, die für Vergeltungstaten unerläßlich sind. Nicht wenige vermeiden über lange Zeit die Erinnerung an den Schrecken, um überhaupt weiterleben zu können. Die allnächtlichen Alpträume sind ihnen genug Gedächtnis. Auf ihnen lastet eine Vergangenheit, von der sie auch die Rache nicht mehr befreien kann.

Nur wer den Abgrund nicht berührt hat, ist zur Rache imstande. Sie gedeiht in den Flüchtlingslagern, in den Gemeinschaften der ethnischen Diaspora, im politischen Exil. Hier leben diejenigen, die rechtzeitig entkommen sind und noch genügend Zukunftssinn haben, um sich für die Rückkehr zu rüsten. Die Vertriebenen trauern um ihre verlorene Heimat, um ihre Verwandten, ihre Kampfgefährten, um die Toten der Flucht. In die Trauer mischt sich die Wut über das erlittene Unrecht und der Drang, möglichst bald zurückzuschlagen. Doch wenn die Umstände eine baldige Rückkehr verhindern und kein Verbündeter den Rückweg ebnet, müssen sich die Vertriebenen in der Fremde neu einrichten. Sie erstellen Täterlisten, sammeln Berichte über die Verbrechen, versenden Peti-

tionen und Aufrufe, legen auf ihren Zusammenkünften Treue-
schwüre ab, ohne indes tatsächlich etwas tun zu können. So
verdünnt sich die Rache zum Ressentiment, zur imaginären
Rache der Ohnmächtigen, denen die Tat versagt bleibt. Weil
das Unrecht nicht ausgeglichen werden kann, setzt sich ein tiefer Groll fest. Über Jahrzehnte hält die Verbitterung an. Sie
wird weitergegeben an die Kinder und Enkelkinder, welche die
alte Heimat nie mit eigenen Augen gesehen haben. Nicht allein
die wirkliche, auch die vorgestellte Rache überdauert die Generationen und bindet die Nachfahren an die Toten.

Immer wieder werden die Blutgötter aus der Befriedung her-
vorbrechen. Mit dem Waffenstillstand oder der Abriegelung
der Grenzen sind Krieg und Vertreibung mitnichten zu Ende.
Die Einrichtungen der strafenden Gerechtigkeit bieten nur einen dürftigen Ersatz für die Gelüste der Rache. Denn sie entreißen die Vergeltung den Händen der Opfer und verurteilen sie
zur Untätigkeit. Die Rache indes setzt die Gewalt fort. Sie sorgt
dafür, daß kein Frieden einkehrt. Auch wenn die Gewalt ihre
Formen wechselt, so bleibt das Regime der Toten in Kraft. Die
vergeltungslüsternen Träume der Vorfahren sind die Wurzeln
der weiteren Geschichte. Deshalb bietet die Vergangenheit weder Trost, Heimat noch Zuflucht. So lange verdunkelt sie die
Gegenwart, solange sie nicht vergangen ist. Für das übliche
Geschichtsbild einer befriedeten Zivilgesellschaft sind Krieg
und Terror nur Episoden im Fluß der Zeit, Unfälle im stetigen
Fortschritt des Friedens. Von einem höheren Ort aus gesehen,
zeigt sich das Gegenteil. Der Frieden ist nur eine Pause im Regime der Kriegs- und Rachegötter. Sie sind die wahren Herren
der Geschichte. Immerzu halten sie das Schwungrad in Bewegung. Gäbe es keine Verträge oder Moratorien, würde die Blutrache in gegenseitiger Ausrottung enden. Die Rache sorgt für
die Wiederkehr des immer Gleichen. Wandel und Zäsur scheint
nur die zweite Erscheinungsform der Vergeltung zu versprechen: die Strafe.

Die Strafe hebt das Verbrechen auf. Sie ist Wiedervergeltung,
Verletzung der Verletzung des Rechts. Was immer ihre er-

wünschten oder unbeabsichtigten Folgen sind, vor dem Streit um Vorbeugung, Abschreckung oder Integration hat die Einsicht zu stehen, daß der Sinn der Strafe nicht das Gute ist, sondern die Gerechtigkeit. Die Strafe soll weder dem Opfer Genugtuung bereiten, noch den Täter oder gar die Welt verbessern. Sie soll dem Recht Geltung verschaffen und es dadurch wieder in Kraft setzen. Die Tat war Unrecht, Aufhebung des Rechts, der Norm, des Tabus. Dies revidiert die Strafe. Sie gehört daher selbst zur Manifestation des Verbrechens. Ohne Untat keine Strafe. Wie die Antwort notwendig mit der Frage verknüpft ist, so ist die Strafe unabdingbar an das Verbrechen gekettet. Und wie die Frage zur Antwort veranlaßt, so erweckt das Verbrechen die Göttinnen der Strafe. Sie schlafen, bis sie durch einen Frevel wachgerüttelt werden. Ist ihr Werk jedoch getan, ist der Prozeß abgeschlossen. Die Strafe ist definitiv, sie räumt das Übel beiseite.

Urteil und Strafvollzug obliegen nicht dem Geschädigten, sondern dem Gericht. Nicht die verletzte Partei, sondern der Vertreter des allgemeinen Gesetzes versöhnt das Recht mit sich selbst. Er transformiert die Vergeltung der Rache in die Vergeltung der Strafe. Er verschafft der Gerechtigkeit Befriedigung und stellt den Frieden des Rechts wieder her. Dabei müssen Art und Grad der Strafe in einem gleichen Verhältnis zur Tat stehen. Was der Täter einem anderen als Übel zufügt, das tut er sich selbst an. Das Prinzip der Vergeltungsgleichheit bestimmt mithin das Maß der gerechten Strafe. Denn wenn keine Vergleichbarkeit mehr zu erkennen ist, keimt sogleich der Verdacht auf, das Urteil sei willkürlich und setze nur ein neues Übel in die Welt. Gleichwertig ist freilich nicht im buchstäblichen Sinne zu verstehen. Dem Täter muß nicht genau dasselbe widerfahren wie seinem Opfer. Der Totschläger muß nicht totgeschlagen werden, damit der Gerechtigkeit Genüge getan ist. Auch die Spiegelung der Untat ist nicht mit Gleichheit zu verwechseln. Einem Lügner die Zunge herauszureißen, einem Dieb die Hand abzuhacken, Ehebrecher gemeinsam lebendig zu begraben, all dies sind Strafen, welche nicht dem Prinzip der Äquivalenz, sondern der Analogie, der Abschreckung, Reinigung oder Schändung gehorchen. Doch derartige Strafen sind moralisch illegitim. Niemals darf die Strafe ein bloßes Mittel sein, um ein anderes Gut zu befördern. Und auch die Person des Verbrechers darf kein Mittel für irgendein hehres Ziel sein. Die Strafe wird nicht um eines Zweckes willen verhängt, sondern weil ein Verbrechen geschehen ist.

Wie aber können Krieg und Terror geahndet werden? Nur wenn der Krieg als Verbrechen gewertet wird, kann überhaupt eine Strafe in Anschlag gebracht werden. In Frage steht zunächst die Schuld am Krieg. Daß jede Seite dem Feind die Kriegsschuld zuschreibt, ist historisch der Normalfall. Da aber der Krieg nicht mit dem Angriff, sondern stets mit der Verteidigung beginnt, mit dem Widerstand gegen die Aggression, ist zwangsläufig der Verteidiger für den Kampf verantwortlich. Dem Angreifer kann zwar die alleinige Schuld für den Angriff, nicht aber für den Krieg zugesprochen werden. Hätte sich der Attackierte nicht seiner Haut gewehrt, hätte der Krieg nicht stattgefunden. Indem aber beide Parteien Krieg führen, haben auch beide den Boden des Rechts verlassen. Sie bewegen sich außerhalb des Rechts. Denn der Krieg ist kein Instrument des Rechts, sondern der Macht. Den Waffengang entscheidet nicht das Gesetz, sondern die Gewalt. Der Sieg gehört nicht dem Gerechten, sondern dem Stärkeren. Und deshalb gilt auch stets der Besiegte als schuldig, ob er den Krieg angezettelt hat oder nicht. Denn zuletzt bestimmt die Macht des Siegers über Recht und Unrecht. Nicht das Gesetz bemißt Schuld und Strafe, sondern der Sieger. Macht und Recht, Sieg und Unschuld, Schuld und Niederlage sind nicht voneinander geschieden. Darin besteht das strukturelle Dilemma bei der Bestrafung des Krieges. Einen Ausweg böte allenfalls ein neutrales Tribunal, das jedoch über die Machtmittel verfügen müßte, auch den Sieger bestrafen zu können, falls dessen Schuld am Kriege unabweisbar wäre.

Im Staatenkrieg sind nicht Individuen die verantwortlichen Akteure, sondern Staaten. Die Strafe hat sich daher gegen den kollektiven Akteur, den Staat und seine Bürger zu richten, und zwar unabhängig davon, ob sie den Krieg begrüßt, unterstützt

oder bekämpft haben. Die Bestrafung eines gesamten Staats-
volks indes ist nahezu undurchführbar. Zudem würde die
Mehrzahl das Urteil als ungerecht und parteiisch ablehnen. Urteil und Strafe fehlten somit die Grundlage der Legalität und
Legitimität. Daher lassen es viele Sieger bei der Einsicht bewen-
den, daß die Niederlage Strafe genug sei.

Anders verhält es sich bei Kriegsverbrechen. Hier steht nicht
die Schuld am Krieg, sondern die Schuld im Krieg zur Verhand-
lung. Anlässe gibt es genug: die Verwendung geächteter oder
verbotener Waffen, die grausame Behandlung von Gefangenen,
Massaker an Unbeteiligten, Terror gegen die Zivilbevölkerung.
Auch wenn Sitte oder Konvention im Ernstfall meist mißachtet
wurden, die Differenz von Krieg und Kriegsverbrechen ist keineswegs jüngeren Datums. Fernwaffen galten immer schon als
hinterhältig, lange vor der Entdeckung des Schießpulvers. Allein die Existenz ungeschriebener Normen der Kriegsführung
liefert bereits die Grundlage für die Bestrafung. Nur wenn der
Krieg von vornherein als Ausrottungs- oder Terrorkrieg geführt
wird, sind Verbrechen und Krieg ein und dasselbe. Während
die Frage der Kriegsschuld auf eine disjunkte Entscheidung ab-
zielt, betreffen Kriegsverbrechen beide Seiten. Überdies werden
nicht Staaten, sondern Personen zur Rechenschaft gezogen,
welche die Verbrechen tatsächlich begangen haben. So ist die
Bestrafung von Kriegsverbrechen aussichtsreicher als die Ahndung der Kriegsschuld. Da der Kriegsverbrecher auch gegen die
Normen seines eigenen Staates verstoßen hat, bedarf es nicht
einmal eines internationalen Tribunals. Der Verbrecher wird
weder den Opfern überlassen noch an ein neutrales Schiedsge-
richt überstellt, sondern abgeurteilt von der Gesellschaft, die
ihn hervorgebracht hat. Erst dann wird dem Dilemma der
Kriegsstrafe der Boden entzogen sein, wenn jede Seite die
Schuldigen in den eigenen Reihen zur Rechenschaft zieht, die
Sieger ebenso wie die Besiegten.

Die Vergeltung von Terror wirft andere Probleme auf. Die
Bestrafung von Verfolgungsterror setzt eine Umkehrung der
Macht voraus. Denn es liegt in der Natur des Terrors, daß die
Opfer selbst nichts ausrichten können. Die Figuration des Ter-

rors ist ganz und gar asymmetrisch. Deshalb bedarf die Restitution des Rechts fremder Hilfe. Die sozialen und staatlichen Terrorinstitutionen müssen zerschlagen, die Befehlsgeber und ihre Helfershelfer dingfest gemacht werden. Damit dem Recht überhaupt Geltung verschafft werden kann, ist eine grundlegende Umwälzung der Machtstrukturen unerläßlich. Halbherzige Elitenwechsel lassen das Personal der Despotie meist ungeschoren und riskieren keinen Konflikt mit der alten Gefolgschaft. Wahrheitskommissionen, wie sie in Südafrika und Lateinamerika zum Zwecke der nationalen Versöhnung eingesetzt wurden, verringerten zwar die Zahl der Lügen, hatten jedoch keine Strafmacht. Im Gegenteil: Täter, welche korrekt aussagten, gingen straflos aus. Die früheren Terrorapparate überstanden die Nachforschungen mit geringen Legitimitätsverlusten. Ihre Macht blieb intakt, das Unrecht ungesühnt. Wahrheit allein garantiert offenkundig keine Gerechtigkeit. Sofern Terror und Massenmord von Staats wegen verübt werden, verhindern nationale Loyalitäten die Verfolgung der Tyrannen und ihrer Schergen. Oft werden die Peiniger anschließend noch dekoriert und ehrenvoll in den Ruhestand entlassen, wo sie ungestört ihre Pension verzehren dürfen. Auf Anwürfe von außen reagieren ihre Nachfolger noch nach Jahrzehnten ungehalten. Stets rangiert die nationale Ehre vor dem offiziellen Eingeständnis, daß überhaupt ein terroristisches Massenverbrechen stattgefunden hat.

Strafverfahren haben den Vorteil, Schuld zu individualisieren. Nicht der Staat oder das Staatsvolk sitzen auf der Anklagebank, sondern einzelne Straftäter. Die Schuld liegt auf den Schultern einzelner. Doch gibt es Verbrechen im Kollektiv, die über eine Verletzung des Rechts weit hinausgehen. Die Einrichtung von Konzentrationslagern, Massen- oder Völkermord sind weit mehr als »Rechtsbrüche«. Das Maß der Tat übersteigt von vornherein jedes mögliche Strafmaß. Eine gleichwertige Vergeltung ist gar nicht denkbar. Solche Taten können gar nicht angemessen gesühnt werden. Die Idee der gerechten Vergeltung und das Prinzip der Äquivalenz versagen vor dem Ausmaß des Verbrechens. Auch die Höchststrafe signalisiert lediglich, daß die Täter nicht ganz ungeschoren davonkommen dürfen.

Massenterror kostet nicht nur unzählige Opfer. Er benötigt auch eine Vielzahl von Tätern. Nur ein Kollektiv, sei es staatlich organisiert oder nicht, ist imstande, Hunderttausende, ja Millionen Menschen einzusperren, zu quälen und zu töten. Die Zerstörungskraft des Kollektivs übersteigt die Summe der Zerstörungskräfte aller einzelnen. Denn die Kooperation ist eine eigene Destruktivkraft. Daher ist auch der Begriff der »Kollektivschuld« keineswegs ohne Recht. Er beruht mitnichten auf der Vorstellung, daß es eine nationale Kollektivseele gäbe. Und er impliziert auch nicht die Idee, das gesamte Staatsvolk habe bewußt und willentlich den Entschluß zur Verfolgung und Ausrottung getroffen. Nicht aus sachlichen, sondern aus Gründen der politischen Opportunität wurde der Begriff verworfen. Schon kurz nach Kriegsende waren sich die Westalliierten und die deutschen Eliten rasch einig. Man hatte nichts Eiligeres zu tun, als das kollektive Verbrechen einer radikalen Minderheit anzulasten, die angeblich niemanden repräsentiert haben soll. Doch die Negation der Kollektivschuld ist nicht die kollektive Unschuld. Aus der Tatsache, daß sich nicht alle Mitglieder des deutschen Kollektivs schuldig oder mitschuldig gemacht haben, folgt mitnichten, daß es niemanden gegeben hätte, der sich schuldig gemacht hat. Auch für Staatsverbrechen gelten die Gesetze der politischen Stellvertretung. Die Auftraggeber, Gefolgsleute, Claqueure und Wähler sind verantwortlich für die Untaten derjenigen, die sie gewählt oder mit ihrer Vertretung beauftragt haben. Ist Stellvertretung institutionalisiert, werden die Untertanen auch von Vertretern repräsentiert, denen sie gar keine Stimme, geschweige denn einen Auftrag erteilt haben. So kann die Verwerfung des Wortes »Kollektivschuld« keinesfalls jene Schuld ausgleichen, die allein der Protest, der Widerstand und die Hilfe jedes einzelnen des nationalen Kollektivs hätte aufheben können.

Die Schuld des Kollektivs ist nichts anderes als jene Schuld, die sich aus der Summe des individuellen Schuldverhaltens ergibt, aus der Allianz von Tatschuld, Unterlassungsschuld, Re-

deschuld, Schweigeschuld. Die Zahl der »normalen« Massenmörder geht mindestens in die Zehntausende, die Zahl der direkt und indirekt Beteiligten in die Millionen. Da sind die
Nachbarn, Firmen und Banken, die sich an jüdischem Eigentum bereicherten, da sind die »Volksgenossen« von nebenan,
die einen Verfolgten denunzierten, die Beamten, welche die Deportation organisierten, da sind die Zuschauer, die Beifall
klatschten, wenn eine Häftlingskolonne durch den Ort getrieben wurde, die Dorfbewohner, die sich an der Treibjagd auf
Flüchtlinge beteiligten, die Polizisten und Soldaten, die, sofern
sie nicht selbst schossen, das Gebiet für die Razzia abriegelten.
Kurzum: Ohne die Teilnahme unzähliger Deutscher und europäischer Helfershelfer in Ost und West hätte der Mord an den
Juden niemals stattgefunden. Wie soll man nicht von einer Kollektivschuld sprechen, wenn unter Millionen sich nur ein paar
tausend Gerechte finden lassen? Die Wahrscheinlichkeit, daß
ein verfolgter Jude während des Zweiten Weltkriegs auf dem
europäischen Kontinent Zuflucht bei einem Nichtjuden fand,
betrug etwa eins zu 70 000. In Deutschland, dem Land der Er-
finder, Planer und Exekutoren des Völkermords, war sie naturgemäß noch geringer.

Gewiß verletzt nicht jede Schuld kodifiziertes Recht. Nicht
jede Unterlassung ist, obzwar moralisch verwerflich, ein Grund
für Vergeltung. Reine Passivität, gezielte Ignoranz, Schadenfreude oder verstocktes Schweigen sind nicht straffähig. Sie bilden jedoch das Umfeld für das Kollektiv der Täter, Handlanger
und Profiteure, das insgesamt der Strafe würdig ist. Auch die
aktive Mitgliedschaft in einer an den Morden direkt beteiligten
staatskriminellen Vereinigung stellt einen Straftatbestand dar.
Die allermeisten Verfahren wurden jedoch eingestellt. An die
Stelle der Vergeltungsstrafe trat zuerst das kollektive Schweigen, dann – in mehrfachen Schüben – ein gewisses Erschrek-
ken, hin und wieder ein Skandal, schließlich der gutgemeinte
Appell an die Erinnerungspflicht und der Rückzug in die Innerlichkeit des Gemüts. Wenn die Götter der Vergeltung schlafen,
herrscht milde die Göttin der Erinnerung. Für die Täter und
ihre Nachfahren ist die Auflage, das Gedächtnis zu pflegen, ein

wohlfeiles Angebot. An die Stelle der Gerechtigkeit tritt die Wahrhaftigkeit der Selbstprüfung, die niemand nachmessen kann. Erinnern kostet nichts und sühnt nichts. Für die Opfer ist das Gebot, sich zu erinnern, ganz sinnlos. Sie können ohnehin nicht vergessen.

11. Vergessen

Es gibt Menschen, von denen man sagt, sie lebten ausschließlich in der Gegenwart. Nur jene Zeitgenossen scheinen ihre Aufmerksamkeit zu erregen, in deren Mitte sie sich gerade aufhalten. Ist ein Gespräch vorüber, verschwenden sie keinen einzigen Gedanken mehr daran. Augenblicklich werden sie von einem neuen Interesse erfaßt. Ein unbeirrbarer Instinkt befiehlt ihnen, ihr Denken von allem abzuwenden, was sie von ihrer aktuellen Beschäftigung ablenken könnte. Keine Erinnerung durchkreuzt ihre Konzentration. Sie verabscheuen die Wiederholung und die Verläßlichkeit des Gewohnten. Für diese Virtuosen des Vergessens ist jede Episode ein Neubeginn, jeder Auftritt ein Debüt. Ihr Leben gleicht einer Abfolge von Intervallsprüngen.

Von der Kunst unbedingter Geistesgegenwart geht eine merkwürdige Anziehungskraft aus. Wer Erinnerungen hinter sich läßt, gewinnt freies Terrain. Die Erfahrungslast ist abgeworfen. Gewiß vermag niemand die Bewegungen seines Gedächtnisses vollständig zu regieren. Weder das Erinnern noch das Vergessen unterstehen zuletzt der Willkür des Subjekts. Wem aber die Gabe des Vergessens zuteil wurde, der ist von dem Zwang befreit, immerzu ein und derselbe sein zu müssen. In dem Maße, wie ihm das Vergangene entgleitet, verwandelt er sich, vergißt er sich selbst. Wer er war, woher er kommt, es kümmert ihn nicht. Niemandem sieht er nach, am wenigsten sich selbst. Bedenken fechten ihn nicht an, keine Betrübnis, keine Befangenheit. Man muß sich fragen, ob der Mensch im Augenblick überhaupt ein Bewußtsein von sich selbst hat.

Eine solche Existenzweise hat etwas Unheimliches. Menschen trösten sich meist mit der Vorstellung, das Vergessene sei widerrufbar, sei in einer Art innerem Archiv aufbewahrt und könne durch Techniken der Besinnung wiedererweckt werden. Doch ist das Vergessen, versteht man es mit der nötigen Radikalität, kein Riß im Gedächtnis, kein befristeter Defekt, kein Verschieben oder Verdrängen. Es ist ein Verlöschen. Was ganz und gar vergessen ist, kann nicht mehr erinnert werden. Noch die geringste Erinnerungsspur ist getilgt. Der Abdruck im Sand ist verschwunden.

Im Vergessen lebt der Mensch jenseits der Zeit. Der Sturz des Gedächtnisses löscht nicht nur das Bewußtsein der Geschichte aus, er tilgt jegliches Zeitbewußtsein. Ohne Erinnerung kein Entwurf der Zukunft, ohne den Grund vergangener Erfahrungen keine Erwartung. Zwar braucht das Vergessen Zeit. Der Eindruck des Augenblicks verblaßt allmählich. Von Stunde zu Stunde wird er schwächer und schwächer. Denn die Zeit selbst ist die Totengräberin des Gedächtnisses. Sie verwandelt die Spuren in Asche und Staub. Am Ende ist sie selbst aufgehoben. Im Zustand wirklichen Vergessens gibt es kein Vorher und kein Nachher, kein Früher und Später, kein Gestern und Morgen, nicht einmal ein Jetzt, das die Zeiten verknüpfen würde. Der Mensch ohne Gedächtnis lebt allein im Augenblick, er ist umgeben von einem Abgrund der Zeitlosigkeit. Er weiß nicht, wer er ist, weiß nichts von seiner Gegenwärtigkeit, nichts von seiner Vergänglichkeit, seiner Sterblichkeit. Weil er sich gar nicht zu sich selbst verhält, muß er auch sein Ende nicht fürchten. Von der Angst zum Tode ist er frei. Lethe, der Strom des Vergessens, scheidet nicht das Reich der Lebenden von der Welt der Toten. Er fließt an der Grenze zum Paradies. Wer aus ihm trinkt, vergißt Schmerz und Schuld, Lust und Leid, Trauer und Tod.

Viele Menschen sind geneigt, diesen Zustand als ein Unglück anzusehen. Doch was wissen sie von der Innenwelt desjenigen, der das Erinnern verlernt hat, von seiner Unbefangenheit, seiner Torheit, seiner Heiterkeit vielleicht? Ist da nicht auch ein heimlicher Neid, eine Sehnsucht nach dem anderen Zustand? Für die Propagandisten der systematischen Lebensführung steht das Vergessen unter Generalverdacht. Von der »Flucht ins Vergessen« ist bisweilen die Rede, von Ehr- und Pflichtvergessenheit, vom bösen Leichtsinn des Gedächtnislosen, vom »uneigentlichen Dasein« in der Selbstvergessenheit. Als läge der Sinn der Existenz darin, sich fortwährend seiner selbst innezusein und alle Widerfahrnisse im Gedächtnis aufzubewahren, anstatt alsbald das Kapitel zu schließen. Entgegen manch gutgemeinter Ratschläge ist das Ziel der Selbstvergewisserung, so sie denn unausweichlich wird, nicht die Erinnerung des Verdrängten, sondern die Fähigkeit, das Wiedererlebte loszuwerden. Der Weg aus dem Wiederholungszwang führt über das Erinnern. Aber das Gedächtnis ist nur ein Umweg zum endgültigen Vergessen.

Doch gibt es Verletzungen, die nicht zu vergessen sind. Die Wundmale im Gedächtnis des Körpers verheilen nicht. Das Widerfahrnis der Gewalt hat die Hautgrenze durchschlagen und ist in die Mitte des Selbst eingedrungen. Dieses Trauma vermag auch die Zeit nicht zu heilen. Der Schmerz kehrt wieder, der Augenblick der Überwältigung, der Ohnmacht, der Anblick der Toten, die Schreie der Sterbenden. Unwillkürlich brechen die früheren Erlebnisse durch den Schutzdamm des Vergessens, in den Alpträumen der Nacht und den Wachträumen des Tages. Es genügt ein geringer, zufälliger Anlaß, um die Flut der Erinnerungsbilder auszulösen, die plötzlich das Bewußtsein überschwemmt. Noch nach Jahren überkommt sie den Verwundeten, reißt ihn zurück in die Vergangenheit, der er niemals entkommen ist. Es sind dieselben Gefühle wie damals, die Hilflosigkeit und Verlassenheit, der Schmerz in den Knochen, die lähmende Starre in den Händen, das Zittern in Fingern und Augenlidern, bis endlich sich die schwarze Leere wieder ausbreitet und alle Empfindung vereist.

Auch der physisch Versehrte wird seine Geschichte nicht los. Der Krüppel, dem die Explosion ein Bein abgerissen hat, wird bei jedem Schritt nach vorn, der ihm mittels einer Stütze oder Prothese gelingt, an sein Unglück erinnert. Der Überlebende mit dem entstellten Gesicht ist umlagert von erstaunten, mitleidigen oder abwehrenden Gesten. Jeder Blick in den Spiegel bestätigt ihm aufs neue, wer er geworden ist. Der Verstümmelte kann sich nicht bewegen, wie er will, immerzu ist ihm sein Körper, ist er sich selbst im Wege. Selbstvergessen, aus der leiblichen Mitte heraus zu handeln, ist ihm nie mehr möglich. Die Versehrung ist weit mehr als eine »Behinderung«, die nur den gewohnten Aktionsverlauf verlangsamt. Sie ist ein sichtbares Stigma, ein unheilbarer Riß, der mitten durch den Leib geht. Das fraglose Sein in der Welt ist für immer dahin. Das Unheil ist im Körper eingerammt.

Schwer lastet die Vergangenheit auf der Gegenwart des Gewaltopfers. Geist und Sinne werden für die Zukunft nicht mehr frei. Solange die Gewalt anhielt, war die Einschränkung des Zeitsinns zum Überleben notwendig. Von der Zukunft zu träumen, über die Gegenwart hinauszudenken, hätte die Konzentration auf die Erfordernisse des Tages verhindert. Unter akuter Lebensgefahr ist rasches Vergessen unabdingbar. Doch wenn es vorüber ist, verdunkelt diese Umformung des Zeitbewußtseins das weitere Leben. Die überwache Alarmierung der Sinne hält an und beherrscht hinfort jede Wahrnehmung. Was nur nach einer Gefahr riechen könnte, löst einen prompten Angriff aus. Daß viele Kriegsveteranen ihren Zeitgenossen als unbeherrscht und aggressiv erscheinen, hat darin seinen Grund. Aus dem Dschungel gibt es kein Zurück in die gemäßigten Zonen der Zivilgesellschaft. Die Überlebenden bleiben gefangen im Kerker fortwährender Wachsamkeit. Sie schlafen nicht, hören im Dämmerzustand jedes Geräusch, sind zermürbt, aufgerieben, zu Tode erschöpft.

Gegenwartsmenschen kommen und gehen, aber sie bleiben nicht. Sie erzählen nichts, und sie verzichten darauf, andere mit ihren Lebensgeschichten zu behelligen. Sie sind frei von Wehmut und Stolz, von Ressentiment und Ruhmsucht. Da ihnen jegliches Todesbewußtsein abgeht, verwenden sie keinerlei Mühe auf ihre Unsterblichkeit. Große Werke, unvergeßliche Beiträge zur Kultur sind von ihnen nicht zu erwarten. Sie benötigen keine Zukunft und keine Utopien, und sie wollen auch nicht in die Geschichte eingehen. Sie denken gar nicht daran, irgend etwas zu hinterlassen. Aber dadurch unterhöhlen sie die Grundfesten des Sozialen, der Tradition und Moral.

Jede gesellschaftliche Moral gründet zuletzt auf dem Gedächtnis. Dankbarkeit verbindet die Menschen miteinander, das Gewissen schützt sie voreinander. Der Sinn für Gut und Böse entspringt jedoch nicht einer spontanen Eingebung, sondern langwieriger, leidvoller Erfahrung. Jeder Generation wird er aufs neue eingebrannt. Von einer Bildung oder Formung des Gewissens zu sprechen ist eine glatte Beschönigung. Es ist der Schmerz, der die Moral dem Gedächtnis einschreibt. Das Gewissen wird aufgezwungen durch die Tyrannei der Erziehung. Sie führt einen Feldzug gegen die Neigung zum Vergessen. Die Menschen sollen ihre Untaten in Erinnerung behalten, sich ihre Schuld gewissenhaft einprägen, ihre Schulden rechtzeitig bezahlen. Jedes Projekt zur Verbesserung des Gattungswesens verlangt einen energischen Kampf gegen den moralischen Gedächtnissturz, gegen die Metamorphosen des Selbst, gegen die Versuchungen der Gegenwart.

Die Macht, die Schrift und der Kultus, dies sind die stärksten Bollwerke wider das Vergessen. Der Ritus ruft die Toten herbei und mahnt die Menschen an ihre Herkunft. Als institutionalisierte Wiederholung untermauert er die zerbrechlichen Bindungen innerhalb des Kollektivs. Periodisch wird er vollzogen; ihn zu vergessen kommt einem Sakrileg gleich. Wem immer die Verehrung zuteil wird, allein die Form des Rituals ist eine Art praktiziertes Gedächtnis. Noch das Trauerritual des Abschieds beugt dem Vergessen vor. Es hält den Toten in Erinnerung, auch wenn das Leben weitergeht. Lange vor der Schrift kettet so das Ritual die Gegenwart an die Vergangenheit.

Das erste, was geschrieben stand, waren Rechnungen, Warenlisten und Gesetze. Die Rechnung erinnert an die Zahlungspflicht des Schuldners, das Dekret an die Gehorsamspflicht des Untertanen. Herrschaft und Tauschökonomie verbieten das Vergessen. Eines ihrer Instrumente ist die Schrift. Sie ist wie ein Wehrdamm gegen die Vergeßlichkeit. Wort und Gedanke sind fixiert, das Gesprochene seiner Flüchtigkeit enthoben. Was geschrieben steht, gehört, wie es heißt, der Welt auf ewige Zeit. Gewiß kann der notierte Gedanke beiseite gelegt und eine Zeitlang unbeachtet bleiben, doch ist er dokumentiert und jederzeit

wieder aufzufinden. Aufgezeichnete Geschichten sind ein für
allemal dem Vergessen entrissen. Sie müssen nicht mehr erzählt
werden. Im Schriftstück gewinnt das Gedächtnis materielle
Substanz.

Die Schrift hat sich auch die Macht zunutze gemacht. Sie
vergißt nichts. Überall wittert sie Widerspruch, Rebellion, Verrat. Daher sucht sie alles über ihre Untertanen in Erfahrung zu
bringen. Die Tendenz zur Überwachung ist keineswegs nur totalitären Diktaturen eigen. Sie ist ein Grundelement jeder
Macht. Behörden führen Akten über ihr Personal, in denen Lob
und Tadel getreulich verzeichnet sind. Kontrollorgane verfügen
über unzählige Dateien und Sündenregister, denn nur vollstän-
diges Wissen garantiert vollständige Sicherheit. Der Verdacht
duldet kein Vergessen. Der Traum der Macht ist das totale Archiv, in dem alle Neigungen und Taten aufgezeichnet sind.

Frevel an der Normalität sucht die Macht durch Drohungen
und Strafen vorzubeugen. Damit will sie Untaten sühnen und
künftige Übeltäter abschrecken. Zwar pflegen Strafen niemanden zu bessern. Eher schärfen sie die Wachsamkeit des Täters
und geben ihm Gelegenheit, sich selbst als Opfer zu fühlen und
seine Gewissenlosigkeit zu stärken. Aber sie zeigen unübersehbar, daß Schuld vergolten und nicht ignoriert wird. Zwar
schafft Sühne keine einzige Untat aus der Welt, geschweige
denn ihre Folgen. Das Leid der Opfer gleicht sie mitnichten aus.
Die Strafe zielt nicht auf persönliche Abgeltung, sondern auf
Vergeltung der Rechtsverletzung. Doch ist die Brandmarkung
dem Verurteilten unauslöschlich in den Leib geschrieben, den
Zuschauern zur bleibenden Erinnerung an das lange Gedächtnis des Gesetzes.

Eine Gesellschaft ohne Vergessen ist unerträglich. Wären die
Menschen nicht so beschaffen, daß ihnen die meisten Ereignisse
auf immer entschwinden, sie wären angeschmiedet an eine endlose Kette von Gegenrechnungen, von Niederlage und Revanche. Bis zuletzt wären sie einzig damit beschäftigt, einander ihr
Handeln zu vergelten. Nicht der geringste Neubeginn wäre
möglich. Da keine vergangene Tat rückgängig gemacht oder
widerrufen werden kann, erschöpfte sich ihre Existenz darin, die

Folgen der Vergangenheit in die Zukunft fortzusetzen. Groll und Unversöhnlichkeit vergifteten die sozialen Beziehungen. Der Alltag wäre bestimmt von Rachsucht und Unfrieden. Von alldem befreit das Vergessen. Es entbindet die Menschen von den Folgen ihres Tuns. Es bewahrt sie davor, auf die Widerfahrnisse der Lebensgeschichte zurückzustarren. Und es erspart ihnen, einander immerfort verzeihen zu müssen. Vergebung verlangt nicht selten Großmut, Weitherzigkeit, Selbstüberwindung, Vergessen nur ein kurzes Gedächtnis.

Doch gibt es Taten, welche nicht zu vergeben sind. Die läßlichen Sünden, die Versehen und Verfehlungen des Alltags, sind wert, daß sie vergessen werden, das Verbrechen nicht. Fehlleistungen entspringen dem Leichtsinn des Vergessenden, seiner Fahrlässigkeit und Unachtsamkeit. Das Verbrechen hingegen wird mit Vorsatz und Plan verübt. Der Täter weiß im voraus um das Verbot. Er ist kein Gegenwartsmensch, er handelt mit Wissen und Gedächtnis. Der Mord schließlich duldet keine Absolution. Er verjährt niemals. Mit dem Tod ist die Kontinuität des sozialen Lebens unterbrochen. Der Mord fällt das Tabu, auf dem alles Soziale beruht, das Tabu des Tötens.

Was für die individuelle Lebensführung gilt, ist auf öffentliche Angelegenheiten nur bedingt übertragbar. Kollektive erinnern sich nicht in demselben Sinne wie Personen. Erinnerungen des einen können unmöglich in das Gedächtnis eines anderen überführt werden. Trotz Rezitation und Ritual, trotz Erzählung, Gedenkfeier oder Trauerfest bleibt jedes Gedächtnis zuletzt individuell. Allenfalls im Sinne einer Analogie oder sozialen Verbindlichkeit läßt sich von einem gemeinsamen Gedächtnis oder von kollektivem Vergessen sprechen. Die Gesinnungsnorm, welche jedem verbindliche Erinnerungen und Vorstellungen vorschreibt, wirkt als ein sozialer Zwang, dem alle nachzukommen haben. Ob sich jeder tatsächlich in der gebotenen Weise erinnert, entzieht sich freilich der Überprüfung. Dennoch wurden immer wieder Vorschriften erlassen, um dem Vergessen aufzuhelfen oder den moralischen Gedächtnissturz zu verhindern.

In früheren Zeiten sahen Friedensschlüsse häufig eine Generalamnestie vor, um die Blutrache zu unterbinden und ein soziales Weiterleben zu ermöglichen. Der Geschädigte sollte die Sühne des Übeltäters annehmen, ihm Verzeihung gewähren und den Krieg als beigelegt betrachten. In ewigen Zeiten sollte all des früheren Bösen nicht mehr gedacht werden. Noch der Vertrag, welcher das Gemetzel des 30jährigen Krieges beendete, beschwor eine »ewige Vergessenheit und Amnestie« aller feindseligen Akte beider Seiten. Der Strafverzicht sollte die gegenseitige Nachsicht fördern. Das Kriegsbeil wurde begraben, der Vertrag fällte die Kriegszeit aus und machte sie ungeschehen. Die Menschen sollten sich so verhalten, als ob sie die Gewalt vergessen hätten, und den Feind so behandeln, als hätte der Krieg gar nicht stattgefunden. Die Vergangenheit wurde nicht »aufgearbeitet« oder »bewältigt«, sie wurde in Rechnung gestellt – und vergessen. Niemand kam auf den Gedanken, man könne von der Vergangenheit wieder »eingeholt« werden. Natürlich waren die Unterhändler sich bewußt, daß Krieg und Gewalt nicht per Dekret einfach vergessen werden können. Im Friedensschluß versprach man jedoch einander eine Art fiktives Vergessen, dessen Folgen indes überaus real waren. Denn indem man so tat, als habe man einander kein Leid zugefügt, ließen sich leichter weitere Abkommen treffen und Geschäfte abschließen.

Das öffentliche Vergessen setzt voraus, daß beide Parteien einander als gleichberechtigt anerkennen. Ein Friedensschluß, welcher eine Seite der anderen unterwirft, ist kein Vertrag, sondern ein Diktat. Wie groß die materielle Ungleichheit zwischen Sieger und Besiegtem sein mag, ein Friedensvertrag erfordert formal absolute Gleichheit. Das Vergessen braucht Egalität, denn Ungleichheit öffnet der Erinnerung Tür und Tor. Der Sieger bestimmt über die Schuld des Besiegten und läßt ihn dafür büßen. Der Besiegte wiederum wird von Ressentiments erfaßt, die ihn immerzu auf spätere Rache sinnen lassen. Friedensdiktate mit Schuldklauseln stammen aus der alten Zeit der Königs- und der Fremdherrschaft. Sie wurden von Monarchen gegenüber unterlegenen Vasallen erlassen oder von Kolonialherren gegenüber aufständischen Eingeborenen. Erst das 20. Jahrhundert übernahm dieses Modell des Friedens ohne Vergeßlichkeit für den Krieg zwischen Nationenstaaten. Seitdem hat die Erinnerung über das Vergessen obsiegt.

Ganz anders liegt der Fall bei kollektivem Terror. Zwischen den Überlebenden und den Tätern gibt es keine formale oder materiale Gleichheit. Hier ist weder ein Vertrag zu schließen noch ein Kriegsbeil zu begraben. Ein Kampf hat nicht stattgefunden. Alles Gerede von Versöhnung übertüncht diese strukturelle Asymmetrie. Zwischen dem Mörder und dem Ermordeten gibt es keine Versöhnung. Die ausgestreckte Hand, welche der Täter dem Überlebenden darbietet, ist eine Beleidigung. Nein, wir, die Täter und ihre Kinder, tragen den Opfern nichts nach. Die Geste unterstellt, dem Frevler käme überhaupt das Recht zu, Verzeihung zu gewähren. Schlimmer noch: Sie fordert vom Überlebenden, er solle seine Toten verleugnen und alsbald vergessen. In Wahrheit kann der Urheber des Unrechts allenfalls um Verzeihung bitten, um Nachsicht für das Unverzeihliche. Um das Risiko der Zurückweisung kommt er dabei nicht herum. Aber entgegen aller Billigkeit kann er darauf setzen, daß ihm die Bitte letztlich erfüllt wird. Denn das Gebot der Äquivalenz gilt auch für die Kommunikation der Versöhnung. Wer um Verzeihung bittet, gesteht einen Frevel ein. Die Entschuldigung gibt eine Schuld zu, sie ist eine freiwillige, wenngleich wohlfeile Gabe. Sie erheischt nämlich geradezu die Vergebung, sei es aus Nachsicht oder Wohlwollen, sei es aus Selbstgefälligkeit, Großmut oder Gnade. Wer verzeiht, erhöht sich selbst, verschafft sich das Gefühl moralischer Überlegenheit. Darauf spekuliert die untertänige Bitte des Übeltäters. Der Geschädigte, der sich dagegen weiterhin unversöhnlich zeigt und das heimliche Streben nach Straffreiheit mißbilligt, verstößt gegen die Tauschregeln des Sozialen und bringt sich selbst ins Abseits. So ist die soziale Kommunikation der Versöhnung ein probates Verfahren, das Leiden zu kaschieren und das Opfer ins Unrecht zu setzen. Der Überlebende, der zu seinen Toten hält, kann nur die Entschuldigung zurückweisen, die Versöhnung verweigern und sich so selbst aus der Gesellschaft ausschließen. Für ihn ist die dargebotene Geste der Versöhnung nichts als eine soziale Falle.

Auch der materiellen »Wiedergutmachung« haftet der Geruch des Unbilligen an. Blutschuld läßt sich nicht durch monetäre Entschuldung abtragen. Handelsgeschäfte sind nach der letzten Zahlung abgeschlossen, Abgeltungen können überhaupt nichts beenden. Die moralische Rechnung bleibt für immer offen. Daß für Sklavenarbeit zumindest nachträglich der geschuldete Lohn gezahlt wird, ist eine moralische Selbstverständlichkeit. Darum feilschen zu müssen, ist würdelos. Entschädigungen für Jahre qualvoller Haft transformieren jedoch den Preis eines beschädigten Lebens in den abstraktesten Wert, der nichts besagt. Schmerzensgeld für den Verlust von Angehörigen rechnet den Tod gegen bare Münze ab. Sie verwandelt die Toten in Waren. Um ihre Zahl und ihren Preis kann nunmehr gehandelt werden. Der Verwandtschaftsgrad bestimmt die Höhe des Sühnegeldes. Aber wie hoch ist der Preis für den Tod des Großvaters oder der Mutter, was kostet das Leben des Onkels, der Schwester, des Neffen? Es zeugt vom moralischen Niveau der modernen Gesellschaft, daß man glaubt, Leiden und Tod mit ein paar Scheinen begleichen zu können. Und es zeugt von der Dimension des Verbrechens, daß es sich noch der Umrechnung in das allgemeinste Medium des Sozialen entzieht, dem Geld. Die Opfer, denen es meist gar nicht um die ohnehin spärliche Entschädigung zu tun ist, werden auf diese Weise dazu gezwungen, Geldbeträge einzuklagen, damit überhaupt anerkannt wird, was ihnen widerfahren ist.

Der Kollektivmord ist weder zu sühnen noch zu versöhnen, auch nicht im gemeinsamen Gedenken. Was den deutschen Fall anlangt, so hat die Gesellschaft der Täter eine Zeitlang die Toten übergangen und sich der unerbetenen Erinnerung zu entwinden versucht. Nicht von »Verdrängung« ist hier zu reden, sondern vom Vergessen durch Vermeidung. Was verdrängt wird, ist unverfügbar und muß erst mühsam durch Arbeit zur Hand gebracht werden. Davon konnte niemals die Rede sein. Viele Deutsche wußten sehr wohl um die Vergangenheit, aber sie vermieden es, ihr nachzuforschen. Das Vergessen hatte die Form des Ausweichens, der Flucht, des Willens zum Nichtwissen, der gezielten Vergangenheitspolitik.

Da das Gedächtnis jedoch keineswegs gelöscht war, konnten nach Jahren des Schweigens öffentliche Zeremonien eingeführt, Spuren gesichert, Monumente errichtet werden. In der Tätergesellschaft wurde die Erinnerung zur Pflicht und das Gedenken zur Staatsaktion erklärt. Mit Schuldbekenntnissen, die nichts als ein paar Worte kosteten, wurde zugleich das Gewissen beruhigt. Bis heute ist der Aufwand gegen die Sünde des Vergessens beträchtlich. Die Erfüllung der Erinnerungspflicht gilt als Test auf die moralische Integrität und verspricht endlich Erlösung von der Schuld. Dabei hat die Gesellschaft der Täter sich ein Wort zu eigen gemacht, das der Geschichte der Opfer entstammt. »Das Geheimnis der Erlösung heißt Erinnerung. Denn das Vergessen verlängert das Exil«, lautete die ursprüngliche Einsicht des chassidischen Rabbi in der Diaspora. Gedächtnis und Erinnerung sollten die Kontinuität der Tradition für alle über den Erdball verstreuten Juden bewahren. Die Übernahme dieses Ratschlags durch die bodenständige Tätergesellschaft ist so anmaßend wie sinnlos. Ein Mörder wird durch Erinnerung weder von seiner Schuld »erlöst«, noch taugt die Identität als Mörder auf Dauer dazu, sich selbst zu verstehen und anzuerkennen.

Da die rechtzeitige Strafe ausfiel, blieb die Schuld ungesühnt. Dafür hat sich in dem verspäteten Überschwang des Gedenkens eine sonderbare Publizität öffentlicher Gewissensarbeit entwickelt, eine Rhetorik der moralischen Gefühle, welche die Schuldfrage entweder zu »verinnerlichen« oder aber abzuwälzen versucht. Im Diskurs über Scham, Schuld und Schande ist untergründig die alte Sehnsucht nach Vergeben und Vergessen zu spüren, die freilich niemand mehr offen zu äußern wagt. Öffentliche Reden auf dem Gedächtnistheater handeln nicht von Tat und Schuld, sondern bewegen sich zwischen leeren Appellen, Heuchelei, gemütvollen Bekenntnissen und Floskeln der Selbstbezichtigung.

Schon das Gerede von »tiefempfundener Scham« angesichts von Massenmord und Kriegsverbrechen ist widersinnig. Scham drängt sich auf, wenn eigene Handlungen oder Gedanken das

Ideal, das man von sich selbst hat, erheblich unterschreiten. Scham bedeutet Selbstabwertung gegenüber der sozialen Bezugsgruppe oder dem Ich-Ideal. Ausgelöst durch einen plötzlichen Perspektivwechsel auf sich selbst, erlebt derjenige, der sich schämt, sein eigenes Ungenügen. Er senkt den Blick, um nicht entdeckt oder bemerkt zu werden. Auf einmal erkennt er sich als Urheber seiner Verfehlungen, als »Stein des Anstoßes«. Scham wird nicht von anderen zugewiesen, sie ist wie ein innerer Überfall. Sie überkommt, durchdringt und lähmt die ganze Person. Sie möchte sich verhüllen, verstecken, möchte in der Erde verschwinden, sich unsichtbar machen. Aber es gibt keinen Ausweg. Der Fluchtimpuls ist blockiert, die Person an die Situation festgekettet.

Scham entzieht sich der gestischen Vorführung. Sie sucht sich ihren Ausdruck, aber sie widerfährt jenseits aller Darstellung. Daher ist sie auch nicht rituell inszenierbar. Für öffentliche Bekenntnisse ist Scham ganz ungeeignet. Wer sich schämt, verspürt mitnichten den Drang, sich vor aller Augen und Ohren zu offenbaren. Im Gegenteil, er meidet jede Gelegenheit, die ihm die Schamröte ins Gesicht treiben könnte. Scham vereinzelt, und die Augen- und Ohrenzeugen bemühen sich meist darum, den Vorfall höflich zu übergehen. In der Scham ist der Mensch ganz auf sich, auf das eigene Versagen bezogen. Er ist für sich, und deshalb ist Scham auch kein Gefühl, das mit anderen geteilt werden kann. Geteilte Trauer ist halbe Trauer, geteilte Freude ist doppelte Freude. Scham jedoch ist niemals Stoff einer gemeinsamen Emotion. Man kann sich nebeneinander schämen, aber nicht miteinander. Als Reaktion auf ein kollektives Verbrechen ist Scham daher unangebracht und unerheblich. Scham ist flüchtig, ein Gefühl des Vergessens. So plötzlich sie hereinbricht, so rasch ebbt sie wieder ab. Vor allem jedoch ist Scham ein privates, geradezu egozentrisches Gefühl. Es geht ihr nicht um das Leid anderer, es geht ihr allein um die Verfehlung eigener Ideale, um die Kratzer am Selbstbild.

Immerhin sind Menschen imstande, sich für andere zu schämen, für Personen, denen sie nahe stehen, sich zugehörig fühlen oder mit denen sie sonst eine Gemeinsamkeit teilen. Es ist keine intensive Bindung erforderlich, um sich für das Fehlverhalten anderer zu schämen. Häufig setzt diese stellvertretende Scham ein, wenn der andere sich offenkundig nicht schämt, obwohl er jeden Anlaß dazu hätte. Wer sich für andere schämt, entlastet jene von den Unbilden der Reue. So können sich Kinder für ihre Eltern und Eltern für ihre Kinder schämen oder auch Staatsvertreter für die Verbrechen ihrer Gesellschaft. Nachfahren können sich stellvertretend schämen für die Gleichgültigkeit, die Mordlust oder die Schamlosigkeit ihrer Vorfahren. Zur unerbetenen Erbschaft der Ahnen gehört es, daß sie die Reue und Scham, die sie selbst verweigerten, auf ihre Nachkommen abgewälzt haben.

Obwohl in Erinnerungsreden vielfach von Scham die Rede ist, bekundet der Redner also niemals seine Scham. Er klagt allenfalls die Schamlosigkeit anderer an. Wer Scham öffentlich zu bekennen vorgibt, stellt sich selbst als jemand dar, der sich auf der moralisch richtigen Seite weiß. Was wie innere Zerknirschung aussieht, ist in Wahrheit ein Zeichen heimlichen Stolzes. Der Schamgebeugte zeigt, daß er seine Lektion aus der Geschichte fleißig gelernt hat. So bedeutet die öffentliche Vorspiegelung von Scham das Gegenteil dessen, was sie zu zeigen behauptet. Wer das Wort »Scham« im Munde führt, will entweder anderen ins Gewissen reden oder aber von der Schuld in die Innerlichkeit des Sentiments flüchten. Schlimmer noch: Die Rhetorik der Scham schließt eine empörende Umdefinition der Untat ein. Scham stellt sich nämlich unwillkürlich bei unbeabsichtigten Fehlleistungen ein. Angesichts eines Massenmordes von Scham zu sprechen, impliziert also die Behauptung, das kollektive Verbrechen sei keine beabsichtigte Tat gewesen, sondern eine Art Schicksalsschlag, ein Unglück, ein Mißgeschick, ein bedauerlicher Betriebsunfall der Geschichte.

Anders verhält es sich beim Gefühl der Schuld. Scham entsteht durch die Verletzung eigener Ideale, Schuld hingegen in der Schädigung anderer, die man rückgängig oder wiedergutmachen möchte. Schuldgefühle vergegenwärtigen das Leid der Opfer in ganz anderer Weise als Schamgefühle. Schuld ist stets

auf andere bezogen, sie anerkennt die eigene Untat, und zwar
nicht in Referenz zu privaten Idealen, sondern zu sozialen Normen. Dabei sind Schuld und Schuldgefühl jedoch genau zu unterscheiden. Ob jemand schuldig ist, bemißt sich an der Geltung von Normen und an dem, was er getan oder unterlassen
hat. Ob er sich schuldig fühlt, ist hierfür unerheblich. Daß die
allermeisten Täter und ihre Helfershelfer ein notorisch gutes
Gewissen zeigten und sich mit allerhand fadenscheinigen Erklärungen herauszureden suchten, vermindert ihre Schuld nicht
im geringsten. Umgekehrt wirken Schuldbekenntnisse derjenigen, die selbst nichts getan haben, allzu wohlfeil. Sie kosten
nichts, sondern dienen lediglich dazu, das eigene Selbstbild
durch Schuldrhetorik aufzupolieren. Es zeugt von moralischer
Verwirrung, wenn Menschen, die von Schuld völlig frei sind,
einander versichern, wie schuldig sie sich fühlen, während die
Verbrecher nicht die geringste Spur von Reue zeigten. Doch hat
diese Verwirrung eine psychische Funktion. Wer sich schuldig
fühlt, kann sich zugleich moralisch geläutert fühlen. Der deutsche Schuldnarzißmus hat also weniger mit der Zerknirschtheit
echter Schuldgefühle zu tun als mit der demonstrativen Bekun-
dung, sich angeblich sittlich gebessert zu haben.

Menschen sind auch zu stellvertretenden Schuldgefühlen
imstande. Sie fühlen sich für andere schuldig, die es selbst an
Einsicht in ihre Schuld fehlen lassen. Sie fühlen sich so, als ob
sie selbst für das Verbrechen verantwortlich seien oder es sogar
selbst begangen hätten. Daß dies mit einem rationalen Verhältnis zur Tat nichts zu tun hat, liegt auf der Hand. Das dumpfe,
bohrende Schuldgefühl schürt Ressentiments und verhindert
die Selbständigkeit des Urteils. Der Ausweg in die Autonomie
bleibt versperrt. Er liegt nämlich allein in der entschiedenen
Distanzierung von dem Kollektiv, das die Verbrechen begangen
hat. Dieser Abstand erst ermöglicht den Nachgeborenen folge-
richtiges Handeln. Folgehaftung kann durchaus auch ohne eine
Haltung büßender Reue und ohne Schuldgefühl übernommen
werden. Wer für die Schuld anderer einsteht, trägt deren Schuld
ein Stück weit ab, fühlt sich dafür verantwortlich, die Folgen
des Verbrechens zu mildern. Solche nachträglichen Sühnelei-

stungen machen nichts ungeschehen und gleichen auch nichts aus. Und sie stützen auch nicht die Hoffnung auf Terminierung, auf Vergessen und Vergeben. Auch wenn die Bücher wegen des Fortgangs der Zeit irgendwann geschlossen werden, ist die Schuld für das kollektive Verbrechen nicht abzugelten. Die Sühneleistung ist keine Strafe, die das Verbrechen aufhebt, und sie ist auch kein Vehikel ins Reich des Vergessens. Sie entlastet nur den Urheber der Untat, und sie garantiert den Überlebenden wenigstens ein Mindestmaß an Anerkennung und Unterstützung.

Während die Rhetorik der Scham die wirkliche Schuld nach innen, in die Seele und Gesinnung verschieben möchte, operiert die Rhetorik der Schande in entgegengesetzter Richtung. Der Groll des Schuldgefühls wirkt auch hier nach. Das Wort »Schande« entstammt dem Vokabular einer Gesellschaft der Ehre. Mit »Schimpf und Schande« werden Übeltäter aus dem sozialen Kreis verbannt. Einzelne können Schande über ein Kollektiv, eine Familie, einen Clan, einen sozialen Stand, eine Nation bringen, wenn sie deren Maßstäbe verletzt haben. Daß eine Gruppe oder ein Volk sich selbst schändet, ist jedoch ein Ding der Unmöglichkeit. Schande wird zugefügt, und die Schmach wird empfunden, insofern das Individuum sein Selbstverständnis auf seine Gruppenzugehörigkeit gründet. Einen Völkermord als »Schandtat« zu bezeichnen, setzt mithin die Vorstellung einer nationalen Ehre voraus, die entweder durch die Anklagen der Überlebenden oder durch das Verbrechen einer radikalen Minderheit aus den eigenen Reihen befleckt wurde. Daß das Täterkollektiv Hunderttausende umfaßte und von der Mehrheit der Gesellschaft getragen wurde, sucht die Rhetorik der Schande zu verkleinern. Sie stellt die Mitschuld und Mittäterschaft in Abrede und tauft die Gesellschaft der Täter um in eine Gesellschaft vermeintlicher Opfer. Wie im Falle der Scham bleibt sie ganz auf die Seite der Täter fixiert. Mehr noch: Sie bettelt um Mitleid für ein Unrecht, das dem Täter angeblich widerfahren ist. Wer sich als Opfer einer Schandtat ausgibt, die er selbst begangen hat, ist darauf aus, die Rollen umzukehren und die Schuld anderen anzulasten.

Es ist zweifelhaft, ob mit den moralischen Gefühlen, zu denen Individuen gelegentlich fähig sind, einem kollektiven Verbrechen überhaupt beizukommen ist. Die Gefühle der Scham oder Schande sind unangemessen, perfide und unerheblich angesichts der realen Schuld und ihrer Folgen. Der innere Gerichtshof des Gewissens ersetzt nicht die moralische Urteilskraft, das politische Handeln, die Folgehaftung. Treblinka, Babi Jar und Auschwitz sind keine Fragen deutscher Scham oder Ehre, sondern deutscher Schuld. Die öffentlichen Rituale der Trauer und Klage, mit denen die Überlebenden und ihre Nachfahren ihrer Toten gedenken, eignen sich nicht zur moralischen Entlastung der nichtjüdischen Deutschen und ihrer europäischen Gehilfen. Eine Gemeinsamkeit der Erinnerung kann nicht erschlichen werden. Eine Gemeinsamkeit des Vergessens noch weniger. Es gibt sie nicht.

12. Vom Verschwinden des Grauens

Grünes Dickicht verbirgt die alte Festung. Auf dem Vorplatz hat ein Trupp Soldaten eine Funkstation aufgebaut, Tarnnetze hängen über den Wagen, am Lagerfeuer lungern die Männer herum, offene Kampfmesser am Koppel, junge Gesichter, glatt-rasiert, die Köpfe kahl geschoren. Es ist ein sicherer Manöver-platz, das alte Fort gibt jede Deckung. Über den ausgetrock-neten Wallgraben führt eine Steinbrücke, das Eisentor ist angelehnt, im Innenhof lugen vergitterte Türen unter den Wie-senhügeln hervor, Eingänge zu den leeren Lagerräumen unter der Erde. Links streift ein Fußpfad die Burgmauer entlang, im Eckturm windet sich eine Wendeltreppe in die Tiefe hinab. Dü-ster und feucht ist es hier, es riecht nach Moder und Gewalt, durch schmale Schießscharten fallen spärliche Sonnenstrahlen. Vorsichtig suchen die Füße Halt auf dem glitschigen Lehmbo-den, von den Wänden tropft Wasser. Fledermäuse könnten hier hausen, Spinnen, Ratten, Nachtgetier. In der Ferne, am Ende des langen Wehrgangs, winkt das trübe Licht einer Glühbirne, irgendwo, in einer der Nischen, steht ein Tisch, aus rohen Holz-brettern zusammengenagelt, zwei derbe Sitzbänke, über den Durchgängen zu den Gewölben sind Zahlen gemalt, acht, neun, zehn, dreizehn, die Kasematten sind numeriert, jede Ni-sche eine Parzelle, ein Verlies, eine Gruft.

Als Bollwerk gegen Frankreich hat man die Bundesfestung auf dem Oberen Kuhberg in Ulm einst gebaut. Zur Verteidi-gung wurde die mächtige Burg allerdings nie benötigt, nur als Munitionsdepot und unterirdischer Kerker. 1870 warf man Kriegsgefangene, marokkanische Hilfstruppen des Erbfeindes, in die zugigen und kalten Gänge. Dann zog sich das Militär zurück und ließ das Gemäuer verwildern, bis im November 1933 die SA das verlassene Fort wiederentdeckte, als Terror- und Lagerstätte für politische Gefangene. Ein Konzentrations- lager in Ulm? Auf zwei offenen Lastwagen trafen die ersten Häftlinge aus Württemberg hier ein, die Wächter rekrutierte man aus dem Heer arbeitsloser Bauersknechte und Handwer- ker der Umgebung, achtzig Mann für 200 Gefangene, das KZ als Maßnahme der Arbeitsbeschaffung, Terror als Broterwerb. Auf dem Kuhberg hatten sie freie Hand, kein Schrei drang durch die meterdicken Mauern, ein diskreter, geheimer Ort des Verbrechens am Rande der Stadt. Hermetisch von der Ober- welt abgeschlossen, waren die Schergen mit ihren Opfern al- lein.

Sonntags, wenn sich der Bürger von der Wochenarbeit er- holt, ist unter der Erde der Festtag der Macht. Das Gebrüll der Aufseher hallt durch die Gewölbe, es ist Appelltag, Geschirrap- pell, Haarappell, Kleiderappell. Stundenlang werden die rosti- gen Blechnäpfe gescheuert. Eine stumpfe Maschine reißt den Männern die Haare aus, die Schändung der Kopfrasur, alle wer- den sie gleichgeschnitten, gleichgemacht bis auf die Schädel- haut. Nebenan wird auf abgeschabten Uniformen herumgebür- stet, dann hinaus zur Kontrolle, auszusetzen gibt es immer etwas, ein fehlender Knopf, ein Fleck auf der Hose, Strafexer- zieren in Schnee und Schlamm, »Hinlegen, Aufstehen, Sprung auf, Marsch, Marsch!« bis zur Erschöpfung, im Laufschritt zu- rück in die Gruft und den Dreck abschrubben, Sauberkeit ist erste Häftlingspflicht. Das Wasser holt man am Brunnen, wo zwei Einarmige die Handpumpe bedienen. Es ist brackig und verseucht. Schwarze Würmer tummeln sich am Boden der Blechkannen. Von den Latrinen sickern Kot und Urin direkt ins Grundwasser.

Gestorben ist auf dem Kuhberg niemand. Wer durch Kälte, Hunger und Prügel am Ende ist, wird vorzeitig entlassen oder nach Dachau verfrachtet. Noch will man keine Toten, wegen der Auslandspresse, noch wird niemand bei der Arbeit erschla- gen. Es gibt nichts zu tun in diesem Lager. Wochen und Monate warten die Gefangenen, stehen Tag für Tag in den engen Kasematten herum, vier Meter unter der Erde, ein Tag wie der andere, sechs Uhr Wecken, sieben Uhr Frühstück, Zichorienkaffee mit Schwarzbrot, zwölf Uhr ein Liter wäßriger Eintopf, achtzehn Uhr eine Brotkante mit Margarine. Hin und wieder poltert ein Aufseher herein, greift sich einen heraus und vertreibt sich den Stumpfsinn mit Geschrei, Prügeln, Fußtritten in Leiste und Bauch, eine kurze Lust der Gewalt. Kein Gesetz beschränkt seine Willkür, Schutzhaft heißt offiziell dieser endlose Zustand, keiner weiß, was ihn noch erwartet. Die Erinnerung an die Freiheit verblaßt, verdunstet, in den Höhlen ist man lebendig begraben. Was ist das exakte Maß der Ewigkeit, ein Jahr, ein Tag, eine Minute, die Sekunde des Schlags?

Auf dem Kuhberg begann die Geschichte des deutschen KZ-Systems. Es war ein Lager des ungeordneten, wilden Schrekkens. Die Häftlinge trugen noch keine Zebrakluft, sondern ausrangierte Uniformen der Berliner Straßenbahner, schwarzes Tuch mit roter Mennige an Ärmeln und Hosenbeinen. Die Kerkermeister gehörten noch zur SA, den Landsknechten der braunen Revolution, eine Prügelgarde von Amateuren, die alsbald von den Terrorfachleuten der SS entmachtet wurden. Eine schriftliche Lagerordnung gab es noch nicht, ebensowenig das ausgeklügelte System der Strafen, der Machtverteilung, der Zwangsarbeit und Todesfabriken. 1935 übernahm die Wehrmacht die Festung, die Gefangenen kamen nach Dachau, die Zentralinspektion in Oranienburg schloß nach und nach die wilden Lager und konzentrierte ihre Sklavenarmee in neuen, modernen Lagern über der Erde: Barackenstädte hinter Stacheldraht, Wachtürme, Steinbrüche, Fabrikhallen, Krematorien. Die Rückkehr aus der Finsternis des Limbus führte geradewegs in die Oberwelt der inneren Höllenkreise.

Hunderte von Studien und Berichten haben versucht, die Wahrheit über die Lagerwelt zu ermitteln. Ein paar Strafprozesse wurden eingeleitet, einige Schergen aufgehängt, die meisten freigesprochen, mangels Beweisen, wie es hieß, die langjährige Zugehörigkeit zur terroristischen Vereinigung zählte nicht. Vor dem moralischen Anspruch der Nürnberger Prozesse hat die deutsche Justiz schlichtweg versagt. Je weiter vom Leichenberg die Schreibtischtäter saßen, desto geringer die Strafe. Der Kommandant des Ulmer Kuhbergs wurde in Würden alt, nach dem Krieg umhüllte ihn der gnädige Mantel der Amnestie. Er bezog seine wohlverdiente Pension, die Dienstzeit im KZ hat man ihm angerechnet.

Der östliche Nachfolgestaat entledigte sich der kollektiven Schuld, indem er sich kurzerhand auf die Seite der Opfer schlug und die Barbarei zur Spätfolge des Kapitalismus erklärte. So blieb sein Weltbild in Ordnung. Die westdeutsche Republik behalf sich mit den Mitteln der Geldwirtschaft. Sie verwandelte die Schuld in Schulden und leistete Zahlungen zur »Wiedergutmachung«, Schadensabwicklung durch Umschuldung könnte man sagen. Weniger großzügig zeigten sich die großen Privatkonzerne, auf deren Werksgelände zahllose Konzentrationslager standen. Über Jahrzehnte verweigern sie den Überlebenden einen kärglichen Ausgleich für die Ausbeutung ihres Lebens.

Ein merkwürdiger Zwiespalt kennzeichnet das gesellschaftliche Bewußtsein. Da gibt es die unsäglichen Leerformeln der Sonntagsreden, das pathetische Geraune von tragischer Schuld und Verstrickung, von Vergebung und Versöhnung, wo in Wahrheit nichts zu versöhnen ist. Da gibt es, alle Jahre wieder, die Trauerrituale des Gedenkens, gutgemeinte Pflichtübungen auf dem Terminplan. Da gibt es die abgenutzte Klage über die Verdrängung, als seien die Greueltaten keine Wirklichkeit, sondern ein seelisches Trauma gewesen, als seien Mord und Gewalt jemals zu »bewältigen«. Es gibt die treuherzige Versicherung, inzwischen habe man seine Lektion aus der Geschichte gelernt, auch die Gnade der späteren Geburt schützt vor Torheit nicht. Und schließlich treiben viele, Alte wie Junge, das obszöne Zahlenspiel mit den Mordquoten der Geschichte, rechnen Auschwitz gegen Dresden, Dachau gegen Katyn auf. Von der verstockten Lüge der Mittäter bis zur Dämonisierung der gewöhnlichen Vollstrecker reicht die Skala der Reaktionen, von der moralischen Selbstbetäubung bis zum amtlichen Schuldbekenntnis, vom hilflosen Appell wider das Vergessen bis zum handgreiflichen Angriff gegen jene, die wenigstens eine Gedenktafel aufstellen wollen.

Auch die wohlmeinende Intelligenz ist diesem Zwiespalt nicht entgangen. Historiker streiten sich in endlosen Debatten darüber, wer letztlich den Befehl gegeben hat, obgleich die KZ-Maschinerie doch nur störungsfrei funktionieren konnte, weil die vielen kleinen Zuarbeiter pflichtgemäß mitmachten, weil die mittleren Ränge und Folterknechte vor Ort jede Entscheidungsgewalt hatten, weil die Bevölkerung auf den Straßen und Bahnhöfen steinern zur Seite schaute.

Pädagogen, von Amts wegen mit der »Bewältigung« beauftragt, versuchen vergeblich, den Kindeskindern der Täter ein historisches Gewissen anzuerziehen, und die Schulklassen, die sie durch die Gedenkstätten führen, albern herum, den Walkman im Ohr, fragen allenfalls, wo die Gaskammer ist. Kein Ausflug, kein Sightseeing ohne Sensation. Heimatforscher der jüngeren Generation durchstöbern emsig die Archive nach Dokumenten und entdecken manche Lagergeschichten, fördern vergrabene Beweisstücke zutage, Hinweise auf das Lager an der Straßenecke, die unbekannten KZs, deren Namen sich wie ein Ortsverzeichnis von Mittel- und Osteuropa lesen.

Woher rührt diese Verlegenheit zwischen Verleugnung, Erinnerungsappell und emsiger Detailarbeit? Es sind ratlose Antworten auf einen Schrecken, der jeden Alptraum hinter sich läßt. Die Wirklichkeit übersteigt die Vorstellungskraft. Wer erinnert sich nicht an die Bilder der Befreiung? Hier die verlausten, abgemagerten Knochenmenschen in den grotesken Zebralumpen, die stumpfen, toten Blicke aus dem Diesseits, die Haufen von Gerippen, Knäuel fleischloser Arme und Beine, die man auf den Lastwagen wirft.

Und dort das gemütliche deutsche Wohnzimmer der Täter, Tapeten mit Blumenmuster, ein Schreibtisch aus schwerem Eichenholz, der Lampenschirm aus tätowierten Hautstücken, die man den Toten abgezogen hat, der Schrumpfkopf mit den langen, verfilzten Haarsträhnen in der Glasvitrine, die Trophäe der Menschenfresser. Aber die Gesichter der Henker, normale Gesichter, keine Monsterfratzen, gut genährte deutsche Väter

und Mütter, Nachbarn wie du und ich. Die Transporte kamen
immer in der Früh, um elf Uhr war die Arbeit meist erledigt,
nach Dienstschluß gingen wir immer in die Stadt, ins Café, dort
spielte die Kapelle, das hat uns aufgemuntert. Wer hat sich
nicht dabei ertappt, daß er durch die Bilder hindurchsah, ein
hastiges Durchatmen, Kopfschütteln, Achselzucken, ein zyni-
scher Witz, der Wunsch wegzusehen, Gedanken an Rache, bis
sich die Kälte einstellt, die den Schock vereist und zur Tagesordnung zurückkehren läßt.

Doch der Schock der Schreckensbilder beruht auf einer Fehl-
wahrnehmung. Die Skeletthaufen repräsentieren nicht den Sinn
des KZs. Das System der deutschen Konzentrationslager war
keineswegs darauf angelegt, lebende und tote Leichname zu
hinterlassen. Sie waren nur ungeplante Überreste der Mordma-
schine, weil die Kapazität der Verbrennungsöfen nicht reichte.
Die meisten Toten konnte man noch rechtzeitig beseitigen, die
Krematorien sprengen, die Akten verschwinden lassen. Daß alles möglich ist, daß man Menschenkörper restlos ausschlach-
ten und spurlos vernichten kann, als ob es sie nie gegeben hätte
– diesem Nachweis diente das System. Was noch übrig ist, sind
vereinzelte Spuren, hier und da eine Mahntafel, die Berichte der
Überlebenden. Aber was soll man anderes tun, als immer wieder hinzusehen auf das, was der Fall war, sich die Bilder vor
Augen zu stellen, die unbekannten Stätten des Grauens aufzu-
suchen.

Weit zu reisen brauchen Sie nicht. Nehmen Sie eine großräumi-
ge Landkarte Mitteleuropas, und entfalten Sie sie auf dem
Tisch. Nun setzen Sie, am besten mit Tinte, fette Tupfer auf die
großen Städte: München, Linz, Wien, Köln, Hannover, Hamburg, Berlin, Danzig, Warschau und Riga. Dann suchen Sie die
Zentren der großen Industrie: Nürnberg, Mannheim, Essen,
Salzgitter, Leipzig, Kattowitz, anschließend die Urlaubsgebiete:
Vogesen, Schwarzwald, Schwäbische Alb, Oberpfalz, Harz,
Thüringer Wald. Endlich noch die Stätten des Geistes: Weimar
und Jena, Göttingen und Krakau, Salzburg und Bayreuth, über-
all pechschwarze Punkte auf dem Papier, Standorte deutscher

Konzentrationslager. Sie trauen Ihren Augen nicht? Sie haben
noch die Dörfer und Kleinstädte vergessen, Überlingen am Bodensee zum Beispiel, Michelstadt im Odenwald, Goslar, Papenburg oder Husum. Über 1200 Punkte sind es am Ende, 1200
KZs, die Sammel- und Durchgangslager nicht mitgerechnet,
auch die Lager für ausländische Zwangsarbeiter und Kriegsgefangene nicht oder die zahllosen »Judenlager« im Osten, die
Vorstationen für Treblinka, Chelmno und Auschwitz. 1200
KZs, es waren keine Arbeitslager für Sträflinge, wie so manch
besorgter Stadtvater uns heute weismachen möchte, es waren
Konzentrationslager in der Nachbarschaft, an belebten Ausfallstraßen, im nahen Stadtwald, in ausquartierten Schulhäusern oder auf dem Gelände privater Rüstungsfirmen. Die Karte
ist vollgesprenkelt mit häßlichen Tupfern, Mitteleuropa überzogen mit einem feinmaschigen Netz von Lagern.

Der Mittelpunkt des großgermanischen Reichs sollte weder
in Berlin noch in München entstehen. Heinrich Himmler,
Amtschef der SS und oberster Herr der Lager, hatte für seinen
Orden unter dem Totenkopf eine andere Kultstätte ausgewählt,
die Wewelsburg in der Nähe von Paderborn. Eine gigantische
Führerpfalz war hier geplant, mit einer achtzehn Meter hohen
Burgmauer, gewaltigen Tortürmen, einer Kaserne für die
Mannschaften und einer Villenkolonie für die Offiziere, mit einem Eisenbahnviadukt, einer Prachtstraße für die Aufmärsche
und einem direkten Anschluß an die neue Autobahn, architektonisch alles streng ausgerichtet auf den Mittelpunkt der Welt,
den Nordturm der alten Burg. Das Dorf, das dem Bauplan im
Wege stand, sollte verlegt, die Bewohner als Ostpioniere ausgesiedelt, die Bauerngehöfte enteignet werden.

Und damit die Ritter der Tafelrunde in ihrer Gralsburg keine
Not zu leiden hatten, raubte man aus dem besetzten Europa
einen Burgschatz zusammen: kostbare Gemälde, antike Möbel,
feinstes Tafel- und Schmuckporzellan, Teppiche, Silber und
Gold. Okkulte Weihefeste wollte man hier abhalten, Gerichtstage des Ordens, Konferenzen und Meditationen, um den
Korpsgeist der edlen Generäle zu stählen. Doch kein einziger
der phantastischen Pläne wurde zum Abschluß gebracht. Die

Wewelsburg blieb ein grotesker Torso des neuen Mittelalters, ein historischer Mummenschanz, eine Farce, die 1285 Häftlinge das Leben kostete.

Vom Burggraben steigt man eine schmale Treppe hinunter zum Heiligtum des Nordturms. Düster hallen die Schritte durch das kreisrunde Kellergewölbe. Zwölf steinerne Sockelstümpfe sind an der Rundwand aufgereiht, die leeren Thronsitze der Gruppenführer. Wenn man sich unmittelbar neben die Wand stellt, kann man sich flüsternd über den gesamten Raum verständigen. In der Mitte hört man ein mehrfaches Echo. Oben, im Scheitel der monumentalen Kuppel, dreht sich das graue Sonnenrad, das Hakenkreuz, das Kreuz der vier Galgen, eine unaufhörliche Drehbewegung, erinnert sie nicht an die gebrochenen Glieder der Opfer, die früher aufs Rad geflochten wurden? Lotrecht darunter ist im Fußboden ein flaches Steinbecken eingelassen, mit einem Gasrohr in der Mitte. Nach der Legende, die im Dorf erzählt wird, sollte die ewige Flamme die hölzernen Wappenschilde der verstorbenen SS-Ritter verbrennen. Der triste Kuppelsaal ist eine Totenhalle, von den Gefangenen in den Fels geschlagen, die Gruft der zwölf Getreuen, die Walhalla des nordischen Ordens.

Bevor die Sklaven mit dem Umbau der Ritterburg beginnen konnten, mußten sie zuerst ihr eigenes Lager aus dem Boden stampfen. Bewährte deutsche KZ-Architektur wie überall: Holzbaracken, Wachtürme, ein elektrisch geladener Drahtzaun mit Todesstreifen davor, Unterkünfte für die Bewacher, hübsche Einfamilienhäuser für die Lagerherren, ein Krematorium und ein Torhaus mit einer Kanzel für das Maschinengewehr. Über 600 000 Reichsmark ließ sich der eingetragene SS-Verein zur Pflege deutscher Kulturdenkmäler das eigene KZ kosten. Die 3000 Arbeitskräfte hingegen waren kostenlos, Nachschub war jederzeit zu beschaffen, falls das Lager wegstarb. Russische Zwangsarbeiter und Kriegsgefangene wurden hierher transportiert, Polen, Tschechen und »Zigeuner«, deutsche Häftlinge aus Sachsenhausen, gezeichnet mit dem schwarzen oder grünen Winkel, »Arbeitsscheue« und »Berufsverbrecher«, wie sie im Lagerjargon hießen. Manche von ihnen wurden in Verwal-

tungsfunktionen befördert, avancierten zu Blockältesten und
Kapos, eine privilegierte Hilfstruppe, die den Henkern die Arbeit abnahm. Sie waren Opfer und Täter zugleich, Funktionäre, die den Befehl nach unten weitergaben, sich von der Todesdrohung befreiten, indem sie die Mithäftlinge anstachelten, drangsalierten und umbrachten.

Verweigert hat sich dem Lockruf der Macht nur eine einzige
Gruppe, die Zeugen Jehovas, die Bibelforscher, die von der SS
als zuverlässige Diener geschätzt wurden. Während zwischen
Deutschen und Ausländern, zwischen Schwarzen und Grünen
ein unerbittlicher Kampf ums Überleben tobte, hielten die
Glaubensbrüder mit dem lila Winkel eisern zusammen. Seit
1935 wurden sie, wegen beharrlicher Verweigerung des Kriegsdienstes und des deutschen Grußes, in die Lager eingeliefert.
300 von ihnen schaffte man nach Wewelsburg, als pflichttreue
Arbeiter für die heidnische Kultstätte. Sie schützten einander
vor Übergriffen, versorgten die geschlagenen Kameraden, teilten das karge Brot, ohne jemals gegen die Übermacht aufzubegehren. Gewissenhaft befolgten sie die Lagerordnung, putzten
ihre Blocks, zeigten vorbildliche Arbeitsmoral. Eine Bewachung war überflüssig, die Bibelforscher lehnten jeden Fluchtversuch ab. Keiner von ihnen hat jemals einen Prügelstock in
die Hand genommen oder einen Machtposten angestrebt. Das
religiöse Prinzip schweißte die Gruppe zusammen, eine seltene
Brüderlichkeit, Friedfertigkeit im KZ. Sie überlebten, weil sie
die Gewalt erduldeten, die ihren Glauben festigte.

Schweigen liegt heute über dem leeren Appellplatz. Der Asphalt ist vernarbt, die Löcher zugeteert. In der Häftlingsküche
lagern die Gerätschaften der Dorffeuerwehr, in einer Garage
hat sich eine Schreinerei angesiedelt. Die Wachtürme und
Blocks jedoch sind verschwunden, die letzte Baracke wurde vor
zwanzig Jahren abgerissen. Soeben verläßt eine junge Frau das
alte Torhaus, vollgepackt mit Fleisch, Gemüse und Schokolade. Wo einst die ausgehungerten Häftlingskolonnen beim Ausmarsch durchgemustert wurden, kaufen die Dorfbewohner ihre
Lebensmittel. Es ist dasselbe Haus, dasselbe Gemäuer, doch der
Torbogen ist zugemauert, der Turm abgebrochen, die Kanzel

mit dem Maschinengewehr heruntergerissen. Frischer Putz
überklebt die Erinnerung, auch die Fenster hat man verändert,
Zwischenwände entfernt, die Zimmer umgebaut, das Dach mit
neuen Ziegeln gedeckt. Längst hat die Gegenwart hier Einzug
gehalten. Bis zur Unkenntlichkeit ist das Torhaus umgestaltet,
umgearbeitet, eine gründliche Arbeit fürwahr, die Arbeit des
Vergessens. Abriß oder Umbau, der Verlust des Gedächtnisses
hat ein praktisches Fundament, er gründet auf der materiellen
Annullierung der Spuren. Aber wie lebt es sich in den Räumen,
wo sich damals die Lagerherren erholten, wie sitzt man gemüt-
lich in der Ecke, wo sie damals ihre Karabiner abstellten?

Die Dorfgeschichte hat das alte Lager überrollt und nieder-
gewalzt. Wer erfahren will, was sich hier zugetragen hat, muß
das Museum besuchen, das KZ-Museum in der ehemaligen
Dienstwohnung des Burghauptmanns. Dort ist, getreu nach
Maßstab, ein Modell des Lagers aufgebaut, kleine, flache Baracken auf silbergrauem Grund, Wachtürmchen, rotbraune
Häuschen, das Tor, die Küche, der Bunker, das Krematorium
aus Pappe, exakt ausgerichtet, mit dem Lineal gezogen, eine
gewissenhafte, liebevolle Rekonstruktion im Spielzeugformat.
Es fehlen nur noch die Männchen in der Kulisse, und das La-
gerspiel könnte beginnen. Die blitzsaubere Miniatur ist an-
schaulich, einprägsamer als die Kopien der Dokumente und
Schriftsätze, ein pädagogisches Hilfsmittel für die Besucher, das
die Wirklichkeit in ein Schauobjekt verwandelt, verniedlicht,
neutralisiert.

Akribisch hat man zusammengetragen, was sich noch auftreiben ließ: die wahnwitzigen Baupläne der Pfalzanlage, Fotos
einer SS-Konferenz, die Generäle in heiterer Stimmung, mit den
Burgmädeln schäkernd; Zeitungsausschnitte, ein schriftlicher
Antrag, die Waldumlegung betreffend, Schnellbriefe, Bilder des
Lagers aus der Nachkriegszeit, ein Leichenpaß. Alles ist sorgsam sortiert und erläutert, ein Mosaikbild der Heimatgeschich-
te, welche die Einwohner lange Zeit untergepflügt hatten. Gewiß, das Museum hat Erinnerungen ans Tageslicht gebracht,
die kollektive Mauer des Schweigens aufgebrochen, aber kann
man das Grauen ausstellen, auf Bildern darstellen, an weiße

Wände montieren? Die Anschauung findet nur ein dürres Sub-
strat, das Gedächtnis versagt vor der monströsen Absurdität.
Hinter Glas liest man die Handschrift eines Häftlings, den Be-
richt eines Bibelforschers, der einzige, der überliefert ist:
»Ein schönes Mädchen wurde eingeliefert. Sie mußte abends
in einem Betrieb länger arbeiten, Wäsche bügeln. Der deutsche
Chef belästigte dieses Mädchen, das einer Partisanengruppe
angehört haben soll. Sie wehrte sich gegen die handgreiflichen
Annäherungsversuche, traf den Mann so unglücklich mit dem
Bügeleisen an der Schläfe, daß er starb. Dieses Mädchen wurde
hier im Lager in aller Heimlichkeit gehängt. Als Anwesende nur
Kommandant Haas und einige SS-Offiziere, Stolle, der Henker
(...). Das Mädchen trug Handschellen. Stolle wollte ihr nun die
Schlinge um den Hals legen, doch dann ging alles sehr schnell!
Das Mädchen spuckte Stolle voll ins Gesicht und stieß ihn mit
den Fäusten kräftig vor die Brust, legte sich selbst die Schlinge
um den Hals, streckte dem hohen SS-Stab die Zunge heraus
und sprang hinab von der Plattform. Kommandant Haas lach-
te: ›Donnerwetter! War das eine Katze!‹ Und Stolle: ›Das soll
sie mir büßen.‹ Dann im Krematorium nahm Stolle einen Ei-
senhaken und zerriß der Toten die Genitalien.«

Auf dem Spielplatz rattert lustig die Holzlokomotive. Rauchschwaden steigen zum Himmel. Auf den Eichenstämmen hok-
ken die Kinder, pfeifen das Lied von der großen Reise. Vorbei
an dem steilen Bretterzelt geht die Zugfahrt, der Schwebebal-
ken, die Autoreifen, das Klettergerüst, hinüber zum Palisaden-
turm hinter den Birken. Am Zaun endet das Abenteuer, hier
beginnt das Schulgelände, ein banales Gebäude, drei Stockwerke hoch, eintönig die Fensterreihen ohne bunten Fleck, ohne
Plakate und Bilder, die Kaserne der Stadtjugend. Die Jahre haben schwarze Streifen auf den Wänden hinterlassen, 1950 hat
man sie gebaut, weil die Baracken des Realgymnasiums nicht
mehr ausreichten. Generationen sind auf diesem Hügel nahe
der alten Stadtmauer zur Schule gegangen, auch in der Kriegszeit, als in den Blocks über 900 jüdische Frauen eingesperrt
waren. In der Pause, wenn die Kinder ihre Klassenzimmer ver-

ließen, um das Klettergerüst zu besteigen, schleppten sich die Frauen an den Stacheldraht und bettelten um Brot.

Wochenlang waren sie unterwegs gewesen, bevor sie Anfang August 1944 in Hessisch-Lichtenau eintrafen. Eichmanns Häscher hatten sie aus ihren Häusern gezerrt und in die Ghettos gezwängt, wenige Tage später pferchte man sie in die Viehwaggons und verfrachtete sie nach Auschwitz, einer der unzähligen »Judenzüge« aus Ungarn. An der Rampe von Birkenau wurden sie ausgeladen. »Aussteigen, alles aussteigen, guten Morgen, meine Dame, würden Sie sich bitte herausbemühen, es wird gleich alles besser.« In Zweierreihen wurden sie aufgestellt und zur Selektion getrieben. Ein kurzer Fingerzeig wies sie nach rechts, ihre Eltern und Geschwister nach links, untauglich, arbeitsunfähig, Massenmord nach Augenschein, rechts die Sklaverei, links das Gas. Ihre Köpfe wurden kahl rasiert, ihre Körper in grobe Leinensäcke gesteckt und nach drei Wochen erneut in die Waggons verladen. Das Reich brauchte Arbeitssklaven, auch jüdische, zur Fertigung von Bomben und Flugzeugen. Viele Tage dauerte die Reise im dämmrigen Halbdunkel der verriegelten Wagen, ohne Essen und Trinken, eine Fahrt ins Ungewisse, bis endlich die Lokomotive anhielt, am Bahnhof von Hessisch-Lichtenau.

»Beim ersten Anblick haben wir gesehen, daß das Lager viel besser ausgerüstet war als Auschwitz. Wir dachten, daß die Baracken sauber seien, wir hatten Kojen und als Hauptsache Wasser. Wir konnten trinken und uns säubern. Unsere eigene Ausrüstung war miserabel, Fetzen als Kleider und Holzschuhe hatten wir, Unterwäsche gar keine. Die Ernährung war gleichfalls sehr schlecht. Wasserbrühe mit fünfzig Gramm Brot am Tag. Damit mußten wir schwer arbeiten, zehn bis zwölf Stunden pro Tag.«

Der tägliche Weg zur Arbeit führt mitten durch die Stadt. Vor dem Lagertor fällt die Straße leicht ab, rechts das alte Spritzenhaus mit dem Glockenturm, der Stadt zum Schutz, dem Feuer zum Trutz, links das Zooparadies, eine Wandmalerei, grellbunte Papageien im Urwald. Einige Schritte weiter eine Fleischerei, einer der SS-Männer half immer bei den Haus-

schlachtungen, an der Ecke unten der grüne Neubau der Spar-
kasse, rechts die Poststraße hinauf, ein Schuhgeschäft, die meisten Frauen hatten nur Fußlappen, viele liefen barfuß im eis-
kalten Schneematsch, eine Textilreinigung, Dankeschön für Ihr
Vertrauen, ein Damensalon, adrett frisierte Köpfe im Schaufenster, der Supermarkt, jeden Tag frisch, jeden Tag billig, jeden
Tag okay. Neben der Bahnstation, wo die Frauen jeden Morgen den Sonderzug zur Fabrik bestiegen, ein gelbes Hinweis-
schild, 25 Kilometer bis Kassel, eine Spieloase, flimmernde
Sanddünen, Pappeln, blauer Südhimmel, daneben ein Transit-
shop für die Fernfahrer aus dem Osten, ein Sattelschlepper, der
gerade Rast macht. Auf der gelben Plane steht in Riesenlettern:
Hungarocamon Budapest, Telex 5488.

Tag für Tag, morgens und abends sahen die Stadtbürger die
Jüdinnen durch ihre Straßen ziehen, Kind schau nicht hin, das
ist nichts für dich, an den Seiten der Marschtrupps die Aufse-
herinnen der SS, bewaffnet mit Gerten, Schlagstöcken und
Knüppeln, eine Prozession des Elends und der Gewalt. Neugie-
rig standen sie da und gafften, gleichgültig vielleicht, erschreckt, schadenfroh manche. Wer will sich noch damit her-
ausreden, er habe nichts gesehen, nichts gewußt? Über vierzig
Jahre Bedenkzeit hat die Stadt benötigt, um vor der Schule einen Gedenkstein aufzustellen. Wenn der Zug in die Straße ein-
bog, machten einige rasch kehrt, suchten die nächste Einfahrt,
schlossen umgehend die Fenster und zogen die Gardinen vor,
nein, zu sehen gibt es nichts, doch die Ohren gespitzt, bis alles
vorbei ist. Keiner, der nichts von dem Lager wußte, niemand,
der es für ein Sanatorium gehalten hätte. Damals schon begann
die Lebenslüge der Deutschen über den eigenen Begeisterungs-
rausch, diese feige Brutalität, die nie zu den eigenen Taten steht,
diese winselnde Ergebenheit den Starken gegenüber. Sie haben
nichts nachträglich verdrängt, sie haben sich geweigert, hinzusehen auf das, was sie taten.

Eine seltsame Geschäftigkeit herrscht in den Ruinen des al-
ten Sprengstoffwerks. Neben dem ausgebrannten Gerippe des
Kesselhauses wuchtet ein Gabelstapler Maschinen auf einen
Lastwagen, aus einem verwahrlosten Lagerhaus kreischt eine

Stahlsäge, gegenüber mäht ein alter Mann seinen Rasen. Er hat sich in dem verlassenen Bürobunker wohnlich eingerichtet, auf dem flachen Betondach mit den gezackten Seitenkanten wachsen Farngras, Birken und Zwergtannen. Vierzig Gärtner waren damals damit beschäftigt, das Fabrikgelände zu bepflanzen, ein riesiges Areal von 230 Hektar, als Tarnung gegen die Luftangriffe. Die Sirene auf dem hölzernen Wachturm ist verstummt, im Zwinger bellt wütend die angekettete schwarze Dogge. In einem Hinterhof spritzt jemand einen buntbemalten Omnibus ab, Holzpaletten stehen herum, verrostete Tonnen, ausgesonderte Eisenträger, aus dem Erdwall ragt schroff eine gesprengte Bunkerdecke hervor. Hausnummer 402 ist noch zu kaufen, ein Schild mit der Telefonnummer, auf der anderen Straßenseite hat eine Familie das verfallene Gebäude zu einem Bungalow hergerichtet. Das Straßennetz stammt noch aus der Kriegszeit, Dieselstraße, Siemensstraße, Liebigstraße, die Munitionsfabrik im Wald von Hirschhagen war die drittgrößte des Reichs, Hauptaktionär die IG-Farben, der Auschwitzkonzern.

An der Verladerampe wartet ein Güterwagen der Bundesbahn. Die Türen der Lagerschuppen sind zugemauert, die ausgeschlagenen Fenster mit Pappe abgedichtet, unter dem grauen Putz kommt die erdbraune Grundfarbe hervor. Hier verluden die Frauen Granaten in die Waggons, ein grünes Plakat wirbt für einen ökologischen Baubetrieb, 35 Kilometer Bahngleise sind auf dem Gelände verlegt. Im Pförtnerhaus hat sich die Post eingenistet, in der Verwaltung eine GmbH für Marmorstein, in der Füllstation eine Ventilatorenfirma, neue Fenster, ein zweites Stockwerk aufgesetzt, der Parkplatz blitzblank gereinigt. Es war Schwerstarbeit, elf Stunden lang Pulver von den gefüllten Bomben abkratzen, die Schwänze verschrauben, Giftdämpfe, die die Lunge verätzen, die Haut gelbgrün verfärben. Das Preßwerk liegt ausgestorben, die Betonpfeiler des Kühltunnels wachsen langsam aus der aufgerissenen Erde, schwarzer Ruß einer Explosion frißt an den leeren Fensterhöhlen.

»Als ich sonntags früh von der Nachtschicht ins Lager zurückkam, mußte ich sofort zum Zählappell auf dem Appellplatz erscheinen. Alle Häftlinge waren da. Der Lagerkommandant teilte uns mit, daß eine Gruppe nach Auschwitz geführt werden muß, um dort geheilt zu werden. Es handelte sich um die kranken und arbeitsunfähigen Häftlinge. Er las die Namen von einer Liste, und jene, deren Namen aufgerufen wurden, mußten sich von uns separieren. Es waren insgesamt 200 Frauen zusammen mit den Kranken. Danach verließen wir den Appellplatz. Da sonntags meine Schicht wechselte, verließ ich um 11 Uhr vormittags das Lager, und als ich in der Nacht von der Arbeit zurückkehrte, war die Gruppe schon nicht mehr im Lager.«

Munteres Lachen schallt vom Nebentisch herüber. Beinahe hätte das Mädchen den Kakao über seine blaßrosa Jacke gekippt, ein strafender Mutterblick, kannst du nicht aufpassen, junge Mütter sind wie die alten. Das Brüderchen hängt über seinem Teller, schaufelt riesige Eiskugeln in sich hinein, man muß ihm noch eins bestellen, versprochen ist versprochen. Der Vater trinkt Bier, würziges Elsässer Bier, ein bedächtiger, robuster Mann, kaum älter als dreißig, bulliger Schnauzbart, grünes Jägerhemd, Wanderstiefel. Breit hockt er auf dem klapprigen Plastikstuhl und genießt die klare Sicht über die bewaldeten Berggipfel. Ideales Wanderwetter heute, nicht zu warm, nicht zu kalt, hübscher Fleck hier oben, saubere Luft, nicht dieser Gestank der Stadt.

Muß man das gesehen haben, hatte er vorhin gefragt, muß ja nicht sein, gibt doch gar nichts zu sehen, habe heute meinen freien Tag, das Auto im Tal gelassen und mit der Familie hierhermarschiert. Im Hotel sind noch Zimmer frei, ein sauberes Haus, etwas heruntergekommen zwar, aber ein frischer Putz wirkt manchmal Wunder. Zusammengewürfelte Speisekarte, für jeden etwas: Spaghetti Napolitaine, Couscous, Schinkenomelett. Von Straßburg sind früher die Gäste fünfzig Kilometer hierhergefahren, im Winter zum Skilaufen, im Sommer zum Wandern, dann war das Hotel ausschließlich für die Herren des Lagers bestimmt. Der Kommandant kam häufig, ist ja nicht weit, nur 500 Meter den Berg hoch. Wenn meine Frau nicht gesagt hätte, wir sollten es uns ansehen, wäre ich nicht hineingegangen, ist nichts für die Kinder.

Wenige Meter neben dem Hotel steht die Gaskammer. Der Führer in der blauen Museumsuniform hat die Blechtür offengelassen, freier Eintritt. Nein, zu sehen gibt es nichts, kaltes Dämmerlicht einer Glühbirne, die Sprossenfenster sind vergittert, zugenagelt, leere, kahle Räume, holpriger Betonboden, von den Wänden blättert der alte Putz, braunrote Dreckstreifen. Im Entkleidungsraum nebenan fahlgrüne Wände, Tünche wie in einem Operationssaal, im Hinterzimmer drei tiefe Becken aus grünen Kacheln, klinisches, aseptisches Grün. Die Deckel aus rohen Holzbrettern sind hochgeklappt. Man hat die Toten nicht verbrannt, sondern in Formalin eingelegt, den Unterleib abgetrennt, die Arme in den einen Leichentrog, die Beine in den anderen. Der Gestank ist verflogen, medizinische Sauberkeit hinterläßt keine Spuren. Eine Brettertür ist mit Zeitungen überklebt, um die Ritzen zwischen den Planken abzudichten, alte Zeitungen, längst vergilbt, abgeschabt, heruntergerissen.

»Frankfurter Zeitung. 1. Juni 1943. Die Berliner Philharmoniker in Madrid. Es ist gerade ein Jahr her, daß die Berliner Philharmoniker mit Clemens Krauss in Madrid waren. Diesmal dirigierte Hans Knappertsbusch die Konzerte, die für die Madrider Höhepunkt und Abschluß zugleich waren. Deutsche brauchen in Spanien keine Werbung mehr. Kaum wird das Gastspiel eines deutschen Ensembles oder auch nur eines Dirigenten bekannt, da sieht schon jeder zu, sich eine Karte zu sichern, gleichviel ob er den Madrider Musikliebhabern zugehört oder dem Kreis der Deutschen, die sich bei dieser Gelegenheit an ihre Heimat am tiefsten und immerzu gebunden wissen.«

Wer hat in der Gaskammer des Konzentrationslagers Natzweiler das Feuilleton der Frankfurter Zeitung gelesen? Der Kommandant wohl kaum, eher schon einer der Straßburger Doktoren und Professoren, die hier mit Gelbkreuz und Phosgengas experimentierten und ausgesuchte Schädel für ihre Ahnensammlung präparierten. Es waren deutsche Bildungsbürger in mittleren SS-Rängen, einer hieß Fleischhacker, sein Chef Hirt, Ärzte mit Seziermesser, Menschenschlächter mit Skalpell und romantischer Seele, rabiate Wagnerianer vielleicht. Abends

ging man ins Opernhaus, morgens im Institut der Universität
den weißen Kittel übergestreift, die Gummischürze umgebun-
den, die Leichen aus dem Lager warteten schon, die stieren
Augen aufgerissen und glänzend, Blutkrusten um Nase und
Mund, ein Querschnitt, den Kopf vom Rumpf abgetrennt, in
Flüssigkeit konserviert und in Blechkästen gestapelt. Entflei-
schung nennt man das, gewohnte Messerarbeit, und in der Pause ein kurzer Blick in die Tageszeitung, Deutsche in Madrid,
nach der Legion Condor die Berliner Philharmoniker. Die
Mordtat im Lager hatte ihnen der Kommandant abgenommen,
in einer milden Augustnacht. Achtzig Juden wurden dafür von
Auschwitz nach Natzweiler verschickt, dreißig Frauen und
fünfzig Männer, die Schädelfracht für die Rassenforscher. Der
akribische Bericht des Kommandanten, im Zivilberuf einst
Buchhalter:

»Eines Abends gegen 9 Uhr fuhr ich mit ungefähr 15 Frauen
mit einem kleinen Lastwagen das erste Mal zur Gaskammer.
Ich sagte diesen Frauen, daß sie in einen Desinfektionsraum
gehen müßten, verschwieg aber, daß sie vergiftet werden sollten. Mit Hilfe einiger SS-Männer zwang ich sie, sich vollständig auszuziehen, und schob sie in die Gaskammer, als sie ganz
nackt waren. Als die Tür geschlossen war, fingen sie zu schrei-
en an. Danach führte ich durch ein Rohr, das rechts vom Guckloch angebracht war, eine gewisse Menge von Salz ein. Gleichzeitig schüttete ich Wasser hinein, dann schloß ich die Öffnung
mit dem Hahn. (…) Ich beleuchtete dann den Raum mit einem
Schalter und beobachtete durch das Guckloch, was sich im Innern der Kammer abspielte. Ich stellte fest, daß die Frauen noch
ungefähr eine halbe Minute geatmet haben, bevor sie zu Boden
fielen. Nachdem ich die Ventilation in dem Entlüftungsschacht
eingeschaltet hatte, öffnete ich die Tür. Ich fand die Frauen leb-
los in ihrem Kot am Boden liegen.«

Die Gaskammer ist ein stiller Ort, ein kleines Kabinett, zwei-
einhalb Meter in Breite und Höhe, dreieinhalb Meter lang, kalte, schmutzigweiße Fliesen, im Betonboden das runde Loch für
das Porzellangefäß, hinten, in der Ecke, liegt ein Blumengebin-
de. Eine Kette versperrt den Zugang; die offene Tür ist innen

mit einer lackierten Blechplatte verkleidet, drei Riegel, eine Klemmschraube, das Guckloch hinter feinmaschigem Drahtgitter. Früher hatte der Raum als Kühlschrank für das Hotel gedient. Der Umbau kostete 236 Reichsmark. Nein, zu sehen gibt es nichts, ein sprachloser, geruchloser Ort, kein Formalin, kein Desinfektionsmittel. Das Grauen liegt jenseits der Wahrnehmung, der Sinnesorgane. Nur die Banalität des Ortes erschreckt, seine schäbige, penetrante Nüchternheit.

Auschwitz in Frankreich, so bezeichnete man das KZ Natzweiler-Struthof im Elsaß. Es war ein Todeslager im Westen, ohne Rampe und Todesfabrik, doch mit derselben Organisation und demselben Ziel. Schnelle Vernichtung von Regimegegnern, ohne Spuren zu hinterlassen, lautete der Geheimbefehl des Oberkommandos der Wehrmacht. Die Häftlinge aus den besetzten Ländern, Luxemburger, Franzosen, Niederländer, Norweger wurden mit zwei Buchstaben markiert: N. N., Nacht und Nebel, in grellgelber Ölfarbe auf die gestreiften Lumpen gepinselt. Im Morgengrauen verhaftet, verschwanden sie hinter dem Schleier des Terrors. Kein Angehöriger erfuhr, wohin die Gestapo sie verschleppte, in einem Lager am Nordhang eines Vogesengipfels konzentrierte man sie, in 800 Meter Höhe, ein KZ auf dem Berg. Niemand weiß genau, wie viele es waren, im August 1944 wurden 7000 evakuiert, doch wie viele sind zuvor krepiert, im nahen Steinbruch, in der Gaskammer, im Krankenrevier, im Labor der Mediziner, am Galgen?

Am Lagertor flattert die Trikolore. Die beiden Uhren am Wachturm sind verschwunden. Doppelter Stacheldraht umzäunt das Gelände; die Terrassenfelder, auf denen einst die Baracken standen, sind leer. Kies aus rotem Granit bedeckt die kahlen Flächen, weiße Marmorblöcke mahnen an die Stätten des Massentods: Dachau, Buchenwald, Bergen-Belsen, Stutthof, Groß-Rosen, Majdanek. Auf dem oberen Appellplatz steht der Galgen, daneben ein Schubkarren, eine abgekippte Lore, ein Steinhaufen. Jeder Stein enthält die Last, die Mühe unzähliger, qualvoller Wege. Der Haufen soll bleiben, für immer, für eine Art von Ewigkeit. Vom Museum führt die Straße den abschüssigen Hang hinunter zu einem schwarzblauen Bretterblock, aus dem ein schlanker Schornstein emporwächst. Vier Drahtseile halten ihn aufrecht, Ankertaue des Kamins. Nur einen Ausgang gibt es hier, pflegten die Aufseher den Eingelieferten zu verkünden, den Ausgang durch den Kamin.

Vor dem Rost des schweren Gußofens hat jemand einen Strauß Strohblumen abgelegt. An der Wand hängen noch die Schürhaken, gegenüber die Rollen des Flaschenzugs, mit dem die Toten aus dem Leichenkeller heraufgezogen wurden. Als der Lagerraum bis unter die Decke angefüllt war, stapelte man die Leichen im Freien. Wohin mit den Toten? Tag und Nacht flackerte das Feuer im Ofen, zogen stinkende Rauchschwaden über das Lager. Zuerst trockneten die Flammen die Körper aus, dann brannten sie ab wie Fackeln. So sparte man Brennstoff. Asche und Knochenreste vermischte man mit Schlacke und Kehricht, Dünger für die Kohlköpfe im Gemüsegarten des Kommandanten. Die Hitze, die im Ofen entstand, leitete man über Rohre in einen riesigen Boiler, um das Wasser für die Duschen aufzuheizen, Leichenverwertung nach einem ausgeklügelten Kreislauf. Keine Gräber, keine Kreuze, nicht einmal ein Grashügel über Asche und Staub, die Ökonomie des KZs hinterließ keinerlei Spuren, nur Rauch, Gestank von verbranntem Fett, Dünger und Duschwasser.

Am Fuße des Steinbruchs führt ein schmaler Asphaltweg zu der neuen Siedlung. Steil ragt die Bergwand empor, Hunderte Meter hoch, das Bett des Sturzbachs ist ausgetrocknet. Mächtige Stufen sind in den schwarzen Fels geschlagen, eine Treppe für den Zyklopen, Plattformen für Bagger und Muldenkipper. Heute ruht die Arbeit, es ist Sonntag, ein schöner Sonntag, in den Vorgärten blühen gelb die Rosen. Betten hängen aus den offenen Fenstern, um in der Sonnenluft zu bleichen, in den Häusern putzen die Frauen, ein mißtrauischer Blick schießt hinter einer Gardine hervor. Menschenleer sind die Straßen, die Stille drückt auf den Asphalt, in der Mitte der Ortschaft der geschlossene Supermarkt, eine Telefonzelle, die Plakatwand: Volksfest in Ebensee, schönstes Bierzelt im Salzkammergut, drei Tage Jubel, Trubel, Heiterkeit, Musik im Waldstüberl,

Touristenrallye, Wutkrankheit, einfache Hundesperre. In der
Nähe liegt der Bolzplatz der Dorfjugend, Fußballtore aus ver-
rostetem Stahlrohr. Es ist ein alter Platz, öde und leer, älter als
die Neubauten ringsum, hohes Gestrüpp überwuchert seine
Ränder. Fanden hier die Appelle statt, diese stundenlangen
Massenveranstaltungen, bei denen die Wächter der vollständig
versammelten Lagergesellschaft ihre unangreifbare Macht vor-
zeigten? Neben dem Platz steht ein dichtes Tannenwäldchen,
schlanke Bäume in Reih und Glied, im Unterholz eine Müllhal-
de, zerbeulte Blechdosen, Bier, Coca-Cola, eine abgerissene
Schuhsohle, die Fetzen einer Öljacke, Unrat ablagern verboten,
befiehlt das verdreckte Schild, daneben ein geteerter Parkplatz,
das Gittertor zum KZ-Friedhof.

Was zieht den fremden Besucher auf den Friedhof, ist es das
fromme Schweigen, in das er unversehens gerät, Trauer, Erinnerung, das Gefühl der angehaltenen, festgestellten Zeit? Be-
dächtig geht er zwischen den Gräbern umher, besieht sich diesen Stein oder jenen, sucht nach Namen und Inschriften,
Gleichaltrigen vielleicht, die schon aus dem Rennen sind. Ist es
nicht eine heimliche Genugtuung, allein unter den Toten zu
sein? Da liegen sie zu seinen Füßen, dicht beieinander, einer neben dem anderen, sorgsam aufgereiht, eine regungslose Gesellschaft. Er allein kommt und geht, wie es ihm gefällt, schlendert
zwischen ihnen herum, gelassen und aufrecht, ein freier Gast.

Aber wo sind die Toten auf diesem Friedhof, die vertrauten
Steine der Familiengräber, die Kränze und Laternen, die einge-
meißelten Schriftzüge, die von den Schicksalen erzählen? Neben der Einlaßpforte erhebt sich ein steinernes Mahnmal, der
gedrungene Turm einer Festung. An die Innenwand ist ein blut-
rotes Holzkreuz genagelt, das Feuer in den Schalen ist erlo-
schen. Der kleine Platz davor ist mit grauem Kies bedeckt, links
ein zweites Kreuz, dahinter ebene Rasenflächen, zwischen denen schmale Pfade hindurchführen. Es sind die Massengräber,
gleichmäßiges, kurzgeschorenes Gras, Totenfelder, die mit
faustdicken Steinbrocken eingefaßt sind, Barackenfundamente
aus Gras, ein Block wie der andere. Die Leichenhaufen sind eingeebnet, flachgepreßt unter der Erde. Auf jedem Feld steht ein

Stein aus rosa Marmor, kein Name, kein Geburtsjahr, nur das Kreuz der Christen, fünfzig Meter weiter der Stern Davids, Zahlen, 295, 428, 1341, Massengrab von circa 1000 KZ-Opfern. Wie viele sind hier bestattet, sind es fünftausend, zehntausend, in der Mitte des neuen Dorfs, das alle Spuren des Lagers unter sich begraben hat? Sie sind in Massen gestorben und als Masse beerdigt, blockweise, felderweise gestapelt wie damals, als sie noch lebten. Bulldozer haben die wirren Knochenhaufen in die Gruben geschoben.

»Nicht ekle Würmer soll'n sich einst von meinem Leichnam nähren, die reine Flamme soll mich einst verzehren. Ich liebe stets die Wärme und das Licht, darum verbrennt mich und begrabt mich nicht!« Dies war auf dem Schild zu lesen, das die Henker der SS im Krematorium angebracht hatten, deutsche Reimkunst im KZ. Ebensee, das war das letzte große deutsche Lager, das von den Alliierten befreit wurde, am 6. Mai 1945, drei Wochen nach Bergen-Belsen, zwei Tage vor der Kapitulation. Über 18 000 Häftlinge fand man hier zusammengepfercht, in einem Waldstück am Südufer des Traunsees, wo heutzutage deutsche Gäste ihren Sommerurlaub verbringen. Ebensee, das war das Endlager der Ostmark, wie Österreich damals hieß, Zielpunkt und Endstation der Todesmärsche. Aus allen Richtungen kamen die Kolonnen, aus den Lagern in Salzburg, Wien und Melk, Steyr und Linz, Gusen und Mauthausen. Aus Groß-Rosen in Niederschlesien traf ein Transport von 2700 Gefangenen ein, 650 starben sofort an Hunger und Entkräftung, andere kamen aus Nordhausen im Südharz, aus Sachsenhausen, sogar aus Neuengamme bei Hamburg. Hier endete die Odyssee durch das System der Konzentrationslager, hier sollten die letzten Überlebenden für immer verschwinden, damit kein Zeuge der Nachwelt berichten konnte, was sich in Deutschland zugetragen hat.

Am Ende des Friedhofs zieht sich ein schmaler Arkadengang die Mauer entlang. Moos und Efeu verhüllen das kalkweiße Gestein, der Plattenweg läuft an den Namen vorüber. Medaillons mit kleinen Fotografien sind an die Mauer geheftet, Bilder gegen das Vergessen, Fotos, um die Vergänglichkeit zu besiegen. Tafeln aus Marmor erinnern an die Verlorenen, Tito Arfaioli, Sergio Fanceni aus Florenz, darunter Tadeusz Milka, ein polnischer Architekt, geboren 1916, Registriernummer 128721, Jean Hay aus La Rochelle, Deputierter des Departements Charente Maritime, ein frischer Strauß Veilchen, das Bild eines Jünglings im morschen Holzrahmen, ein weiches Gesicht, das dichte, schwarze Haar aus der Stirn gekämmt, Ezio Maranghi hieß er, neunzehn Jahre war er alt, als sie ihn umbrachten, am 5. Mai 1945, einen Tag vor der Befreiung. Seine Gebeine liegen irgendwo, in einem der Massengräber womöglich oder im Stollen des Steinbruchs. Doch hier ist ein Abbild, der Jüngling im grauen Anzug, hergerichtet für den Fotografen, die Krawatte korrekt gebunden. Ging er in die Berge, als die Deutschen kamen, hat ihn jemand verraten, als er ahnungslos die Straße überquerte, wo die Häscher auf Menschen lauerten, um ihre Lager zu füllen?

Ein Heer von Sklaven benötigte das Regime in Ebensee. Ein gigantisches Entwicklungswerk sollte hier entstehen, unter dem Tarnnamen »Zement«, für Deutschlands größte Vernichtungswaffe. Haushohe Stollen trieben die Gefangenen in den Fels hinein, oben im Steinbruch am Eingang der Neubausiedlung. Bis zu einer Tiefe von 250 Metern reicht das Labyrinth der unterirdischen Gänge, jeder Tunnel erhielt einen Gleisanschluß, die Hallenwände wurden drei Stockwerke hoch mit Beton verputzt, die Nischen als Büroräume eingerichtet, eine Fabrik im Berg, unangreifbar, bombensicher. Die Prüf- und Pumpenlaufstände standen schon in den Katakomben, die Sauerstoffanlagen fehlten noch, Geräte zur Produktion von Mammutraketen, Interkontinentalraketen mit einfachem Sprengkopf, die nach Amerika fliegen, New York und Washington einäschern sollten. Doch das Stollensystem blieb unvollendet, das Soll unerfüllt, statt der Raketen montierten die Häftlinge Kugellager und destillierten Benzin. Die Raketenpläne nahm der Chefkonstrukteur nach dem Kriege mit nach Amerika.

Montag früh, wenn die Sirene heult, beginnt wieder die Arbeit im Steinbruch. Die gelben Bagger warten schon hinter den Stahltoren, die die Stollen verschließen. Vor der ersten Steilstufe hat man einen Muldenkipper abgestellt, ein monströses Gefährt mit mannshohen Gummireifen, daneben der Bulldozer, der den Schutt vor das leere Loch in der Wand schiebt. Öltonnen liegen herum, ein poröser Autoreifen, im Gesträuch ein vergessenes Gleisstück. Man hat neue Schuppen gebaut, eine Werkstatt, ein Büro für die Betriebsleitung, einen Pausenraum für die Arbeiter. Der alte Betonbunker steht noch, ein unförmiger Koloß, halb zertrümmert vom herabstürzenden Gestein, noch immer dient er als Schutzraum, wenn oben der Fels explodiert. Die Arbeit geht weiter, Tag für Tag, Jahr für Jahr, wie das Leben unten im Dorf. Die Geschichte entschwindet, Stufe um Stufe wird herausgesprengt und abgetragen. Niemand verirrt sich mehr im Labyrinth der stillgelegten Schächte, niemand wird mehr den Abhang hinuntergestürzt, im Schubkarren zum nahen Ofen geschleppt.

In den Massengräbern liegen keine Toten, keine Beine und Schädel, keine Knochenreste und Aschenurnen. Sie ruhen nicht sanft, liegen nicht friedlich auf dem Rücken, die Zähne ausgeschlagen, den hohlen Mund voll Dreck. Sie klagen nicht, sie wimmern nicht. Sie starben nicht, sie wurden abgeschlachtet, ausgetilgt, zu Staub verbrannt. Hier liegen auch keine Soldaten mit Hundemarken, für jeden ein Ehrenkreuz, eine Steinplatte wenigstens, streng ausgerichtet auf Vordermann, wie beim Appell auf dem Platz. Sie sind verschwunden, ganz und gar, es ist keine Stelle geblieben, kein blanker Leichenstein.

Quellen und Anmerkungen

Über das Töten

Das Zitat aus der *Heiligen Schrift* findet sich in *1. Mose, 8,21* sowie *1. Mose, 9,1–6*. Zum Zusammenhang von Gabe, Schlachtopfer und Totenritus ist unentbehrlich Walter Burkert: *Homo Necans. Interpretationen altgriechischer Opferriten und Mythen* (Berlin 1977) sowie ders.: *Kulte des Altertums. Biologische Grundlagen der Religion* (München 1998). Über die Faszination der Gewalt für den Zuschauer siehe ausführlicher Wolfgang Sofsky: *Traktat über die Gewalt* (Frankfurt/M. 1996). Einen Überblick zur Geschichte der Märtyrer gibt Lacey Baldwin Smith: *Fools, Martyrs, Traitors. The Story of Martyrdom in the Western World* (New York 1997). Tod, Überleben und Unsterblichkeit stehen im Zentrum von Elias Canettis *Masse und Macht* (Hamburg 1964), das an Weitsicht und Radikalität unübertroffen ist. Hieraus stammt auch das Zitat. Verpflichtet bin ich ferner Zygmunt Bauman: *Tod, Unsterblichkeit und andere Lebensstrategien* (Frankfurt/M. 1994).

Das Paradies der Grausamkeit

Zur Bedeutung der Vorstellungskraft für Gewaltprozesse siehe insbesondere Heinrich Popitz: *Phänomene der Macht* (Tübingen 1992). Über die Grenzen der Gewaltforschung vgl. die Einleitung von Trutz von Trotha (Hg.): *Zur Soziologie der Gewalt* (Opladen 1997). Das Motiv der Transgression entnehme ich Georges Bataille: *Die Erotik* (München 1994) sowie Roger Caillois: *Der Mensch und das Heilige* (München 1988). Elias Canettis Analyse des Befehls in *Masse und Macht* (Hamburg 1964) betont vor allem den Stachel im Fleisch, weniger die Ausstellung einer freien Lizenz. Die beste Studie zur Provokation stammt von Rainer Paris: *Stachel und Speer. Machtstudien* (Frankfurt/M. 1998).

Aktionen

Die Einzelheiten der Amokläufe habe ich rekonstruiert aufgrund von Archivrecherchen in der *New York Times*, dem *Spiegel*, der *Süddeutschen Zeitung*, der *Sunday Times* und im *Independent*. Der Bericht über Java von 1516 steht in *The Book of Duarte Barbosa* (London 1921), auf den ich durch den vorzüglichen Artikel von Hans-Joachim Neubauer: *Der verdunkelte Blick* in der *Frankfurter Allgemeinen Zeitung* (20.11.1999) aufmerksam wurde. Den »Fall Wagner« haben Bernd Neuzner und Horst Brandstätter minutiös dokumentiert: *Wagner. Lehrer, Dichter, Massenmörder* (Frankfurt/M. 1996). Aus ethnopsychiatrischer Sicht sind lehrreich W. M. Pfeiffer: *Transkulturelle Psychiatrie* (Stuttgart 1971) und Thomas Knecht: *Amok. Transkulturelle Betrachtungen über eine Extremform menschlicher Aggression*, in: *Kriminalistik* (10/98). Die Aktionen der Hooligans während der europäischen Fußballmeisterschaft 2000 sorgten für beträchtliche Unruhe bei staatlichen Behörden. In England betrachtete man die Ausschreitungen und die harschen Gegenmaßnahmen der belgischen Sicherheitskräfte teilweise als Angriff auf die nationale Ehre. Ich stütze mich hier auf die Berichte im *Independent*, der *Times*, im *Observer*, *Spiegel* und in der *Süddeutschen Zeitung* im Juni 2000. Zur Geschichte der Fußballfans vgl. Eric Dunning et al.: *The Roots of Football Hooliganism: A Historical and Sociological Study* (London 1989). Eine Innensicht von Mob-Aktionen vermittelt Bill Buford: *Geil auf Gewalt. Unter Hooligans* (München 1992). Rituelle Kämpfe sind nur eine Form der archaischen Kriegsführung. Vorstaatliche Gesellschaften veranstalteten auch Hetzjagden und regelrechte Vernichtungskriege. Vgl. hierzu J. H. Turner-High: *Primitive War, its Practise and Concepts* (Columbia 1971) oder auch J. Haas (Hg.): *The Anthropology of War* (Cambridge 1990). Zu den Vorfällen in Paulsgrove im August 2000 habe ich die Reportagen in diversen britischen

Blättern zu Rate gezogen, darunter die *Times*, den *Independent*, den *Observer* sowie den *Daily Mirror.* Über den Lynchmord an Eamon Collins berichteten am detailliertesten *The Irish Times* und *The Irish News* im Januar und Februar 1999. Den antichristlichen Brandanschlag fand ich am ausführlichsten dokumentiert in *The Statesman, Hindustan Times* und *The Times of India* vom Januar 1999. Der Überfall auf *Reçak* ging durch die gesamte internationale Presse und diente nicht zuletzt zur Rechtfertigung der Intervention der NATO im Kosovo. Wie immer fanden sich die präzisesten Berichte in *The New York Times, Le Monde, Neue Zürcher Zeitung, Süddeutsche Zeitung, Frankfurter Allgemeine Zeitung, Newsweek* und *Spiegel* im Januar/Februar 1999.

Moderne und Barbarei

Die hier aufgeführten Positionen zum Verhältnis von Zivilisation und Barbarei entnehme ich Norbert Elias: *Studien über die Deutschen* (Frankfurt/M. 1990), Max Horkheimer/Theodor W. Adorno: *Dialektik der Aufklärung* (Frankfurt/M. 1969), Zygmunt Bauman: *Dialektik der Ordnung. Die Moderne und der Holocaust* (Hamburg 1992) sowie Hans-Peter Duerr: *Obszönität und Gewalt. Der Mythos vom Zivilisationsprozeß, Band 3* (Frankfurt/M. 1997). Das Zitat aus *Vom Kriege* (Frankfurt/M. 1980) von Carl von Clausewitz findet sich im ersten Buch, Kapitel 1,28. Das Modell der rationalen Bürokratie, das der romantischen Kritik der modernen Gesellschaft und den meisten historischen Studien zur Shoah zugrunde liegt, ist in der Organisationsforschung der letzten fünfzig Jahre längst durch realistischere Struktur- und Umweltmodelle ersetzt worden. Daß Politik und Verfolgungsterror mitnichten auf die Absichten einer charismatischen Leitfigur zurückgeführt werden können, ist demnach eine Binsenweisheit. Zur Bedeutung lokaler und dezentraler Initiativen für die Radikalisierung des Terrors vgl. z. B. die Studien von Dieter Pohl: *Nationalsozialistische Judenverfolgung in Ostgalizien. Organisation und Durchführung eines staatlichen Massenverbrechens* (München 1996) und Thomas Sandkühler: *»Endlösung« in Galizien* (Berlin 1996). Zur Machtstruktur in den Konzentrationslagern vgl. Wolfgang Sofsky: *Die Ordnung des Terrors. Das Konzentrationslager* (Frankfurt/M. 1993). Zum totalitären Potential moderner Staatsordnung vgl. Zygmunt Bauman: *Moderne und Ambivalenz. Das Ende der Eindeutigkeit* (Hamburg 1992). Mit der destruktiven Dynamik von Gemeinschaften hat sich Helmuth Plessner schon 1924 in einem frühen Manifest gegen die Tyrannei der Intimität befaßt: *Grenzen der Gemeinschaft. Eine Kritik des sozialen Radikalismus,* in: *Gesammelte Schriften, Band V* (Frankfurt/M. 1981). Zur Idee der Nation stütze ich mich auf Max Weber: *Wirtschaft und Gesellschaft, Kapitel VIII, § 3* (Tübingen 1972), vor allem aber auf Ernest Gellner: *Nations and Nationalism* (Oxford 1983) sowie ders.: *Nationalism* (London 1997).

Auschwitz, Kolyma, Hiroshima

Das Zitat aus dem *Archipel Gulag* (Reinbek 1978) von Alexander Solschenizyn steht im 3. Teil, Kap. 3. Der wichtigste Bericht zu Kolyma, von durchaus gleichem Rang wie Primo Levis Auschwitz-Bericht: *Ist das ein Mensch?* (Frankfurt/M. 1961), ist noch immer Warlam Schalamow: *Geschichten aus Kolyma* (Frankfurt/M. 1983). Einen knappen und konzisen Überblick zum sowjetischen Terrorsystem gibt Markus Wehner: *Stalinismus und Terror* in dem von Stefan Plaggenborg edierten Band: *Stalinismus. Neue Forschungen und Konzepte* (Berlin 1998). Ausführlicher zur Institutionengeschichte des Gulag ist Ralf Stettner: »*Archipel GULag«: Stalins Zwangslager. Terrorinstrument und Wirtschaftsgigant* (Paderborn 1996). Eine Klärung der Opferzahlen verdanke ich Stephan Merl: *Das System der Zwangsarbeit und die Opferzahl des Stalinismus,* erschienen in: *Geschichte in Wissenschaft und Unterricht (46/1995).* Wichtig war mir ferner die solide Studie von Nicolas Werth: *Ein Staat gegen sein Volk. Gewalt, Unterdrückung und Terror in der Sowjetunion* in dem sonst umstrittenen, von Stéphane Courtois initiierten *Schwarzbuch des Kommunismus* (München 1998). Während der Debatte um das »Schwarzbuch« verwechselten die postwendend einsetzenden Gesten der Empörung einmal mehr

den analytischen Vergleich mit einer historischen Gleichsetzung
oder moralischen Relativierung. Anstatt die Verbrechen unter
kommunistischer Herrschaft überhaupt genauer wahrzuneh-
men, befaßte man sich sofort mit dem Problem der Singularität
von Auschwitz. In bewährter altchauvinistischer Manier beton-
te man den angeblichen zivilisatorischen Vorsprung Deutschlands vor Rußland. Als repräsentierten allein Bach und Goethe
das kulturelle Niveau, Tolstoi und Tschaikowsky aber nicht.
Danach gilt Auschwitz deshalb als einzigartig, weil das Verbrechen von Deutschen verübt wurde, während von Russen offenbar ohnehin nichts anderes zu erwarten war. Man sieht, daß das
Bemühen um politische Korrektheit in historischen Fragen vor
alten Stereotypen keineswegs zurückschreckt. Zur Kompara-
tistik des Massen- und Völkermordes vgl. dagegen R. J. Rum-
mel: *Death by Government* (New Brunswick 1997), Levon
Chorbajin: *Studies in Comparative Genocide* (Basingstoke
1999) oder auch Israel W. Charny (Hg.): *Encyclopedia of Genocide* (Santa Barbara 1999). Ein bekanntes Exempel für ein Gefecht, dessen Ausgang von vornherein feststand, ist die Schlacht
bei Omdurman (Sudan) am 2. 9. 1898. Die Armee des Mahdi
verfügte nur über Musketen mit einer Kampfentfernung von
etwa 100 Metern, die englisch-ägyptischen Truppen unter Kit-
chener hatten Kanonenboote, Feldgeschütze, Maschinengewehre und Schnellfeuergewehre zur Verfügung, die auf eine Entfernung von über 500 Metern relativ zielsicher treffen konnten.
Von den 40 000 Soldaten des Mahdi wurden rund 10 000 getötet, weitere 10 000 verwundet und 5000 eingefangen. Die Briten
verloren ungefähr 500 Mann, vor allem bei der Verfolgungsjagd
der Kavallerie in alter Manier. Von der Schlacht berichtet der
Kriegsreporter Winston Churchill in *The River War* (London
1899), nicht ohne Bewunderung des Sportsmannes für die sinn-
lose Tapferkeit der Derwische. Vgl. dazu ferner die Sammlung
von Briefen, Fotos und Tagebüchern von Peter Harrington und
Frederic A. Scharf: *Omdurman 1898: the Eyewitnesses Speak*
(London 1998). Vernichtungs- oder Ausrottungskriege sind
weder eine deutsche Erfindung noch eine Errungenschaft der
Moderne. Schon archaische Kriege zwischen Stämmen oder

Völkerschaften konnten zur vollständigen Auslöschung der anderen Ethnie führen. Die Männer wurden alle getötet, die Frauen versklavt oder in den siegreichen Verband aufgenommen. Zu den wichtigsten Zeugnissen der Arbeit in den »Todesfabriken« gehören der Bericht von Richard Glazar: *Die Falle mit dem grünen Zaun. Überleben in Treblinka* (Frankfurt/M. 1992) sowie die Gespräche, die Gideon Greif mit Überlebenden der »Sonderkommandos« geführt hat: *Wir weinten tränenlos ... Augenzeugenberichte der jüdischen »Sonderkommandos« in Auschwitz* (Köln 1995). Zu Hiroshima stütze ich mich auf Gar Alperovitz: *Hiroshima: die Entscheidung für den Abwurf der Bombe* (Hamburg 1995) und Dennis D. Wainstock: *The Decision to Drop the Atomic Bomb* (Westport 1996).

Terrorzeit

Zu den Zeitmodi der Furcht vgl. Martin Heidegger: *Sein und Zeit* (Tübingen 1971). Zur Klärung der Begriffe »Plötzlichkeit« und »Augenblick« siehe Karl Heinz Bohrer: *Plötzlichkeit. Zum Augenblick des ästhetischen Scheins* (Frankfurt/M. 1981). Einen instruktiven Überblick zur Geschichte des politischen Attentats gibt Franklin L. Ford: *Der politische Mord. Von der Antike bis zur Gegenwart* (Hamburg 1990). Zum Wandel des modernen Terrorismus vgl. Peter Waldmann: *Terrorismus: Provokation der Macht* (München 1998). Detailgenaue Schilderungen von Razzien der deutschen Besatzungsmacht und ihrer einheimischen Helfershelfer finden sich bei Louis Begley: *Lügen in Zeiten des Krieges* (Frankfurt/M. 1994) oder bei Alexander Tišma: *Das Buch Blam* (München 1995). Als historische Einzelstudie ist noch immer mustergültig Christopher Browning: *Ganz normale Männer. Das Reserve-Polizeibataillon 101 und die »Endlösung« in Polen* (Reinbek 1993). Zu den Todesmärschen im nationalsozialistischen Lagersystem vgl. zuletzt Daniel Blatman: *The Death Marches, January–May 1945: Who Was Responsible for What?*, in: *Yad Vashem Studies* XXVIII (Jerusalem 2000). Todesmärsche fanden nicht nur in der Endphase des nationalsozialistischen KZ-Systems statt. Auch viele Deportationen im sowjetischen Gu-

lag-System glichen Todestransporten. Nicht selten war am Endpunkt der Schiffspassagen oder Fußmärsche im Norden Sibiriens gar kein Lager vorhanden, das die entkräfteten Gefangenen hätte aufnehmen können. Sie wurden einfach in der Taiga
ausgesetzt und sich selbst überlassen. Berüchtigt waren die
Transporte auf dem Ob und dem Jenissei und die Seetransporte
von Wladiwostok nach Magadan, dem Hafen der Kolyma-Re-
gion. Während des Ersten Weltkriegs trieben türkische Behörden und ihre kurdischen Helfershelfer Hunderttausende von
Armeniern in die mesopotamische Wüste. Manche Kolonnen
wurden so lange im Kreis herumgeführt, bis alle tot waren. Im
Oktober 1904 jagten die deutschen Kolonisatoren in Südwestafrika die einheimischen Hereros aus den Reservaten in die na-
mibische Wüste und machten anschließend die Grenzen dicht.
Nach Monaten fanden Patrouillen Skelette an zwanzig Meter
tiefen trockenen Löchern, welche die Verdurstenden mit bloßen Händen gegraben hatten. Etwa 80 000 Menschen starben
in der Wüste. Siehe hierzu auch Woodruff D. Smith: *The German Colonial Empire* (Chapel Hill/N.Y. 1978).

Kriegsgesellschaften

Das Foto aus dem *Daily Mirror* entnahm ich dem Katalog des
Imperial War Museum, verfaßt von Malcolm Brown: *The
Western Front* (1993). Die Hintergründe der Feuerpause im
Winter 1914 untersucht Modris Eksteins: *Tanz über Gräben.
Die Geburt der Moderne und der Erste Weltkrieg* (Reinbek
1990). Die sozialen Transformationen im Gewaltprozeß der
Schlacht sind in der vorherrschenden Historiographie zu
»Krieg und Gesellschaft« kein Thema. Auch die Operationsge-
schichte der Bewegung taktischer Körper, wie sie Hans Del-
brück einst in seiner klassischen *Geschichte der Kriegskunst, 4
Bände* (Berlin 2000) vorexerziert hat, setzt hier zu hoch an. Zu
den wenigen Studien, die eine Mikroanalyse des Gefechts im
Blick haben, gehören Richard Holmes: *Acts of War. The Beha-
vior of Men in Battle* (New York 1989), John Keegan und
Richard Holmes: *A History of Men in Battle* (London 1985),
Gerald F. Linderman: *Embattled Courage. The Experience of*

Combat in the American Civil War (New York 1987) und *The World Within War. America's Combat Experience in World War II* (New York 1997), S. L. A. Marshall: *Men against Fire* (New York 1947), S. A. Stouffer et al.: *The American Soldier* (Princeton 1949). Wesentliche Einsichten verdanke ich auch dem Falkland-Veteranen Hugh McManners: *The Scars of War* (London 1993). Nicht einmal in die Nähe einer Analytik von Kriegsgesellschaften kommt die Suche nach vermeintlich kausalen »Kriegsursachen«. Vgl. dazu Michael Howard: *The Causes of War and other Essays* (London 1984) oder Bernd Wegner (Hg.): *Wie Kriege entstehen. Zum historischen Hintergrund von Staatenkonflikten* (Paderborn 2000). Die wesentlichen Ursachen und Gründe von Kriegen findet man schon in einer kurzen Passage von Jonathan Swift: *Gullivers Reisen, Teil 4, Kap. 5* (Frankfurt/M. 1974) aufgeführt. Festungen und Belagerungen sind so alt wie der Krieg seit der neolithischen Revolution. Die Städte Mesopotamiens waren ebenso befestigt wie Jericho oder Troja. Zur Geschichte des Belagerungskriegs sind nützlich Paul B. Kern: *Ancient Siege Warfare* (Bloomington 1999), Ivy A. Corfis (Hg.): *The Medieval City under Siege* (Woodbridge 1995), Christopher Duffy: *Siege Warfare* (London 1979), S. Pepper und N. Adams: *Firearms and Fortifications. Military Architecture and Siege Warfare in Sixteenth-Century Siena* (1986), Geoffrey Parker: *Die militärische Revolution. Die Kriegskunst und der Aufstieg des Westens 1500–1800* (Frankfurt/M. 1990). Das Elend vor Sewastopol schildert eindrücklich der erste moderne Kriegsreporter, William Howard Russell: *Meine sieben Kriege* (Frankfurt/M. 2000). Zur Belagerung von Paris vgl. Victor Debuchy: *La vie à Paris pendant le siège, 1870–1871* (Paris 1999). Zur Belagerung Leningrads durch die deutsche Wehrmacht ist viel zu erfahren bei Harrison E. Salisbury: *900 Tage. Die Belagerung von Leningrad* (Frankfurt/M. 1970), *Blockade Leningrad 1941–1944. Dokumente und Essays von Russen und Deutschen* (Reinbek 1992), Lidia Ginsburg: *Aufzeichnungen eines Blockademenschen* (Frankfurt/M. 1997). Zu Sarajevo vgl. Zlatko Dizdarević: *Der Alltag des Krieges. Ein Tagebuch aus*

Sarajevo (Frankfurt/M. 1995) sowie Ivana Macek: *War within.*
Everyday Life in Sarajevo under Siege (Uppsala 2000). Zur ok-
kupierten Gesellschaft las ich mit besonderem Gewinn Gerhard
Hirschfeld: *Fremdherrschaft und Kollaboration. Die Nieder-
lande unter deutscher Besatzung, 1940–1945* (Stuttgart 1984),
Mark Mazower: *Inside Hitler's Greece: The Experience of Occupation 1941–1944* (New Haven 1998), Bernhard Chiari:
*Alltag hinter der Front. Besetzung, Kollaboration und Wider-
stand in Weißrußland 1941–1944* (Düsseldorf 1998), Christian
Gerlach: *Kalkulierte Morde: die deutsche Wirtschafts- und Ver-
nichtungspolitik in Weißrußland 1941–1944* (Hamburg 2000)
sowie Keat Giu Ooi: *Rising Sun over Borneo. The Japanese
Occupation of Sarawak, 1941–1945* (Basingstoke 1999).

Die Gewalt des Krieges

Die ersten Stunden der Somme-Schlacht schildern Martin
Middlebrook: *The First Day on the Somme* (London 1971) sowie John Keegan: *Die Schlacht. Azincourt, Waterloo, Somme*
(München 1981). Die Idee des Agon, des »erweiterten Zweikampfs«, liegt auch dem Kriegsbegriff von Carl v. Clausewitz
zugrunde: *Vom Kriege* (Frankfurt/M. 1980). Für das Verständnis des Verhaltens der Menschen unter Feuer ist diese Vorstellung ebenso unfruchtbar wie der Rückgriff auf politische
Kriegsziele. Als Gesamtdarstellungen zum Ersten Weltkrieg
waren mir nützlich Marc Ferro: *Der große Krieg 1914–1918*
(Frankfurt/M. 1988), Hew Strachan (Hg.): *The Oxford Illu-
strated History of the First World War* (Oxford 1998), Wolfgang Michalka (Hg.): *Der Erste Weltkrieg. Wirkung, Wahrnehmung, Analyse* (München 1994), Roger Chickering/Stig
Förster (Hg.): *Great War, Total War. Germany, France, Great
Britain, and the United States, 1914–1918* (Cambridge 2000)
sowie John Keegan: *Der Erste Weltkrieg. Eine europäische Tra-
gödie* (Reinbek 2000). Zur Gefechtstaktik lernte ich am meisten von Timothy Travers: *How the War Was Won* (London
1992), Paddy Griffith: *Battle Tactics of the Western Front. The
British Army's Art of Attack 1916–18* (New Haven 1994) und
M. Samuels: *Doctrine and Dogma: German and British Infan-*

try Tactics in the First World War (Westport 1992). Die präzisesten Schilderungen des Trommelfeuers, des Sturmangriffs oder der Verwundungen finden sich nicht in historiographischen Darstellungen, sondern in literarischen Texten, welche sehr viel strikteren Detaillierungsgeboten unterliegen: Robert Graves: *Goodbye to All That* (London 1982), Reginald H. Roy (Ed.): *The Journal of Private Fraser, Canadian Expeditionary Force* (Victoria 1985), Siegfried Sassoon: *Memoirs of an Infantry Officer* (London 1965), Ernst Jünger: *In Stahlgewittern* (Stuttgart 1978), Henri Barbusse: *Le Feu* (Paris 1916), Erich Maria Remarque: *Im Westen nichts Neues* (Berlin 1991), J. P. Campbell: *In the Cannon's Mouth* (London 1979), Ludwig Renn: *Krieg* (Reinbek 1988), Frank Richards: *Old Soldiers Never Die* (London 1983). Daß sich die Schilderungen des Schlachtgeschehens kaum nach politischen oder nationalen Zugehörigkeiten unterscheiden lassen, beweist der Bericht des späteren Deserteurs Dominik Richert: *Beste Gelegenheit zum Sterben. Meine Erlebnisse im Kriege 1914–1918* (München 1989).

Der wilde Krieg

Die epochale Bedeutung des Krieges jenseits staatlicher Politik und Disziplin verdeutlichen Martin van Creveld: *Die Zukunft des Krieges* (München 1998) sowie die Essays und Reportagen von Ryszard Kapuściński: *Afrikanisches Fieber* (Frankfurt/M. 1999) und Robert Kaplan: *The Ends of Earth. A Journey at the Dawn of the Twenty First Century* (New York 1996) und ders.: *The Coming Anarchy: Shattering the Dreams of the post Cold War* (New York 2000). Eine erste Zwischenbilanz zieht Herfried Münkler: *Die privatisierten Kriege des 21. Jahrhunderts*, in: *Merkur, Nr. 623* (3/2001). Mit den moralischen Problemen der Intervention befassen sich die lesenswerten Essays von Michael Ignatieff: *Die Zivilisierung des Krieges. Ethnische Konflikte, Menschenrechte, Medien* (Hamburg 2000). Zur Differenz zwischen der Sozialfigur des Marodeurs und der Gestalt des Partisanen vgl. Herfried Münkler (Hg.): *Der Partisan: Theorie, Strategie, Gestalt* (Opladen 1990). Die ausführlichsten Berichte zu den Massakern in Algerien fand ich in *Le Monde*, *Libération*, *Neue Zürcher Zeitung* im Januar 1998. Vom Gemetzel in Chenalho berichteten detailliert *The New York Times*, *Le Monde*, *Neue Zürcher Zeitung*, *Der Spiegel*, *Süddeutsche Zeitung* im Dezember 1997 und Januar 1998. Zu Srebrenica habe ich zurückgegriffen auf Jan Willem Honig: *Srebrenica: A Record of a War Crime* (London 1996) sowie David Rohde: *Die letzten Tage von Srebrenica* (Reinbek 1997). Zur Erstürmung des Josephsgrabes sowie dem Lynchmord in Ramallah habe ich konsultiert *The New York Times*, *BBC-News*, *Le Monde*, *Neue Zürcher Zeitung*, *Jerusalem Post*, *Ha'aretz* im Oktober und November 2000.

Zur Terrorserie am 11. September 2001 und den folgenden Ereignissen bezog ich die wichtigsten Informationen aus der *New York Times*, *CNN-News*, *BBC-News*, *The Guardian*, *Neue Zürcher Zeitung*, *Der Spiegel*, *Süddeutsche Zeitung* und *Frankfurter Allgemeine Zeitung*. Zur Vorgeschichte der Anschläge habe ich zu Rate gezogen Bruce Hoffman: *Terrorismus. Der unerklärte Krieg. Neue Gefahren politischer Gewalt* (Frankfurt/M. 1998), Robert Jay Lifton: *Terror für die Unsterblichkeit. Erlösungssekten proben den Weltuntergang* (München 2000) sowie Jessica Stern: *The Ultimate Terrorists* (Cambridge 1999).

Vergeltung

Zur Universalität der Rache vgl. Peter Waldmann: *Rache ohne Regeln. Zur Renaissance eines archaischen Gewaltmotivs*, in: *Mittelweg 36* (6/2000). Einen umfassenden Überblick geben die drei von Raymond Verdier herausgegebenen Bände: *La Vengeance. La vengeance dans les sociétés extra occidentales* (Paris 1981). Zur Kritik der Nationalehre findet man alles Nötige in Arthur Schopenhauers: *Aphorismen zur Lebensweisheit, Kapitel IV* (Frankfurt/M. 1976). Das Wort Vergils steht in *Äneis 2,354*. Die Wiedervergeltung qua Strafe hebt schon G. W. F. Hegel hervor: *Grundlinien der Philosophie des Rechts, §§ 99–104*. Über die Grenzen der Wahrheitskommissionen bei der Ahndung von Staatsverbrechen vgl. Stanley Cohen: *State*

Crimes of Previous Regimes. Knowledge, Accountability and the Policing of the Past, in: *Law and Social Inquiry*, Bd. 20 (1/1995). Die Ablehnung der Kollektivschuldthese gleicht mittlerweile einem geradezu mechanischen Abwehrreflex. Anfangs wurde dem Vorwurf noch mit Argumenten begegnet, genannt seien nur Karl Jaspers: *Die Schuldfrage. Von der politischen Haftung Deutschlands* (Heidelberg 1946) oder die großen Artikel Eugen Kogons in den *Frankfurter Heften*, gesammelt in Kogon: *Ideologie und Praxis der Unmenschlichkeit* (Weinheim 1995). Vierzig Jahre später, während der Goldhagen-Debatte, reichte die Feststellung, jemand vertrete die Kollektivschuldthese, um ihn öffentlich zu diskreditieren. Begründete Vorbehalte gegen diesen allzu raschen Reflex hat schon Jean Améry geltend gemacht: *Jenseits von Schuld und Sühne. Bewältigungsversuche eines Überwältigten* (Stuttgart 1977).

Vergessen

Besonders verpflichtet fühle ich mich der famosen Literaturgeschichte des Vergessens von Harald Weinrich: *Lethe. Kunst und Kritik des Vergessens* (München 1997) sowie der phänomenologischen Studie von Paul Ricœur: *Das Rätsel der Vergangenheit. Erinnern – Vergessen – Verzeihen* (Göttingen 1998). Zum Lob des Vergessens lese man Friedrich Nietzsches Gedicht *Die Sonne sinkt* aus dem Zyklus der *Dionysos-Dithyramben*, abgedruckt in den von Colli/Montinari besorgten *Sämtlichen Werken, Band VI* (München 1980). Zum rechten Verhältnis von Vergessen, Verzeihen und Strafe verdanke ich wichtige Einsichten Hannah Arendt: *Vita activa oder Vom tätigen Leben, § 33* (München 1981). Zur Geschichte der Friedensverträge vgl. Jörg Fisch: *Krieg und Frieden im Friedensvertrag. Eine universalgeschichtliche Studie über Formelemente des Friedensschlusses* (Stuttgart 1979). Für die Präzisierung des Schambegriffs fühle ich mich der scharfsinnigen Studie von Hilge Landweer: *Scham und Macht. Phänomenologische Untersuchungen zur Sozialität eines Gefühls* (Tübingen 1999) verpflichtet.

Vom Verschwinden des Grauens

Zitate und historische Daten zu den einzelnen Lagern entnahm ich Sylvester Lechner: *Das KZ Oberer Kuhberg und die NS-Zeit in der Region Ulm/Neu-Ulm* (Stuttgart 1988), Julius Schätzle: *Stationen zur Hölle* (Frankfurt/M. 1974); Karl Hüser: *Wewelsburg 1933–1945 – Kult- und Terrorstätte der SS – Eine Dokumentation* (Paderborn 1982); Dieter Vaupel: *Das Außenkommando Hess. Lichtenau des Konzentrationslagers Buchenwald 1944/45* (Kassel 1984); Jürgen Ziegler: *Mitten unter uns – Natzweiler-Struthof: Spuren eines Konzentrationslagers* (Hamburg 1986). Wolfgang Kirstein: *Das Konzentrationslager als Institution totalen Terrors. Das Beispiel des KL Natzweiler* (Pfaffenweiler 1992); Hans Marsalek: *Die Geschichte des Konzentrationslagers Mauthausen* (Wien 1980) sowie Florian Freund: *»Arbeitslager Zement«. Das Konzentrationslager Ebensee und die Raketenrüstung* (Wien 1989).